Liebe Leserinnen und Leser,

oft empfinden wir eine schmerzliche Kluft in uns,
weil wir zwar spüren, dass wir abseits wandern,
uns aber die Kraft und das klare Empfinden
für den richtigen Weg fehlen.

Das »Tiroler Zahlenrad« hilft Ihnen,
zu Ihren Träumen zurück zu finden
und das Selbstvertrauen zu gewinnen,
das Ihnen von Anfang an zustand.

Das »Tiroler Zahlenrad« baut Ihnen eine Brücke
und gibt Ihnen den Mut zurück,
den **eigenen Weg** *zu entdecken und zu gehen.*
Und daran mitzuwirken,
dass auch andere Menschen solchen Mut fassen –
zum Beispiel Ihre Kinder.

Liebe Leserinnen und Leser,

vielen Dank, dass Sie sich für dieses Buch entschieden haben.
Ihre Meinung ist uns wichtig – bitte senden Sie uns Ihre Fragen,
Anregungen, Kritik oder Lob. Wir freuen uns auf Ihre Nachricht!

GRÄFE UND UNZER VERLAG
Leserservice
Postfach 86 03 13
81630 München

Wir sind für Sie da!
Montag–Donnerstag : 8.00–18.00 Uhr
Freitag : 8.00–16.00 Uhr

Tel.: 01 80-5 00 50 54*
Fax: 01 80-5 01 20 54*
E-Mail: leserservice@graefe-und-unzer.de

*(0,14 €/Min aus dem dt. Festnetz / Mobilfunkpreise können abweichen)

IMPRESSUM

ISBN 978-3-8338-1095-4

Layout und Umschlaggestaltung: independent Medien-Design, München
Umschlagillustration: Barbara Thalhuber
Fotos auf S. 304: Inge Prader
Druck und Bindung: sachsendruck GmbH, Plauen

1. Auflage 2008

www.graefeundunzer-verlag.de

GRÄFE UND UNZER

Ein Unternehmen der
GANSKE VERLAGSGRUPPE

JOHANNA PAUNGGER
THOMAS POPPE

das tiroler zahlenrad

DAS GEHEIMNIS UNSERER GEBURTSZAHLEN

61
83
72
50

VOM LEBEN MIT DEM TIROLER ZAHLENRAD

DIE BAUSTEINE DES ZAHLENRADS

DIE 31 SIGNATUREN

AUS DER PRAXIS DES ZAHLENRADS

VOM LEBEN
MIT DEM
TIROLER ZAHLENRAD

94
72

Eine Kindheit mit dem Zahlenrad

(Johanna Paungger-Poppe)

In diesem Buch möchte ich Sie mit einem ganz besonderen Kapitel des Lebens auf unserem Tiroler Bergbauernhof bekannt machen: mit dem alten Wissen, welch weit reichenden und einschneidenden Einfluss die Zahlen des Geburtsdatums haben. An welchem Tag, in welchem Monat, in welchem Jahr und welchem Jahrzehnt Sie geboren sind – in dieser speziellen Zahlenkombination liegt ein Schatz verborgen, den Sie mithilfe dieses Buches heben können. Wie die Kombination zu einem Safe, dessen Inhalt nur für Sie aufbewahrt worden ist.
Wenn ich auf den Weg zurückschaue, den wir mit unserer Arbeit und unseren Büchern zurückgelegt haben, dann freut es mich sehr, dass sich so viele Menschen wieder auf altbewährtes Wissen stützen wollen und können. Langsam integriert sich auch der Mondkalender wieder in den Alltag. Er zeigt uns, wie man die Kraft der Mondphasen für die verschiedensten Tätigkeiten nutzen kann. Heute gibt es kaum eine Berufsgruppe, die nicht in der einen oder anderen Weise davon profitiert. Jetzt ist es an der Zeit, das Geheimnis des Tiroler Zahlenrads zu lüften.

Familienwissen fast ohne Worte

Für das Leben mit dem Zahlenrad gab es bei uns keine Lehrbücher, es gab keine »einführenden Gespräche« in der Familie. Wir wussten, wie sicher seine Anwendung funktioniert, wir wussten aber nicht, warum sie funktioniert. Wir lebten damit, erfuhren fast täglich seinen Sinn und Wert, und damit ließen wir es bewenden. Wir nahmen es so selbstverständlich hin wie den Lauf der Jahreszeiten, wie den Donner nach einem Blitz. Das Zahlenrad war uns in Fleisch und Blut übergegangen, es nicht anzuwenden wäre uns verrückt, seltsam, unsinnig vorgekommen.

Einfach weil es so wirksam und wertvoll war und so erfolgreich funktionierte. Dabei haben wir es weitgehend im Stillen, fast gänzlich ohne Worte benützt. Heute weiß ich, dass noch viel weniger Menschen in unserer Umgebung darin eingeweiht waren, als mir damals bewusst war. Nicht einmal die vielen Menschen, die bei meinem Großvater Hilfe suchten, ahnten von der Existenz des Zahlenrads, obwohl sie davon sehr profitierten.
Meine frühesten Erinnerungen an das Arbeiten mit dem Zahlenrad sind eher undeutlich. Eines weiß ich jedenfalls noch genau, nämlich dass ich die Zahlen schon kannte, bevor ich in die Schule kam. Ihre tiefe Bedeutung war mir sicher noch nicht bewusst, da hatte ich schon oft für meinen Großvater bestimmte Zahlen auf farbiges Papier aufgemalt. Manchmal, wenn schwierige Aufgaben und große Anstrengungen bevorstanden, bekamen wir kleine farbige Zettelchen mit den Zahlen und Farben als Hilfe und Unterstützung bei der jeweiligen Arbeit. Aber immer ganz unauffällig und nebenbei, zum Verstecken gedacht.
Kinder spüren natürlich die Zurückhaltung im Umgang mit diesem Wissen; wir haben niemals mit anderen Kindern außerhalb der Familie darüber gesprochen, und auch nur selten im Geschwisterkreis. Ich erinnere mich auch noch, dass ich meine Zettel immer in eine runde Form gezupft habe, weil ihre Energie dann noch stärker war.

Heilen mit dem Zahlenrad

Mein Großvater war ein echter Heiler, und das Zahlenrad gehörte zum großen Schatz verschiedenster Methoden und Heilweisen, die ihm zur Verfügung standen. Als wirklicher »Arzt der Menschen« besaß er die Fähigkeit, Ursachen zu erkennen und zu heilen – äußere Symptome waren für ihn nur Wegweiser zum Kern der Dinge. Deshalb behandelte er jeden Menschen absolut individuell. Ich erinnere mich, dass nur selten zwei Menschen mit den gleichen Symptomen auch die gleiche Behandlung bekamen. Die Arbeit mit den Zahlenrad kam bei ihm vor allem dann zum Zug, wenn der Kranke ein sehr starrköpfiger Mensch war, der den »alternativen« Methoden meines Großvaters wenig Vertrauen entgegenbrachte. Weil mein Großvater auch mit Holzköpfen unendliche Geduld besaß, tat er für sie, was nötig war.

Fähigkeiten und Verantwortung

Als besonders hilfreich erlebte ich die Zahlen generell im Umgang mit anderen Kindern. Wir waren ja eine sehr große Kinderschar zu Hause, und Eltern wie Großeltern achteten meist genau darauf, mit welchen Zahlen ein Kind ausgestattet war. Entsprechend wurden die Aufgaben verteilt, im Alltag wie auch bei größeren Vorhaben. Diese unterschiedliche Behandlung leuchtete meist ein, weil wir ja immer am Ergebnis ablesen konnten, wie sinnvoll sie war. Aber mit unseren Kinderaugen gesehen hatte sie auch Nachteile: Ich erinnere mich, dass meine eigenen Zahlen, die mich schon früh zum selbstständigen und verantwortlichen Arbeiten befähigten, meine Mutter oftmals zu dem Satz veranlassten: »Ach, die Hanni braucht das nicht, die kann das auch allein.«
Was genau ich da aber angeblich nicht brauchte, das hätte ich schon gerne manchmal genossen: nämlich ein bisschen mehr Aufmerksamkeit, ein bisschen mehr Unterstützung, ein wenig mehr gemeinsames Anpacken. Viele Kinder, besonders ältere Geschwister, erfahren ein sehr frühes Übertragen von Verantwortung, dem sie manchmal nicht gewachsen sind, jedoch ohne sich direkt zu äußern. Dass eine bestimmte Ausstattung mit den Schätzen des Zahlenrads auch die Gefahr birgt, dass man ein Kind überfordert, habe ich also am eigenen Leib erlebt. Damit war ich aber nicht allein, denn so manche Überlastung haben auch einige meiner Geschwister erfahren, und das machte sie oft traurig. Früher sprach man nicht über solche Empfindungen, aber glücklicherweise kann man im Laufe des Lebens vieles nachholen. Der beste Weg dazu liegt fast immer darin, den eigenen Kindern nicht solche unüberlegten Bürden aufzuhalsen. Fast jede Verletzung als Kind lässt sich heilen, indem man die eigenen Kinder davor bewahrt. Das ist ein Naturgesetz!

Das Zahlenrad war aber auch hilfreich im Umgang mit den Kindern anderer Familien, besonders wenn man uns mit dem Kinderhüten bei Nachbarn beauftragt hatte. Wir erfuhren vorher immer die Geburtsdaten unserer Schützlinge und wussten dann, was die Kleinen brauchten, um friedlich ins Traumland zu finden. Kleinen Sensibelchen, die eine ❽ und/oder eine ❸ in ihrem Geburtsdatum haben, darf man beispielsweise keine »grausamen« Märchen vorlesen, weil sie sich so tief in die Geschichte hineindenken, dass sie keinen Schlaf mehr finden. Unter keinen Umständen darf man so tun, als ob man nach dem Einschlafen noch weiter auf sie aufpasst, und geht dann doch nach Hause. Kindern mit ❾ und/oder ❹ dagegen kann man die Botschaft zumuten, dass man jetzt geht und dass die Eltern erst in einer Stunde kommen. Kinder mit ❼ und/oder ❷ muss man erst noch herumtollen lassen, während Kinder mit Betonung auf ❻ und ❶ im Geburtsdatum ein kniffliges Spiel, eine Herausforderung oder eine spannende Geschichte brauchen. Bei Kindern der Mitte mit ❺ und ⓿ genügt es, wenn man ihnen verspricht, dass man am nächsten Tag wiederkommt. Sie haben gerne alles abgesichert, das Spielzeug an der richtigen Stelle, den Lieblingsteddybär, die Lieblingspuppe im Bett. Auch bei der Wahl der Farben von Nachthemden, Bettdecken und im Kinderzimmer wurde Rücksicht auf das Zahlenrad genommen. Am Verhalten von Kindern habe ich immer am deutlichsten erleben können, wie gut dieses Wissen funktioniert.

Der richtige Zeitpunkt

Manchmal werde ich gefragt, warum ich das Tiroler Zahlenrad erst jetzt in die Öffentlichkeit trage beziehungsweise was uns in der Kindheit gehindert hat, offener damit umzugehen. Eigentlich hatte ich ja vor, das Zahlenrad schon zu Beginn des Jahres 2000 zu veröffentlichen. Denn mit der besonderen Energie der ❷ und ⓿ in den Jahreszahlen der Jahrtausendwende änderte sich auch das Klima für Informationen dieser Art. Die Menschen werden in diesem Jahrzehnt aufnahmebereiter sein

für Dinge, die wirklich helfen und nicht erst des Segens der Wissenschaftler bedürfen. Viele Ereignisse damals zeigten mir jedoch, dass die Zeit noch nicht ganz reif war. Als bloßer »Modegag« ist dieses alte Wissen viel zu wertvoll, und als seine Hüterin übernimmt man eine große Verantwortung und Verpflichtung. Alles hat seine richtige Zeit. Und die erschließt sich nur selten durch kurzfristiges Denken.
Der zweite Grund für meine bisherige Zurückhaltung verbirgt sich in den gesellschaftlichen Verhältnissen damals wie heute: Als Bauer ist man in der Gemeinde, in der dörflichen Gemeinschaft fast immer auf sich allein gestellt. Das Sagen hatten (und haben) wie zu allen Zeiten die Kirche, der Schuldirektor, der Bürgermeister und der Arzt. Manchmal habe ich das Gefühl, die Landwirtschaft hat sich nur deshalb in eine harte, von wissenschaftlichen Erkenntnissen diktierte, die Natur ausbeutende Industrie verwandelt, um innerhalb der gesellschaftlichen Hackordnung eine Stufe höher zu steigen.

Einem Bio-Landwirt, der im Einklang mit der Natur lebt und arbeitet, gebührt in meinen Augen größter Respekt, weil er mithilft, eine lebenswerte Zukunft zu bauen und natürlich uns alle bei guter Gesundheit zu halten, weil er echte Lebensmittel auf den Tisch bringt. In den Augen vieler einfältiger Menschen aber war er »nur ein Bauer«. Diese niedere Stellung innerhalb des künstlich konstruierten Gefüges der Gemeinschaften hatte im Laufe der Jahrhunderte für die Entwicklung spezieller Alltags- und Überlebensstrategien gesorgt. Sie dienten dazu, sich im Zusammenleben mit allen anderen »Ständen« zu behaupten. Die berühmte »Bauernschläue« hat hier ihren Ursprung.

Ein Grundelement dieser Strategien war es, schon sehr früh im Leben eines Kindes dessen zukünftige Fähigkeiten richtig zu beurteilen. Und das ist mit dem Tiroler Zahlenrad nicht schwer, wie Sie sehen werden. Das Zahlenrad war also Teil eines geheimen Notwehrprogramms von Menschen, die sich seit Jahrtausenden den verschiedensten Formen von Ausbeutung und Unterdrückung ausgesetzt sahen.

Selbstverständlicher Bestandteil dieser Überlebensstrategie war zu allen Zeiten die unbedingte Verschwiegenheit in fast allen Dingen – so auch die Stille in der Umgebung des Zahlenrads. Überhaupt durften wir Kinder ja nicht so offen mit den Erwachsenen sprechen, wie das heute üblich ist. Kinder hatten meist nur zu reden, wenn man sie direkt ansprach.

Das Ausdiskutieren von Problemen, das nie versiegende Kindergeplapper, das Dazwischenreden, das Sprechen zwischen Kindern und Erwachsenen als »Gleichberechtigten«, all das war bei uns undenkbar, besonders bei uns Mädchen. Glücklicherweise haben sich die Zeiten geändert, aber nachdenklich bin ich schon, wenn ich mir so betrachte, was heute als normal gilt. Was meine Kindheit betrifft und den Alltag in unserer Familie zu jener Zeit: Die heutigen Kommunikationsmethoden hätten damals wahrscheinlich zur Folge gehabt, dass sehr viel Wissen sehr schnell verloren gegangen wäre.

» *Denn wo bleibt das Schärfen der Beobachtungsgabe, wenn ich alles zu jeder Zeit fragen kann?* «

Wenn ich mich als Kind mit den Antworten Erwachsener zufriedengebe und mein Wissen nur aus Büchern und dem Internet beziehe, geht eine ganze Welt verloren. (Menschen, die das tun, machen übrigens in Brüssel »Landwirtschaftspolitik«.) So kam es, dass ich das Wissen um die Anwendung des Zahlenrades nur indirekt erlernte: durch Abschauen, Nachmachen, vertrauensvolles Anwenden. Vor allem aber durch Zuhören bei den Gesprächen der Erwachsenen, wo ich nur konnte – wenn nötig auch heimlich. Heute weiß ich, dass bei einem solchen Lernen das Gehörte und Gesehene viel besser in Fleisch und Blut übergehen als bei der üblichen Lehrweise an einer Schule. Die Geheimnistuerei ging dabei von Eltern und Großeltern aus. Niemand sprach offen über das Zahlenrad, aber es gab klare Botschaften »zwischen den Zeilen«. Besonders nachdrücklich war diese: Die Kirche ist dagegen!

Und das ist wohl der dritte Grund dafür, dass wir das Zahlenrad erst jetzt veröffentlichen. Es gab zahlreiche Signale, dass die Sache mit den Zahlen etwas ist, was die katholische Kirche dem Reich des Aberglaubens und der heidnischen Bräuche zurechnet und damit als unchristlich brandmarkt. Man predigte ja pausenlos, nur Leiden und Demut führten zur Erlösung und das schöne Leben komme erst nach dem Tod. Vorher sei alles Mühsal und Trübsal. Für uns Kinder war das natürlich eine bedrohliche Sache, denn wir ahnten beziehungsweise wussten ja, was sich in Wirklichkeit hinter den Kulissen solcher Angstmache abspielte. Überall dort, wo es in Kirchen und Sekten nur um Einfluss und Außenwirkung ging und nicht um den ursprünglichen Glauben, war und ist man daran interessiert, alles zu bekämpfen und abzuwerten, was die Gefahr birgt, die Schäfchen in die geistige und seelische Unabhängigkeit zu führen. Deshalb haben diese Institutionen auch stets das Monopol beansprucht für »esoterische« Wissensformen wie das Rutengehen, Pendeln, das Wissen um den richtigen Zeitpunkt, die Kräuterkunde, die Sympathiemittel, die Zahlenmystik und vieles andere, was den Einzelnen hilft, den Alltag zu bewältigen. Heute finde ich das fast amüsant, denn über die Jahrhunderte hat die Kirche den »Aberglauben« selbst angewandt, wo sie nur konnte. In alten Kirchen gibt es keinen Predigtstuhl, der nicht genauestens vorher mit Rute und Pendel positioniert worden wäre. Auf keinen Fall aber sollten die Menschen solches Wissen ohne Hilfe von etablierten Autoritäten anwenden!
Wer vorgibt, der Mensch könne keinen direkten Weg zu Gott finden und brauche dafür auf Schritt und Tritt einen Vermittler, der muss natürlich in Aktion treten, um diese Lüge irgendwie zu zementieren, und sich unentbehrlich machen. Wir Kinder bekamen diesen Einfluss deutlich zu spüren. Doch es gibt einen alten Spruch, der lautet: »Man sollte sich von keiner Kirche den Glauben stehlen lassen.«

Das Zahlenrad war also im eigentlichen Sinne eine Geheimwissenschaft, über die wir sogar unter uns Geschwisterkindern so gut wie nie sprachen. Beim letzten Geschwistertreffen habe ich mit den anderen besprochen, dass ich es jetzt veröffentlichen möchte. Von Entsetzen bis zu wohlwollendem Verständnis gab es dabei die unterschiedlichsten Reaktionen. Das Gefühl einer Gefahr, die von der Weitergabe des Wissens ausgeht, hat mich bis heute begleitet. Doch ich habe bei genauem Hinsehen erkannt, dass dem nicht so ist – im Gegenteil: Es wäre ein großer Schaden, wenn ich dieses Wissen nicht weitergeben würde.

Das Zahlenrad kann in besonderem Maße mithelfen, in der Welt für gerechtere und gesündere Verhältnisse zu sorgen. Mithilfe des Zahlenrads können die Menschen viel besser erkennen, wofür sie besonders geeignet sind und wo ihre Schwachstellen liegen. Entsprechend lässt sich mit diesem Buch viel wirksamer gegensteuern, unterstützen und fördern. In Arbeitsämtern, bei Personalberatern, in Schulen, in Kindergärten, für Ärzte und Heilpraktiker – sehr weit sind die Bereiche, in denen die Menschen von diesem Wissen profitieren können.

Möge es für Sie eine ebenso große Hilfe werden wie für uns damals und heute. Verwenden Sie es mit Umsicht, Weisheit und mit Achtung, dann erschließt sich Ihnen und vielen anderen Menschen eine neue, eine freundlichere Welt.

Das vergessene Geburtstagsgeschenk

(Thomas Poppe)

Lang ist's her, seit Johanna und ich unser erstes gemeinsames Buch geschrieben haben – »Vom richtigen Zeitpunkt«, ein Buch, das wahrlich den richtigen Zeitpunkt getroffen hat.
So viele Jahre kenne ich Johanna nun schon, aber erst vor wenigen Monaten konnte ich sie sanft dazu überreden, nach Rücksprache mit ihren Geschwistern einen weiteren Schatz aus dem alten, geheimnisvollen Wissen Ihrer Familie zu heben und ans Licht der Öffentlichkeit zu bringen. Es war nicht leicht, glauben Sie mir – aus Gründen, über die Johanna auf den vorhergehenden Seiten schon gesprochen hat.
Manchmal musste ich beim Schreiben an meinen ersten Aikido-Lehrer denken, der mir nach einigen Jahren des Trainings gesagt hatte: »Die Technik beherrschst Du jetzt, den Rest musst Du mir stehlen.« Ein Buch zu schreiben, das ist schon jedes Mal ein Abenteuer für sich. Aber ein Wissen zu Papier zu bringen, über das bisher nicht einmal gesprochen worden war – welche Herausforderung!

Ein Geschwistertreffen

Wenn Johanna vom Geheimnis und vom Stillschweigen erzählt, das in Ihrer Familie rund um das Zahlenrad eingehalten worden ist, dann erinnert mich das an ein Geschwistertreffen, das vor Beginn der Arbeit an diesem Buch stattgefunden hatte. Wir hatten uns zu diesem Zeitpunkt schon entschlossen, das Wissen des Zahlenrads zu veröffentlichen. So war ich froh, mit den Schwestern und Brüdern von Johanna sprechen zu können, um vielleicht ein noch vollständigeres Bild zu erhalten. Ich kannte sie alle ja schon seit vielen Jahren und freute mich auf den einen oder anderen wertvollen Hinweis. Johanna hatte mich

auch dazu ermutigt, denn sie war sich nicht sicher, ob sie das ganze Wissen noch aus dem Gedächtnis würde abrufen können.
Das Nachfragen sollte sich als vergebliche Liebesmüh herausstellen, aber ohne jede böse Absicht seitens meiner Gesprächspartner. Sie erklärten nämlich allesamt überzeugend, vom Zahlenrad nichts mehr zu wissen. Aber dann, nur wenige Minuten, nachdem ich erfolglos die vermeintlich verlässlichste »Quelle« unter den Geschwistern befragt hatte, bemerkte diese Schwester ganz nebenbei, als man sich gerade über die besonderen musischen Fähigkeiten eines der Kinder unterhielt: »Na, das ist kein Wunder, bei den Zahlen!«
»Aber Du weißt ja doch darüber Bescheid!«, rief ich sofort aus. Die völlig ernst gemeinte und ehrliche Antwort kam sofort: »Nein, wirklich, ich kenne mich damit überhaupt nicht aus.« Und so verzichtete ich auf weitere Fragen.

Denn ich musste an etwas anderes denken – an die zwei Welten, zwischen denen ich im Laufe der Jahrzehnte zu pendeln gelernt hatte, und als deren Vermittler und Übersetzer ich mich fühle. Die Welt der Bergbauern und die der Städter, die Welt der stillen Menschen, die in Zusammenhängen denken und beobachten gelernt haben, und die laute Welt in den Städten, die in Büchern und dem Internet nach Wissen sucht. Schon ganz früh war mir am Umgang in der Familie Johannas aufgefallen, dass sich unter der Oberfläche dessen, was gerade geschah, viel, viel mehr abspielte. Ich hatte zwar nie das Gefühl bekommen, Außenseiter zu sein, ganz im Gegenteil! Aber immer wieder erstaunten mich kleine Begebenheiten bei den Treffen, die auf eine schlafwandlerische Sicherheit im Umgang miteinander schließen ließen. Fast als ob alle die Gedanken des Gegenübers lesen konnten. Da waren Blicke, kleine Gesten, bestimmte Stichworte – alles fügte sich immer zu einem Gesamtbild größter Harmonie. Selbst wenn manchmal Spannungen in der Luft lagen – ich gewann allmählich das Gefühl, gleichsam an Treffen eines Geheimbundes teilzunehmen, der vor aller Augen Berge versetzt, ohne dass es die Berge selbst merkten. (Apropos Berge: In alten Schwarz-

weiß-Heimatfilmen kann man Spuren dieser intimen Kommunikation entdecken – wenn nämlich im Katastrophenfall niemand Befehle herumbrüllt, sondern fast ohne Worte jeder sofort weiß, was zu tun ist).
Nach langen Gesprächen mit Johanna bin ich ein wenig dahintergekommen, was es damit auf sich hat. Sehen Sie, zu fast allen Zeiten galten die Landbewohner in den Augen von Städtern und Gelehrten als »dumme Bauern«, weil sie fast immer schweigsam sind, wenn Städter reden. Zu den Hauptgründen dafür zählt zweifellos auch die Barriere zwischen Dialekt und Hochsprache. Das hatte gravierende Folgen: Nicht nur geringere Bildungschancen, sondern auch eine höhere Selbstmordrate! Therapeutische Hilfe wurde von der Landbevölkerung nur selten in Anspruch genommen, weil sich die »Welten« der städtischen Psychologie und des bäuerlichen Alltags gegenseitig kaum verstanden haben. Mitschuld an dieser Isolation trug die Ausbildung der Therapeuten, die Brücken zwischen den Welten nicht vorsah.

Natürlich beruhte der Mangel an Achtung zwischen Stadt und Land auf Gegenseitigkeit. Allzu naiv und achtlos gegenüber Mensch und Natur traten (und treten) die Städter auf – in den Augen von Menschen, deren Lebensinhalt auf der Harmonie mit der Natur beruhte, Grund genug, um dem Fremden insgeheim die Achtung zu versagen und zu schweigen. Beide Haltungen beruhen im Wesentlichen auf mangelnder Information über die wahre Situation des anderen.
Glücklicherweise finden heute beide Seiten allmählich eine Sprache, die zueinander führt, und ich bin froh, hier ein wenig als Übersetzer arbeiten zu dürfen.
Die Landbevölkerung schwieg und schweigt aber durchaus auch aus guten Gründen. Diese Menschen beobachten genau und erkennen verborgene Zusammenhänge. Sie schweigen, weil man gelernt hat, sich nicht aufzudrängen. Man stellt sein Licht unter den Scheffel. Sie schweigen, weil sie genau fühlen, ob es sinnvoll ist, dem Gegenüber etwas zu offenbaren. Sie schweigen gegenüber Arroganz und Überheblichkeit, sogar wenn sie von den eigenen Kindern ausgeht (ein weiterer der vie-

len Gründe, warum das Mondwissen verloren gegangen ist). Sie schweigen, weil Geheimnisse des Lebens und des Heilens in die Hände derer übergeben werden müssen, die im Alltag das nötige Verantwortungsbewusstsein bewiesen haben. Zu dieser Prüfung ist Zeit nötig. Und sie beherrschen das Schweigen durch Reden. Nämlich durch Reden über völlig Nebensächliches, sodass nicht auffällt, welchen Schatz sie möglicherweise hüten.

Der Weiseste Tiger

Ein Gelehrter verbrachte einst Jahre seines Lebens damit,
die Sprache der Tiger zu erlernen. Dann stellte er sorgfältige
Nachforschungen an, um den Weisesten Tiger zu finden.
Denn alle die, mit denen er gesprochen hatte, waren seiner Meinung nach
nicht besonders klug gewesen.
Als er es endlich geschafft hatte, den Weisesten Tiger zu finden,
beschloss er, ihm ein paar Fragen zu stellen.
»Was ist Schlamm?«, fragte er.
»Schlamm?«, antwortete der Weiseste Tiger,
»Schlamm bedeckt Deine Füße und kitzelt, wenn er trocken wird.«
»Und was macht Ihr in den Büschen?«
»Wir benutzen sie als Versteck, manchmal kommen
sie auch ins Gehege mit unseren Schnurrhaaren.«
»Was ist der größte Makel des Menschen?«
»Dass er keine Klauen hat.«
Der Gelehrte kam zu dem Schluss, dass Tiger uninteressant seien,
und zog ziemlich geknickt seines Weges.
Kurz darauf trat der Gepard an den Tiger heran.
»Was war das für ein Mann, der da mit Dir in unserer Sprache
geredet hat?«, erkundigte er sich.
»Oh, nur irgend so ein törichter Kerl«, sagte der Weiseste Tiger.
»Er hat solch belangloses Zeug wissen wollen,
dass ich ihn wie einen Einfaltspinsel behandeln musste.«

Brücken bauen

Kürzlich haben Johanna und ich uns einen wunderbaren Dokumentarfilm über den Waldrapp angeschaut, eine besondere Vogelart, die wieder in den Alpen ausgewildert werden sollte. Besonders wichtig war dabei, dass die Vögel lernten, hinter den Leichtflugzeugen ihrer Betreuer herzufliegen, über die Alpen nach Süden. Mal taten sie es und mal nicht, und die Wissenschaftler waren schon ganz verzweifelt. Johanna saß neben mir und sagte: »Schade, die Leute wissen nicht, dass die Vögel nur an bestimmten Tagen und Mondständen fliegen. Außerdem folgen sie den Kräften des Zahlenrads. Das Datum ist immer wichtig ...« Glauben Sie mir, ich bin froh, dass ich mithelfen darf, Brücken zu bauen zwischen diesen Welten. Es wäre ein unersetzlicher Verlust, wenn einerseits falsch verstandene Rücksichtnahme und andererseits Überheblichkeit und Arroganz dazu führen würden, dass wir auf die Wissensschätze unserer Vorfahren verzichten müssten. Zahllose Elemente daraus sind für eine gute Zukunft unverzichtbar. Vielleicht ist es mit unserer bisherigen Arbeit gelungen zu zeigen, dass die Stille um einen Menschen herum nichts über sein Wissen und seinen Wert aussagt, und dass die Lautstärke, mit der ein bestimmtes Produkt oder ein Mensch für sich werben und sprechen, nichts über seine wahre Qualität verrät. Erinnern wir uns: »An ihren Früchten sollt Ihr sie erkennen!« Manche Früchte brauchen etwas länger um zu reifen, als unsere Geduld- und Aufmerksamkeitsspanne reicht.

Zum Beispiel das Tiroler Zahlenrad – ein Schatz aus der Stille. Heute weiß ich es sicher: Von der bedachten Kindererziehung über eine Berufswahl auf Basis tatsächlich vorhandener, aber vielleicht noch versteckter Talente, über die weise Gesundheitsvorsorge bis zu gezielten Maßnahmen zur Linderung und Heilung – bei alledem kann das im Tiroler Zahlenrad verborgene Wissen eine große Hilfe sein! Und nicht nur dabei: Dieses Buch wird Ihnen helfen, sich selbst sehr viel besser kennenzulernen. Ihre Stärken und Schwächen, Ihre vielleicht verborgenen Neigungen und Talente werden deutlicher sichtbar. Für manche Leserinnen und Leser wird sich sogar ein jahrelanger, schwerer Nebel lichten, eine Betäubung lösen. Der Mut wird wachsen, verborgene Dinge zu erkennen, Neues anzupacken, Verbrauchtes als solches zu erkennen und es abzulegen. Für manche Leser wird dieses Buch zur Offenbarung, zu einem Wendepunkt im Leben. Denn viele von uns sind unglücklich mit ihrer Lebenssituation als Ganzes, haben ein Gefühl, als ob wir am falschen Ort zur falschen Zeit lebten, als ob das »richtige Leben« noch auf uns wartete – oder schlimmer noch, als ob es längst versäumt wäre. Zum Trost geben wir Ihnen dieses Buch in die Hand, denn so viel ist sicher: Es ist niemals zu spät für einen Neuanfang!

Eine unerwartete »Nebenwirkung« durfte ich erleben, als ich das Zahlenrad in seiner ganzen Schönheit vor meinem geistigen Auge erstehen sah: Es verstärkte noch das Staunen, welch wunderbar sinnreiche Konstruktion sich der Schöpfer mit dieser Welt ausgedacht hat. Da ist von Tag zu Tag weniger Spielraum für Zufälliges, da blickt man im Gegenteil ein wenig hinter die Kulissen eines Weltentheaters und erfährt von den liebevoll lenkenden Kräften, die alles tun, um uns die angebotenen Prüfungen und bereiteten Herausforderungen bestehen zu lassen. Wobei die Entwicklung des freien Willens nicht die geringste davon ist!

Das Tiroler Zahlenrad ist eines der wertvollsten Werkzeuge, das unsere Vorfahren angewendet, entwickelt und weitergegeben haben. Wertvoll in einer Vielfalt von Lebenssituationen. Wertvoll für fast alle Berufe, in jedem Lebensalter, überall auf der Welt, ohne Ausnahme. Ein wahrer Schatz an Möglichkeiten und Chancen, ein Gewinn für jeden, der das Leben als Spielfeld betrachtet für Entwicklung und Reifung und langsame Vervollkommnung. Nehmen Sie es als Geschenk an, das Ihnen hilft, heil und ganz zu werden und heil und ganz zu bleiben. Aus Liebe zu sich selbst und aus Liebe zum Leben.

Wie bestimme ich mein persönliches Zahlenrad?

Wir haben Ihnen erzählt, wie sich Johanna in Kindheitstagen nach und nach mit dem Tiroler Zahlenrad vertraut gemacht hat. Auch wenn Sie die Zusammenhänge schon erahnen: Lassen Sie uns noch einmal deutlich machen, wie Sie Ihre persönlichen Geburtstagszahlen ermitteln:

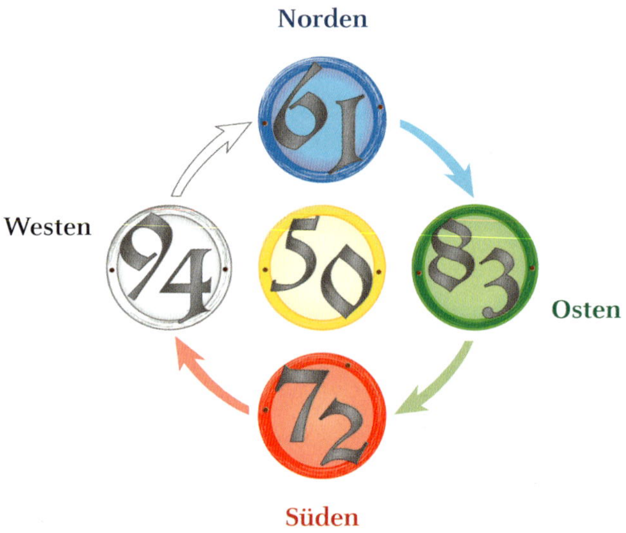

Die Tageszahlen

Nehmen Sie zuerst die Zahl oder Zahlen des Tages, an dem Sie in Ihrem Geburtsmonat zur Welt kamen – also Zahlen zwischen 1 und 31. Sie sind an einem 12. geboren? Dann besetzen Sie im Zahlenrad zumindest schon einmal die Zahlen ❶ und ❷, den Norden und den Süden. Sie sind an einem 5. geboren? Dann besetzen Sie im Zahlenrad die Mitte, mit der Zahl ❺. Sie können sich auf ein Stück Papier ein Kreuz malen und die Zahlen eintragen, damit Sie sich allmählich mit der bildlichen Darstellung des Zahlenrads vertraut machen.

Die Monatszahlen

Jetzt kommen die Zahl oder die Zahlen des Geburtsmonats hinzu – also Zahlen von 1 bis 12, von Januar bis Dezember. Sie sind im November geboren? Dann kommt zu den Tageszahlen jetzt zweimal die Zahl ❶ im Zahlenrad hinzu, Sie besetzen also mit ❶ und ❶ den Norden doppelt. Sie sind im Oktober geboren? Dann tragen Sie eine ❶ im Norden ein und eine ⓿ in der Station »Mitte«.

Die Jahres- und Jahrzehntzahlen

Drittens sind von Bedeutung die Jahres- und Jahrzehntzahlen Ihres Geburtstages. Also beispielsweise die ❽ und die ❺, wenn Sie 1985 oder 1958 geboren wurden. In beiden Fällen kommen also die ❽ im Osten hinzu und die ❺ in der Mitte.

Sie werden sich vielleicht jetzt schon die Frage gestellt haben: Was ist mit der Jahrhundert- und Jahrtausendzahl, mit denen jeder geboren wird? Die Zahlen ❶ und ❾ des 20. Jahrhunderts und die Zahlen ❷ und ⓿ des 21. Jahrhunderts kommen bei der Zahlenermittlung generell nicht in Betracht! Erst im vierten Kapitel (siehe Seite 252) werden wir darüber einige Worte verlieren, denn der Einfluss dieser Zahlen auf das Weltgeschehen ist erheblich. Für den Augenblick möchten wir nur sichergehen, dass Sie genau wissen, wie sich Ihr persönliches Zahlenrad zusammensetzt. Mindestens vier und höchstens sechs Zahlen können Ihr persönliches Tiroler Zahlenrad bilden. Also zum Beispiel

- vier Zahlen, wenn Sie am 5.7.1966 geboren sind (❺, ❼, ❻, ❻),
- fünf Zahlen, wenn Sie am 12.9.1947 geboren sind (❶, ❷, ❾, ❹, ❼)
- und sechs Zahlen, wenn Sie am 21.12.1985 geboren sind (❶, ❶, ❷, ❷, ❽, ❺).

Drei Beispielrechnungen

Wenn wir nach Vorträgen oder im Freundes- und Bekanntenkreis spezielle Zahlenkombinationen betrachten und besprechen, dann machen wir uns die Sache zunächst etwas anschaulicher – mit kleinen Zeichnungen wie den auf diesen beiden Seiten abgebildeten.
Und was tun Sie mit den Zahlen und den kleinen Diagrammen? Davon handeln das zweite und das dritte Kapitel dieses Buches (ab Seite 43 und 124).

* GEBURTSDATUM 4. JULI 1955: Die maßgeblichen Zahlen dieses Zahlenrads lauten ❹, ❼, ❺ und ❺. Wenn Sie jetzt die Grafik unten oder das Umschlagbild auf dem Buchtitel betrachten, sehen Sie, wohin die Zahlen gehören. Sie können die Zahlen auf Ihrem Zettel etwa so eintragen:

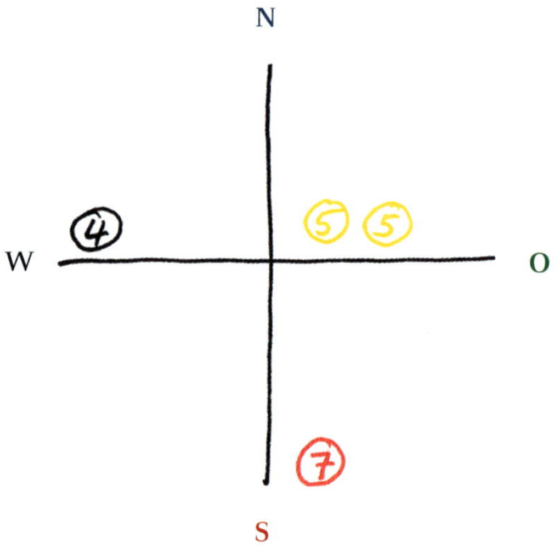

Sie setzen also die ❹ nach links, in den Westen, die beiden ❺ in die Mitte und die ❼ nach unten in den Süden.

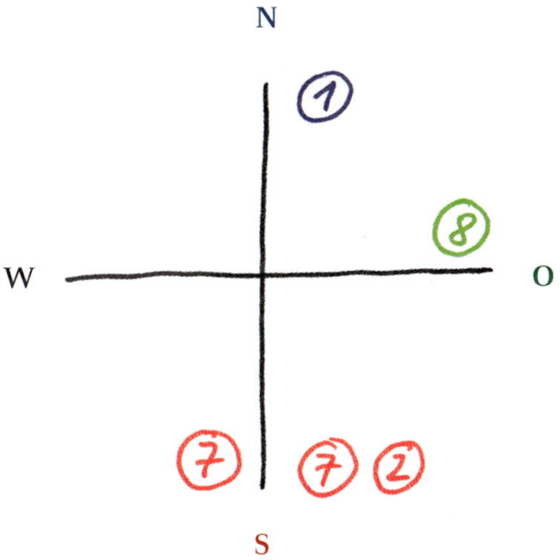

* GEBURTSDATUM 18. JULI 1972: Hier bringen Sie die Zahlen ❶, ❽, ❼, ❼, ❷ ins Tiroler Zahlenrad. Das sähe auf Ihrer Skizze aus wie hier.

* GEBURTSDATUM 22. NOVEMBER 1935: Hier werden die Zahlen ❷, ❷, ❶, ❶, ❸ und ❺ in die Skizze eingetragen. Die Zeichnung sähe so aus:

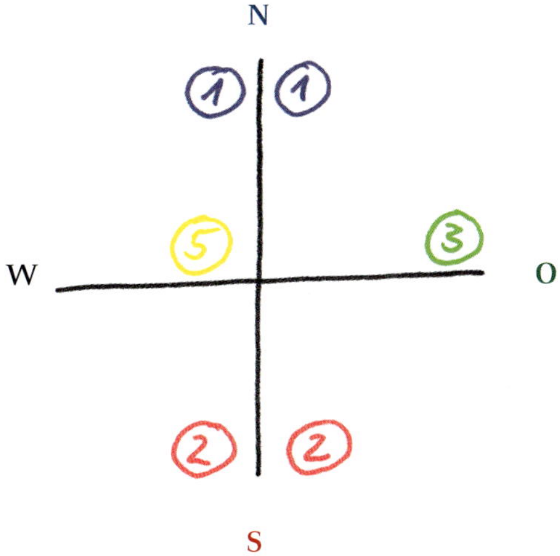

Bevor wir richtig loslegen, folgt noch eine kurze allgemeine »Gebrauchsanleitung«. Sie können schon mal vorblättern, wenn Sie wollen, aber um des besseren Verständnisses willen sollten Sie sich jetzt oder später die wenigen folgenden Seiten genauer anschauen.

Ein wenig Grundwissen

Was antwortet ein Delfin, wenn wir ihn fragen, was das Wasser ist? Und: Angenommen, wir würden das Wasser gar nicht kennen, könnten wir dann mit seiner Antwort überhaupt etwas anfangen?
Stellen Sie sich einmal vor, Sie seien mitten in der Großstadt aufgewachsen (vielleicht trifft das ja sogar zu) – mit ihren U-Bahnen, Ampeln, Taxis, mit Stoßzeiten, mit Kinos, Konzerten und der ständigen Hintergrundmusik des Verkehrs. Und nun müssten Sie eine detaillierte »Gebrauchsanweisung« für das alltägliche Leben in der Stadt schreiben für jemanden, der auf einer kleinen Insel aufgewachsen ist, ohne all die Annehmlichkeiten und Belastungen der heutigen Großstädte.

Wo beginnen?

Mit welchen Worten beschreiben Sie das richtige Verhalten an der Ampel? Wie beantworten Sie die Frage, woher Sie wissen, welcher Bremsdruck in der Hand nötig ist, um ein Fahrrad aus schneller Fahrt zum Stehen zu bringen? Die Schwierigkeit, die richtigen Worte für etwas Selbstverständliches, sehr Vertrautes zu finden, werden Sie uns sicherlich nachfühlen können. Was für Sie selbstverständlich ist, kann ja für jemand anders eine ganz andere Welt sein – also wie etwa die Großstadt für den Inselbewohner!
Das Wissen, das wir Ihnen hier nahebringen, ist unserer Kenntnis nach noch nirgendwo schriftlich fixiert worden. In Johannas Familie wurde es zudem praktisch ohne Worte gelebt und angewendet. Deshalb unsere große Bitte an Sie, in Ihrem besonderen Interesse: Lesen Sie das ganze Buch, lassen Sie nichts aus! Wir sind sicher, dass sich viele für Sie persönlich wichtige Informationen, Einsichten und Zusammenhänge in Zeilen und Abschnitten verstecken, die Sie vielleicht auf den ersten Blick überlesen hätten. Die ganze Vielfalt der Anwendungsmöglichkeiten wird sich Ihnen erst erschließen, wenn Sie »alle Farben des Regenbogens« erfasst haben.

Das hier ist Pionierarbeit. Wir folgen keinem ausgetretenen Pfad, mit Rastplätzen und Hotels für den fröhlichen Wanderer in bequemen Abständen. Das hier ist Erfahrungswissen – so selbstverständlich erlebt, wie der Delfin den Umgang mit Wasser erlebt. Erst Ihre persönliche Erfahrung im Umgang damit macht es lebendig. Hier finden Sie deshalb die wichtigsten Begriffe zum besseren Verständnis des Buches.

Das Tiroler Zahlenrad verstehen

Auch wenn die Zahlen im Zahlenrad kreuzförmig angeordnet sind, sprechen wir nicht von einem »Zahlenkreuz«. Denn die persönlichen Zahlen sind nichts unerbittlich Festgemauertes. Unsere Zahlen fällen kein starres Urteil über uns und unseren Lebensweg. Das Rad ist in lebendiger Bewegung, und die Bewegung erfolgt im Uhrzeigersinn.
So wie Sie Ihren Tee oder Kaffee rühren sollten, so wie Sie den Kochlöffel schwingen sollten, damit Ihre Nahrung an Kraft gewinnt, so bewegt sich das Zahlenrad – im Uhrzeigersinn.
Diese innere Dynamik ist nicht einfach zu beschreiben, weil es sich dabei in erster Linie um eine Gefühlssache handelt. Aber wenn Sie das Zahlenrad im Alltag allmählich besser kennenlernen, wird Ihnen das alles nicht mehr so »spanisch« vorkommen. Versuchen Sie, ein wenig Ihre Intuition walten zu lassen, und lesen Sie in diesem Sinne den Erklärungsversuch auf Seite 34.

Den Kreislauf des Zahlenrads und seine Stationen einzuhalten würde allem und jedem zum Erfolg verhelfen, weil diese Kreisbahn kosmische Zusammenhänge widerspiegelt: vom Ende des Alten und vom Keim der Idee (Norden) über die Begeisterung und die tiefe Freude an der Entwicklung (Osten) zur temperamentvollen, lebenslustigen Präsentation (Süden) zum klugen, abgesicherten und reibungslosen Funktionieren und zur Logistik des Erfolges (Westen) – bis schließlich zum Schritt an die Öffentlichkeit (Norden) und dort zur Verfeinerung und Aufwärtsbewegung.

Natürlich gibt es Menschen, deren Zahlenrad in allen Himmelsrichtungen besetzt ist, aber fast alle anderen müssen sich etwas einfallen lassen, um die Lücken zu füllen. Die beiden wesentlichen Wege dorthin bestehen entweder in der Zusammenarbeit mit Partnern, die Ihre fehlenden Zahlen im Geburtsdatum haben – oder darin, in einer Art Abendkurs die fehlende Himmelsrichtung zu absolvieren und nachzuholen. Anregungen dafür finden Sie ab den Seiten 43 und 124.

Die Himmelsrichtungen

Jedem Zahlenpaar im Zahlenrad ist eine Himmelsrichtung zugeordnet, deren Bedeutung so tiefgreifend ist, dass sogar in einem Staatsgebilde die Menschen des Südens »anders« sind als die des Ostens oder des Westens. Dass die Bayern und die Texaner so ganz »anders« sind als die Hamburger und New Yorker, kommt nicht von ungefähr.

Norden	6 1
Süden	7 2
Osten	8 3
Westen	9 4
Mitte	0 5

Nach und nach werden Sie in dieses Wissen hineinwachsen und Sicherheit gewinnen durch die eigene Erfahrung. Dann können Sie ermessen, welch große Erschütterungen beispielsweise die Wiedervereinigung von West- und Ostdeutschland ausgelöst hat. Oder die Abtrennung Südtirols von Österreich. Am Schluss des Buches kommen wir noch kurz darauf zu sprechen, was passiert, wenn beispielsweise ein Süden »über Nacht« zum Norden wird (siehe ab Seite 270).

Die Zahlenfarbe

Jeder Zahl in Ihrem Geburtsdatum ist eine Farbe zugeordnet. Wenn Sie das Zahlenrad auf der linken Seite oder auf dem Titelbild betrachten, erkennen Sie die Zusammenhänge:

Blau und Schwarz zu ❻ und ❶
Grün zu ❽ und ❸
Rot zu ❼ und ❷
Weiß zu ❾ und ❹
Gelb zu ⓿ und ❺

Die Kenntnis der Zahlenfarben ist von größter Bedeutung und kann in vielfältiger Weise gewinnbringend eingesetzt werden, wie wir es Ihnen mit diesem Buch zeigen möchten. Sie sollten beispielsweise Geburtsdaten und Farben aller Menschen kennen, mit denen Sie längere Zeit engeren Kontakt pflegen (Verwandte, Freunde, Mitarbeiter, Kollegen, Schüler ...). Sonst kann es geschehen, dass Sie sich in ihrer Gegenwart irgendwann seltsam ausgelaugt und nervös fühlen. Das ist oft dann der Fall, wenn auf beiden Seiten dieselbe Himmelsrichtung und damit dieselbe Farbe fehlen. Die Kenntnis des Zusammenhangs von Zahl und Farbe könnten Sie dann einsetzen, um erfolgreich dem Energieverlust entgegenzuarbeiten!

Wenn ein Gegenüber andererseits viele Einheiten (siehe Seite 33) einer bestimmten Zahl und Farbe besitzt, die bei Ihnen fehlen (beispielsweise zweimal ❻ im Geburtsdatum), dann kann dieser Mensch allein durch seine Anwesenheit Gutes für Sie bewirken. Das Gegenüber fühlt sich auch wohl, denn Sie gleichen Ihrerseits mit Ihrer Anwesenheit seine eventuelle Überbelastung durch Blau aus. Die Anwesenheit einer Person kann uns krank oder gesund machen. Diese Erfahrung haben wir alle schon einmal gemacht.

Johanna erzählt:

Noch viele Jahre nach meinem Umzug von Tirol nach München achtete ich immer ganz unwillkürlich auf die Farben in meiner Umgebung. Das war mir so sehr in Fleisch und Blut übergegangen – es wäre mir töricht vorgekommen, das nicht zu tun. Wenn ich zu Gast bei Freunden war, habe ich mich oft gewundert, warum eine bestimmte Farbe in ihrem nächsten Umfeld zu kurz kam.

Beispielsweise fehlte in einem Haus das Rot fast völlig, und das, obwohl es den Gastgebern eindeutig an Temperament mangelte. Erst nach und nach habe ich begriffen, dass ihnen diese Heilungsmethoden nicht nur völlig fremd waren – sie hätten ihnen sogar Angst gemacht. Wahrscheinlich hätten sie sich auch in einer Abwehrreaktion darüber lustig gemacht: Alles Aberglaube! Als sie dann Jahre später Hilfe bei den verschiedensten Krankheiten brauchten, kamen sie wieder auf mich zurück. Ich habe sie an Heilpraktiker weiterempfohlen und ihnen als Unterstützung die Farben- und Zahlenarbeit nahe gebracht. Sie hat auch den »Ungläubigen« geholfen.

Die Stationen

Manchmal kommt es vor, dass eine Himmelsrichtung im Zahlenrad bei der Erläuterung der Zusammenhänge nicht direkt angesprochen werden kann oder muss. Dafür ist der Begriff »Station« gewählt, beispielsweise wenn Sie lesen: »Der Süden wird von der vorherigen Station im Zahlenrad belebt, nämlich vom Osten.«

Die Signaturen

Den Begriff »Signatur« haben wir passend gefunden, um das persönliche Zahlenbild einer Person im Zahlenrad zu bezeichnen. Angenommen, jemand ist am 5. September 1961 geboren. Die persönlichen Zahlen dieser Person finden sich in diesem Beispiel im Norden, Westen und in der Mitte. Dann bildet sich daraus ein bestimmtes Bild, in diesem Fall ein Dreieck zwischen Norden, Westen und Mitte des Zahlenrads – dieses Bild nennen wir Signatur. Es gibt aufgrund der Anzahl aller möglichen Zahlenkombinationen genau 31 verschiedene solche Signaturen – daher auch die 31 Abschnitte im dritten Kapitel, von denen einer auch Ihre persönliche Signatur näher beschreibt.

Das Gewicht der Einheiten

Die Summe der Einheiten an einer Station ist einfach die Summe der dort vorhandenen Zahlwerte. So zum Beispiel, wenn jemand an einem 9. Mai 1979 geboren wurde: Dann besetzt bei diesem Menschen die Zahl ❾ den Westen doppelt. Also besitzt er gleichsam 18 Einheiten jener Kräfte, die im Westen des Zahlenrads herrschen.

Wenn Ihr Geburtsdatum mehr als zehn Einheiten in einer der Himmelsrichtungen aufweist, kann das unter Umständen extreme Entwicklungen auslösen. Sie werden im Laufe der folgenden Seiten erfahren, welche Auswirkungen ein solches Übergewicht haben kann. Zurück zu unserem Beispiel: Einmal die ❾ im Zahlenrad bedeutet in den meisten Fällen, einen guten Geschäftssinn zu besitzen. Zweimal die ❾ kann manchmal ins Extrem ausufern, nämlich in diesem Fall in Egoismus, Geiz und Mutwilligkeit. Die »kluge Vorausschau in geschäftlichen Dingen« verwandelt sich in »krampfhaftes Festhalten«, in abstoßenden Geiz. Da wären eine ⓿ oder eine ❺ als Ausgleich eine gute Sache.

Eine wichtige Unterscheidung, die wir hier noch ansprechen wollen: Die höheren Zahlen – ❻, ❼, ❽, ❾ und ⓿ – sind die Zahlen der weiblichen Energie. Sie wirken insgesamt zäher, ausdauernder, lang anhaltender, jedoch nicht spontan und massiv wie die männlichen Zahlen ❶, ❷, ❸, ❹ und ❺. Die niedrigeren, männlichen Zahlen bei jeder Station wirken prompt und durchschlagend, aber nicht so ausdauernd. Dieser Unterschied erschließt sich im Laufe der Zeit aus den gesammelten Erfahrungen mit dem Zahlenrad.

Der Schwerpunkt

Innerhalb einer Signatur sorgt die individuelle Verteilung der Zahlen für eine individuelle Verteilung der waltenden Kräfte und der vorhandenen Talente und mitgebrachten Fähigkeiten. Bei jeder Signatur sollte man sich daher genau betrachten, aus welchen Zahlen sie zusammengesetzt ist. Wo liegt ihr Schwerpunkt? Die beiden Geburtsdaten 1. Mai 1966 und 10. Mai 1955 beispielsweise haben zwar die gleiche Signatur Nord-Mitte, die grobe Richtung ist vorgegeben. Dennoch wird sich daraus ein anderer Charakter herausbilden, ein anderes Schatzkästchen mit anderen Elementen steht zur Verfügung.

Die Spiralbewegung im Zahlenrad

Bevor wir nun im zweiten Kapitel die Zahlen Ihres Geburtsdatums lebendig werden lassen, müssen wir Ihre Geduld noch auf eine kleine Probe stellen. Denn hier ist der passende Ort, um Ihnen einen der wichtigsten Aspekte des Zahlenrads noch deutlicher zu machen, als das auf den vorigen Seiten bereits geschehen ist – nämlich seine innere Bewegung, seine Dynamik. Und was diese für Sie bedeuten kann und soll.

Es wird anfänglich ein wenig verwirrend sein, was Sie jetzt zu lesen bekommen. Aber keine Sorge: Einen ähnlichen Effekt kennen Sie schon. Er tritt zum Beispiel ein, wenn Sie die Gebrauchsanleitung zu Ihrem neuen Computer lesen, zu einer neuen Haushaltsmaschine, zum neuen Handy ... Da versteht man so manche geheimnisvolle Anweisung auch erst nach ein paar Tagen des Ausprobierens und der Anwendung im Alltag. Immer wieder muss man nachschauen, wie dies oder das geht. Bald aber gehen einem die verschiedenen Funktionen und Handgriffe in Fleisch und Blut über. Wenn Sie die folgenden Zeilen nach einiger Zeit der Praxis mit dem Tiroler Zahlenrad noch einmal lesen, kommt Ihnen sicher alles ganz geläufig und selbstverständlich vor. Also nur Mut!

Werfen Sie zunächst einen Blick auf das Symbol des Zahlenrads auf der Titelseite. Sie sehen auf dem Außenring eine Art Pfeil im Uhrzeigersinn, von Himmelsrichtung zu Himmelsrichtung, von Station zu Station. Das ist die Bewegungsrichtung innerhalb des Zahlenrads – beginnend im Norden, über den Osten, Süden, Westen zurück zum Norden. Sie werden im zweiten und dritten Kapitel bei der Beschreibung der Zahlen und Himmelsrichtungen immer wieder lesen, dass es zu den Lebensaufgaben eines Menschen gehört, die fehlenden Stationen, die fehlenden Himmelsrichtungen seines Zahlenrads zu »füllen«.
Das Füllen ist in erster Linie eine Sache des persönlichen Gefühls, aber es lässt sich so formulieren: Es bedeutet erstens, die fehlenden Zahlen und die besonderen Kräfte und Fähigkeiten, die damit verbunden sind, zu verstehen. Es bedeutet nicht, sie zu erwerben und genauso zu werden wie jemand, der diese Himmelsrichtung im Geburtsdatum besitzt. Zweitens bedeutet es – und jetzt kommt die Spiralbewegung ins Spiel! – die eigenen Zahlen und die damit verbundenen Fähigkeiten, also Ihr besonderes Wissen und Ihre Talente an die Ihnen fehlenden Himmelsrichtungen weiterzugeben, und zwar im Uhrzeigersinn.

»HURRA, EINE IDEE!« Nehmen wir als anschauliches Beispiel die Entwicklung eines Produkts, die Verwirklichung einer neuen Idee. Sie kann überall entstehen, sie ist an keine Himmelsrichtung gebunden, dieses Tor steht jedem Menschen offen. Angenommen, Sie sind ein Mensch mit Norden (❻ und/oder ❶) und Mitte (⓿ und/oder ❺) im Geburtsdatum (also mit der Signatur Nord-Mitte), und Sie haben eine tolle Idee für ein neues Brettspiel. Um diese Idee in eine erfolgreich bestandene Aufgabe im Zahlenrad zu verwandeln und Wirklichkeit werden zu lassen, müssen Sie nun das Zahlenrad in Bewegung setzen. Es folgt die Weitergabe Ihrer Idee an den Osten. Dort müssen alle Ideen die allerersten Schritte machen. Was heißt das?

»ES IST EINE GUTE IDEE!« Eine Idee entsteht irgendwo im Universum. Ihre erste Station auf dem Weg zur Verwirklichung ist der Osten – das ist ein Mensch, der den Osten im Geburtsdatum hat. Oder eine Firma, deren Spezialität es ist, Ideen aufzugreifen, weiterzuentwickeln und sichtbar zu machen. Solche Firmen sind immer »Firmen des Ostens« – weil dort mit großer Sicherheit Menschen mit ❽ und/oder ❸ im Geburtsdatum wichtige Funktionen haben. Ihre Zahlenrad- und Lebensaufgabe ist es, die Übergabe an das Verwirklichtwerden zu begleiten und zu überwachen. Ein erstes Probestück Ihres Spiels entsteht.

»ES IST EINE GUTE SACHE, SCHAUT HER!« Im nächsten Schritt übergibt der Osten an eine andere Firma, und zwar an den Süden (❼ und/oder ❷) – oder die erste Firma hat auch den Süden integriert und fährt selbst mit dem nächsten Schritt fort, dem allerersten Schritt an die Öffentlichkeit, das geschickte und überzeugende Präsentieren des Produkts in kleinem Rahmen, beispielsweise bei einer Messe. Dort beginnt langsam die Wahrnehmung durch ein breiteres Publikum. Erste Kommentare und Kritiken sind zu hören. Zu den schönsten Dingen im kreativen Handeln gehören geglückte Präsentationen und das Gefühl, Begeisterung am Produkt geweckt zu haben. Ihre persönliche Aufgabe im Süden ist es, diese Veröffentlichung zu begleiten und zu überwachen und beispielsweise dafür zu sorgen, dass Ihre Philosophie gewahrt bleibt.

»ES IST EINE GUTE SACHE, UND SIE IST MACHBAR!« Der Süden hat nunmehr den Weg nach außen geöffnet und übergibt Ihr »Baby«, das tolle Brettspiel, an den Westen (❾ und/oder ❹). Der kann manchmal den Spielverderber abgeben und die Begeisterung dämpfen, aber das ist oft notwendig. Denn im Westen ist die seriöse Entwicklung zur Reife zu Hause. Die Balance zwischen Idealvorstellung und Machbarkeit, zwischen erträumter Maximalqualität und realistischer Verwirklichung wird hier gefunden. Das umfasst die kluge Kalkulation und Preisgestaltung, die Werbung und Bekanntmachung, die Zielgruppenauswahl, das geschickte Marketing, die Logistik, den Vertrieb – alles, um ein gutes Produkt auch materiell unter die Leute zu bringen. Ihre Aufgabe ist es, diesen Prozess zu begleiten, zu überwachen und vielleicht einen guten Steuerberater zu engagieren, der dem Vertrieb auf die Finger schaut.

»ES IST EINE GUTE SACHE, UND IHR KÖNNT SIE JETZT HABEN!« Der letzte Schritt schließt das Zahlenrad im Norden, wo die Übergabe des Spiels an den Kunden stattfindet. Die Geburt der Idee, die Vollendung des Reifeprozesses zur Übergabe an die Welt, das alles ist im Norden beheimatet. Der Norden (❻ und/oder ❶) gehört Ihnen schon, mitsamt dem damit verbundenen Ideenreichtum und dem Schritt in die Öffentlichkeit. Daher können Sie hier einiges selbst in die Hand nehmen.

Sie sehen an diesem Entwicklungsbeispiel, dass Sie an den fehlenden Stationen Ihres Zahlenrads nicht alles selbst machen müssen, sondern nur durch Mithilfe und Verstehen, durch »Da-Sein« die Kugel am Rollen halten sollen. Das Beispiel lässt sich auf alle Situationen und Signaturen übertragen. Tauschen Sie beispielsweise das Wort »Brettspiel« durch die Worte »Spezialwissen«, »Musik«, »Heilung«, »Erfindung« und andere aus – und Sie kommen der Sache näher.

Angenommen, Sie haben alle Stationen außer dem Westen besetzt (etwa beim Geburtsdatum 26. März 1951), dann könnten Sie alle Reifungsschritte erfolgreich selbst in die Hand nehmen, wenn Sie wollen – mit Ausnahme der gesunden Kalkulation, des Rechnungswesens, der Werbung, der Bewertung nach kaufmännischen Maßstäben, die in die Hände von »Westlern« gehören. Wichtig dennoch auch dann: die wachsame Begleitung der Logistik, der Aktivitäten des Westens, beispielsweise durch kluge Vertragsgestaltung.

Eltern und KindergärtnerInnen könnten übrigens tagtäglich beobachten, mit welcher Hingabe sich Kinder oft dem Füllen der Lücken ihres

Zahlenrads widmen. Sie handeln ganz intuitiv und versuchen sich an allen möglichen Fähigkeiten, mit denen sie nicht auf die Welt gekommen sind. Leider erfahren viele Kinder schon so früh Entmutigung (»Das darf doch nicht wahr sein! Wie lange brauchst Du denn noch?«), dass viele das Abenteuer des Lebens erst als Erwachsene richtig anpacken können. Aber es ist nie zu spät, um ganz und heil zu werden!

Fassen wir die Geschehnisse innerhalb der Kreisbewegung noch einmal zusammen: Obwohl der Kreisumfang eines Rades kein Ende hat, besitzt die innere Drehkraft des Zahlenrades gleichsam ihren unsichtbaren Beginn im Norden mit den Zahlen ❻ und ❶. Der Norden repräsentiert das Ende und den Höhepunkt einer Entwicklung, gleichzeitig die Ruhe vor dem Neubeginn, die Energiesammlung fürs Neue, den Winter. Das Neue ist im Ansatz schon da, aber noch nicht sichtbar – wie in der Natur, wo die Knospen der Bäume schon lange vor Weihnachten zu sehen sind. Im Osten mit ❽ und ❸ ist das Neue schon voll in Arbeit und im Fluss, der Frühling ist in voller Blüte. Der Süden mit ❼ und ❷ ist die Kraft des Sommers, das volle Ausleben der Energien, das Temperament. Vorbereitungen und Starthilfen sind zu Ende, alle verborgenen Dinge bekommen hier Ausdruck, Form und Umriss. Der Westen mit ❾ und ❹ festigt dann den Erfolg, präsentiert ihn, macht ihn für die Nachwelt nützlich. Und fügt etwas Besonderes hinzu, was den Keim legt für die nächste Runde, die wieder im Norden mit ❻ und ❶ beginnt. Der Norden vervollständigt jetzt den Kreislauf, indem er das, was zuvor reifte, öffentlich und allen verfügbar macht. Kein starrer Kreislauf mit endlosen Wiederholungen also, sondern hier beginnt schon eine qualitativ höhere Ebene. Die Zahlen der Mitte mit ⓿ und ❺ tragen von allen Stationen etwas in sich. Aus der Mitte heraus können Sie überallhin starten. Die Mitte lässt sich gleichsam als Joker einsetzen, um mit ihren Kräften unbesetzte Stationen zum Leben zu erwecken. Es bleibt nie bei einer einzigen Kreisbewegung. Mit jedem vollendeten Kreislauf der Verwirklichung einer Idee, der Vermittlung von Wissen, der Weitergabe von guten Dingen haben Sie sich ein Stück in die Höhe gehoben!

Langsam machen Sie eine Entwicklung durch, und dadurch wird das Zahlenrad zur Spirale. Von oben betrachtet ist es ein zweidimensionaler farbiger Kreis. Von allen Seiten gesehen ist das Tiroler Zahlenrad eine dreidimensionale farbige Spirale, die sich in den Himmel schraubt! Denken Sie hin und wieder ein wenig über diese schöne Figur nach. Schauen Sie später öfter mal wieder hier vorbei, denn das Verständnis für die Zusammenhänge wächst im Laufe der Zeit. Vielleicht gelingt es Ihnen, die Dinge weniger als »Hüpfen« von Station zu Station zu betrachten, sondern vielmehr als ununterbrochenen Fluss. Unsere Sprache kennt Begriffe wie Baby, Kleinkind, Kind, Teenager, Erwachsener – aber waren Sie an Ihrem 18. Geburtstag plötzlich viel klüger und erwachsener als am Tag zuvor? Alles ist im Fließen, alles greift ineinander, vieles davon völlig nahtlos – auch das Zahlenrad. Extreme Entwicklungen, innerer Stillstand stellen sich ein, wenn wir dem Fluss nicht Raum geben. Die Indianer Nordamerikas hatten dafür ein treffendes Bild:

» *Frisch und klar und rein bleibt nur der sprudelnd fließende Bach, der sein Wasser freigebig verschenkt. Stehendes Wasser verwandelt sich in einen stinkenden Sumpf.* «

Alle Menschen sind von Anfang an dafür gedacht, einer Berufung zu folgen. Sie lässt sich auch in der besonderen Zusammensetzung unseres Zahlenrads erkennen. Verwirklichen wir diese Berufung, stellt sich Erfolg ein – und die Verpflichtung, ihn materiell, geistig und seelisch weiterzugeben. Erfolg, den ich für mich behalte, bedeutet niemals wirkliches Lebensglück, sondern verglüht meist schnell – ein Grund, warum die »Berufsgruppe« der Millionäre die höchste Selbstmordrate aufweist. Geben Sie von Ihrem Schatz an andere weiter, so gewinnen alle!

DIE BAUSTEINE DES ZAHLENRADS

Sechs und Eins – Charisma, Weitblick und Entschlossenheit des Nordens

Die Kinder des Nordens

Das Geschenk der Zahlen ❻ und/oder ❶ im Geburtsdatum

Jede Zahl in Ihrem Geburtsdatum symbolisiert ein Geschenk – einen Teil vom Inhalt eines Schatzkästchens, das uns mitgegeben worden ist, um bestimmte Aufgaben, die in unserem Leben auf uns warten, erfolgreich erfüllen zu können.

Die Zahl steht dabei im Wesentlichen für zweierlei: sowohl die Art der speziellen Aufgabe, die es zu erfüllen gilt, als auch die Existenz aller Mittel, um diese Aufgabe erfolgreich zu bestehen. Wir erfahren, wohin die Reise geht, und wir bekommen das nötige Fahrgeld. Die Herausforderung besteht im Erkennen des ureigenen Weges und im Durchmessen des mehr oder weniger weiten Landes bis zum Ziel. Auch wenn manchmal aller Anschein dagegen spricht: Wir haben die freie Wahl, ob wir den Zug auch besteigen oder ob wir uns auf Nebengleise locken oder abdrängen lassen.

Eine kleine »Medizin für die Seele«, abgestimmt auf die jeweilige Himmelsrichtung und gegen die Versuchung, auf das Geschenk der Zahlen zu verzichten, beschließt jedes Kapitel.

Eine Bitte noch: Selbst wenn Sie keine ❻ und/oder ❶ in Ihrem Geburtsdatum tragen – lesen Sie dennoch dieses Kapitel zuerst. Viele Gedanken und Zusammenhänge, die für alle Zahlen wichtig sind, kommen hier zur Sprache. Wir wiederholen sie nicht jedes Mal, wenn es in diesem Kapitel um die weiteren Stationen des Zahlenrads geht.

Die Kinder des Nordens

Das Geschenk der Zahlen ❻ und/ oder ❶ im Geburtsdatum – diese Zahlen bilden gleichsam die Stufen hinauf ans Licht der Öffentlichkeit. Sie verleihen jene inneren Kräfte und Schwingungen, die Ihnen überall Gehör verschaffen können. Sie verleihen Charisma und Ausstrahlung. Mit diesen Zahlen hat jede und jeder ihrer Träger gleichsam die Aufgabe übernommen, nicht im Stillen zu wirken, sondern alle

erworbenen Fähigkeiten und Talente, Wissen und Erfahrungen nach außen zu tragen und einer größeren Öffentlichkeit weiterzugeben, nicht nur den eigenen Kindern.
Das gilt selbst dann, wenn Sie zu den Menschen gehören, denen die bloße Vorstellung, einen Vortrag vor vielen Menschen zu halten, einen Schauer über den Rücken jagt. Hemmungen, Ängste und Schüchternheit sind bei einem Menschen mit dem Norden im Geburtsdatum nur das Ergebnis von Kindheitserfahrungen, von seelischer Verletzung, von Bremsen in der Entwicklung des gesunden Selbstvertrauens. Mit der ❻ und/oder ❶ wären hinter dem Nebel der Schüchternheit dennoch alle Kräfte und das Charisma verborgen für das mutige und erfolgreiche Nach-außen-Gehen. Man würde Ihnen Gehör schenken, Sie hätten das nötige Werkzeug und die Kraft dazu. Die ❻ und/oder die ❶ vermitteln das Geschick, Brücken zu bauen zwischen den Menschen.

Die ❻ und/oder die ❶ bringen Willenskraft, Durchsetzungsvermögen und Ausdauer. Es gibt so viele Dinge auf der Welt, die noch brachliegen und der liebevollen Widmung bedürfen – beispielsweise die Antwort auf die Frage, wie sich die heutige Heilkunde vom Würgegriff der pharmazeutischen Industrie lösen kann, um endlich zu echtem Heilen zu kommen, statt Symptome zu bekämpfen. Oder die Frage, welche wahren Ursachen der Terror in der Welt hat, denn nur deren Kenntnis führt zu echten, dauerhaften Lösungen.
Die ❻ und die ❶ hauchen ihrem Träger visionäre Qualitäten ein, um sich mit Herz und Hirn der Beantwortung solcher Zukunftsfragen widmen zu können. Nord-Menschen sind zudem ausdauernd im Anstreben von Zielen, sie werfen nicht gleich die Flinte ins Korn, wenn sich größere Hindernisse auftun. Ja, sie empfinden Hindernisse oftmals gar nicht als solche, sondern als Dinge der Natur. Wie einen Muskelkater nach großer Anstrengung. Ziele tatsächlich zu erreichen fällt ihnen mit dieser Einstellung meist leichter als allen anderen Zahlenrad-Stationen.

Mit energischer, zielstrebiger Entschlossenheit wagen sich die Nord-Menschen an Wege und Vorsätze, wo andere schon längst sagen: »Das kann gar nicht funktionieren!« Das tun sie manchmal sogar dann, wenn sie ihrer Zeit weit voraus sind. Hundert Jahre später tritt dann die herausragende Qualität, ja das Genie ihrer Arbeit zutage. Es hatten damals einfach die Antennen gefehlt, der Zeitgeist schlief, die nötige Grundschwingung war noch nicht da. In diesem Vorpreschen verbirgt sich auch eine der Quellen für das Unglücklichsein eines Nord-Menschen. Der Zeit voraus zu sein macht manchmal einsam.

Nord-Menschen finden ihr Glück eher selten in routinestarren Beamtendiensten, sondern als Pioniere und Erneuerer, als Anwälte, Philosophen, Schriftsteller, als Politiker und Diplomaten, als Lehrer (weil sie Gehör finden und weise unterrichten), als Richter (weil sie klar und weit sehen und das Verborgene leichter erkennen), als Forscher (auch mit ❾ und/oder ❹ im Geburtsdatum!). Auch die Schauspieler finden sich in der Palette der Berufe des Nordens. Wer die »Bretter, die die Welt bedeuten«, ohne ❻ und ❶ im Geburtsdatum betritt, der hat in der Regel einen harten Weg zum Erfolg vor sich. Was natürlich nicht heißt, dass ihr oder ihm der Weg zum Erfolg verschlossen wäre – auch die Leidenschaft von ❼ und/oder ❷ öffnet Türen hinaus in die Welt.

Der forschende Geist ist eigentlich überall beheimatet und Seelenbestandteil jedes Menschen, ob aktiv gelebt oder nicht. Aber im Norden ist es fürs Lebensglück unentbehrlich, ihn auch auszuleben! Und nicht nur das: Die Zahlen ❻ und/oder ❶ geben sich nicht mit dem äußeren Anschein von Vorwärtskommen zufrieden, sie durchschauen auch Pseudo-Fortschritt und lassen sich nicht so leicht in den endlosen Strom einander rasch ablösender »neuester Stände der Wissenschaft« und Denk- und Verhaltenstrends hineinziehen. Sie sind so sehr in das Echte verliebt, dass sie sich nicht vom Gefälschten täuschen lassen, zumindest nicht auf Dauer. Deshalb ist den Zahlen ❻ und ❶ auch die Qualität Wasser zugeordnet. Wasser fließt überall hin, wie auch die ❻ und ❶ die neugierige, forschende Energie repräsentieren, die nicht eher ruht, bis sie Antworten bekommen hat. Das Wirken der Energie von ❻ und ❶ ist kühl wie das Wasser, aber sie ist effizient. Sie erreicht die Bewohner der Erde bis in den letzten Winkel.

Öffentlichkeitsarbeit in jeder Schattierung, die Medienwelt, alle Geisteswissenschaften – hier sind die ❻ und die ❶ zu Hause. So sehr hat der Pioniergeist seine Heimat im Norden gefunden, dass dem Nord-Menschen schon dann Langeweile und Depression drohen, wenn ihn die Umstände zu tagtäglichen Routinen verpflichten, ohne Teilerfolge zu bieten. Oder in Situationen, wo in seiner Umgebung »alle dasselbe« tun. Das Leben ausschließlich für Heim, Haus und Gartenzwerg kann auf Dauer dem Nord-Menschen kein Glück bringen, außer er verhilft dadurch anderen Menschen zum Erfolg. Die ❻ und/oder die ❶ übernehmen deshalb immer ein wenig die Führung, manchmal unterschwellig, und sie betrachten alle anderen Zahlen als untergeordnet, als Helfer auf ihrem Weg – im besten Falle »arbeiten sie der Genialität zu«.

Vielleicht werden Sie jetzt fragen, ob denn die ❻ und die ❶ jeweils genau die gleichen Kräfte vermitteln. Das ist leicht beantwortet: Zwischen der ❻ und der ❶ gibt es kaum Unterschiede. Die ❶ repräsentiert vielleicht in etwas stärkerem Maße Wissen und Kommunikation.

Sie geht gerne etwas mehr noch nach außen, während sich die ❻ etwas früher zufriedengibt und in Harmonie mit dem Erreichten lebt, dabei jedoch niemals ihren Wissensdrang schlafen legt.

Nach alldem ahnen Sie jetzt vielleicht, dass es die ❻ und die ❶ in der heutigen Zeit nicht leicht haben, ihre Neugier und Unternehmungslust auszuleben, allem Anschein zum Trotz. Von jeder Plakatwand, aus jedem Werbeblock im Fernsehen quillt ein zäher, schwächender Schleim, der die Kraft des Nordens unterhöhlen möchte. Viel Willenskraft, Selbstliebe und Selbstdisziplin sind nötig, um dieser schleichenden, unterschwelligen Einladung zu einem bequemen Leben als Priester und Marionette der Konsumreligion auf Dauer zu widerstehen.

An keiner Schule, an keiner Universität, in keinem Großkonzern wird die Kunst des »Zu-Ende-Denkens« gelehrt, nirgendwo wird die Stärkung des freien Willens und des Selbstvertrauens gefördert, welche uns helfen würden, der Versuchung zu Stillstand und Selbstbetäubung ohne inneren Kampf zu widerstehen. So kann es geschehen, dass ein Nord-Mensch den wunderbarsten Partner, die ideale Partnerin findet für eine spannende und erfüllte Lebensreise in gemeinsamer Entfaltung – und dass man dann doch schweren (oder auch leichten) Herzens auseinandergeht, weil das Gegenüber nicht erwachsen werden will. Sicher: »Geborene Hausmütterchen« und »Ersatz-Papas« springen dann gerne als Partner für das zurückbleibende ewige Kind ein, aber das wird niemandem das echte Lebensglück bringen.
Hier ist auch die Ursache verborgen, warum die Mächtigen und Tyrannen dieser Welt zwar den Fortschritt wünschen, sich aber gleichzeitig vor seinen Bringern fürchten. Der Fortschritt könnte ja bedeuten, dass man die »hohen Tiere« durchschaut und ihre Schwäche erkennt. Echter Fortschritt könnte einfach bedeuten, die Mächtigen loszuwerden.
Der Norden ist nur in echter Bewegung glücklich. Stillstand oder eingebildete, vorgetäuschte Bewegung rauben ihm die Lebenskraft. Im Zahlenrad ist nirgends Stillstand. Jede Station trägt einen eigenen Bewegungsaspekt zum Ganzen bei. Im Norden, bei den Zahlen ❻ und ❶, ist es die gespannte Ruhe vor dem Neubeginn – eine ungeheuer fruchtbare Phase, die den Keim zu vielen Lebensreisen in sich trägt. Gleichzeitig ist hier auch das Ende des Kreises zu finden, der Übergang von Idee zu Öffentlichkeit. Was wiederum Platz schafft für neue Ideen.

Die Kids und Teenies des Nordens mit ❻ und/oder ❶ im Geburtsdatum müssen immer was Neues erfahren. Wenn sich ihre Eltern aus vor langer Zeit entstandener Resignation eher den oberflächlichen Dingen des Lebens verschrieben haben, wenn ihnen ein grabesruhiger Feierabend mit Bier und Mittwochskrimi heilig geworden ist – dann können die Kinder des Zahlenrad-Nordens manchmal chronisch »lästig« werden.

Der Grund dafür ist schlicht, dass es den Eltern an Verständnis fehlt – sie haben den Zugang zu ihren Kindern vermauert. Das geht immer Hand in Hand damit, dass sie sich auch von anderen Menschen abschotten. Die Kinder können dann ihre Fähigkeiten nicht ausleben und wehren sich unbewusst mit den verschiedensten Methoden gegen deren Beschneidung. Resignation und »so werden wie Mama oder Papa« sind für unterdrückte Kinder des Nordens nur die allerletzte Option.

Einer der selten erkannten, tieferen Gründe für die Probleme mit manchen Nord-Kindern: Wenn sie sich vertiefen und mit Gründlichkeit und Präzision und Hingabe in das jeweils Untersuchte und Bearbeitete einsteigen wollen, bekommen sie von Eltern, Geschwistern, Lehrern allzu oft zu hören, sie seien »zu langsam«. Nichts könnte ferner der Wahrheit sein, denn die Kinder durchmessen mit großer Geschwindigkeit Räume jenseits der Vorstellungskraft ihrer Kritiker in Heim und Schule! In zehn Minuten stiller Träumerei lernen solche Kinder mehr als andere in drei Stunden »ernsthaften Studiums«.

Dabei wollen es diese Kinder nur ganz genau wissen. Sie machen selten etwas, bloß weil es »alle anderen« machen. Sie sind keine Mitläufer. Sie sind eigenwillig, verlangen »Extrawürste«, hinterfragen alles. Bitte jedoch genau hinschauen: Dieses intensive Nachfragen ist nicht zu verwechseln mit dem ständigen Geplapper schlecht erzogener Kinder (dieses hat mit den Zahlenkräften nichts zu tun, sondern eher mit der verbreiteten Eltern-Hilflosigkeit). Aber wehe, die Nord-Kids haben zusätzlich viel Westen, also ❾ und/oder ❹ im Geburtsdatum! Dann können sie sich durchsetzen oder versuchen es, auch wenn es nicht angebracht ist. Manchmal sogar mit »brutaler« Sturheit.

Alles in allem: Kinder mit ❻ und/oder ❶ im Geburtsdatum sind auf dem Weg. Sie brauchen nur sanfte Lenkung und viel Verständnis. Und die Einsicht, dass sie im Leben erfolgreich sein werden, auch wenn sie einen völlig anderen Weg einschlagen als ihre Eltern.

Wenn sich der Norden versteckt –

Der nicht erlebte und gelebte Norden

In zahlreichen Gesprächen mit interessierten Lesern und Vortragsbesuchern tauchte immer wieder diese Frage auf: Was ist, wenn man in manchen Fällen nach dem Kennenlernen des Zahlenrads, nach der Lektüre der Bedeutung der eigenen Zahlen oder denen eines nahestehenden Menschen überzeugt ist, das absolute Gegenteil zu sein beziehungsweise vor sich zu haben? Was ist, wenn man die Energie der Stationen des Zahlenrads nicht an sich selbst wahrnimmt?

- Beispiel: Der Träger von ❻ und/oder ❶ im Geburtsdatum, der seine privaten und beruflichen Verhältnisse so einrichtet, dass »immer alles schön beim Alten bleibt«.

Oder was ist, wenn man die Energie zwar fühlt und kennt, aber ihr nicht den Raum gibt, um sie ins Leben treten zu lassen und um selbst wirklich glücklich zu werden?

- Beispiel: Der Träger von ❻ und/oder ❶ im Geburtsdatum, der sich vor allen Veränderungen fürchtet, aber insgeheim immer Sehnsucht nach dem Neuen hat.

Sie haben bereits erfahren, dass jede Zahl in Ihrem Geburtsdatum auf einen mehr oder weniger verborgenen Schatz an Talenten und Fähigkeiten hinweist beziehungsweise auf manche Neigung zu Extremen, zu Übertreibungen und Fanatismen. Im Extremfall kann es jedoch geschehen, dass diese Schätze niemals gehoben werden. Stellen Sie sich beispielsweise vor, Sie besäßen das Talent zum Journalisten oder Schriftsteller (bei ❻ und/oder ❶ in Ihrem Geburtsdatum) und werden in eine stark mathematisch-naturwissenschaftlich orientierte Familie hineingeboren – oder in eine Arzt-Familie, in der Sie womöglich dazu erzogen werden, in die »Fußtapfen des Vaters« zu treten und später die Praxis zu übernehmen. In einer solchen Situation kann es durchaus geschehen, dass Ihre aufgrund der Zahlen eigentlich angelegten Fähigkeiten und Talente niemals zum Vorschein kommen. Außer vielleicht als seltsam wehmütiges Gefühl beim Lesen guter Bücher oder als eine ähnliche Bewegung Ihrer Seele. Oder als undefinierbare Sehnsucht, die sich manchmal regt, wenn Sie im Urlaub an der Reling eines Schiffes lehnen und den Möwen zuschauen. Ja, es gibt viele Handwerker, die als Schriftsteller oder Lehrer ihre Erfüllung gefunden hätten. Ebenso wie es viele Ärzte gibt, deren Sehnsucht im Bebauen eines Feldes lag oder im Fertigen der schönsten Massivholz-Möbel, die unser aller Auge und Sinn erfreuen würden. Wenn Sie bei sich solche Zusammenhänge erkennen – dass Sie ganz anders leben, als Ihre Zahlen es ausdrücken –, dann bedeutet das keineswegs automatisch, dass Sie dazu verurteilt sind, in Ihrem Leben niemals so richtig glücklich zu werden (weil Sie Ihrer eigentlichen Bestimmung entgangen sind).

Denn erstens ist es nie zu spät. Verlieren Sie nicht den Mut, denn der Schatz der ❻ und ❶ ist niemals verschwendet oder bis zur Neige ausgegeben. Vielleicht schreiben Sie ja zum Beispiel aufgrund Ihrer Erfahrungen aus Ihrem – gar nicht so recht zu Ihnen passenden – Berufsalltag hochinteressante Artikel oder einen spannenden Roman!

Oder sagen Sie sich vielleicht »Ich grabe und grabe, aber ich kann mich in dem Beschriebenen noch nicht erkennen, obwohl ich ❻ und/oder ❶ im Geburtsdatum habe«? Die Schilderung der übrigen Zahlen kommt ja erst noch, und vielleicht ist Ihre Bestimmung eine andere.

Solange Sie diese Zeilen lesen können, können Sie neu anfangen. Resignieren Sie niemals, sondern bringen Sie das Verborgene ans Licht. Denn es existiert tatsächlich! Stellen Sie sich in Ruhe die Frage »Was will ich wirklich?«. Lassen Sie sich Zeit für die Antwort, denn diese Frage zu stellen haben Sie vielleicht schon so sehr verlernt, dass sich Ihre echten Wünsche ins Unbewusste zurückgezogen haben. Betrachten Sie dann unabhängig vom schon Erreichten: »Was kann ich von diesen Plänen umsetzen?« Noch nie hat sich jemand zum Erfolg gejammert!

Dem Norden sind die Farben Blau und Schwarz zugeordnet. In der Kleidung beispielsweise kann Blau Ihnen helfen, wenn Sie die ❻ und/oder ❶ in Ihrem Leben überhaupt nicht fühlen. Blau ist dann als Türöffner geeignet, als homöopathisches Medikament, als Einladung an den Kosmos, Ihnen wieder das Zugehörige, Ureigene zu schicken. Wenn Sie sich aber in der Beschreibung der Zahlen noch erkennen und die Kräfte der Zahlen fühlen, ist Arbeit mit der Farbe nicht unbedingt nötig (aber manchmal hilfreich).

Bei aktuellen Problemen, gleichgültig auf welcher Station des Zahlenrads, ist die Frage wichtig: »Warum habe ich mich in diese Situation bringen lassen? Was ist schiefgelaufen?« Denn nichts geschieht umsonst! Die dritte gescheiterte Ehe. Ständig dieselben Probleme mit den Kindern, den Klienten, den Vorgesetzten. Mehrfache Umzüge, und immer wieder die gleichen Schwierigkeiten mit den Nachbarn. Nichts davon ist Zufall oder »dumm gelaufen«! Es kommt alles, wie es kommen muss, und ist eine Ernte dessen, was man gesät hat. Es bedeutet immer, dass eine bestimmte Lektion noch nicht gelernt und verinnerlicht ist.

Gleichgültig welche Zahlen Sie haben, die folgende hilfreiche Grundübung sollten Sie unbedingt einmal machen:

Sie machen eine Zeichnung vom Zahlenrad, tragen Ihre Zahlen im Rad ein und betrachten dann, welche Station(en) unbesetzt sind. Dann lesen Sie im Buch, wofür diese Himmelsrichtung steht und wofür das Fehlende steht. Was gehört zu Ihnen, was wäre eigentlich das »Ihre« gewesen? Und was fehlt?

Dann meditieren Sie in Ruhe über die Fragen:

- Was bin ich heute?
- Was könnte ich sein?

Es gibt Söhne und Töchter, denen nichts wichtiger ist, als die Firma der Eltern zu übernehmen, und dann gibt es Kinder, denen die bloße Vorstellung, in Vaters oder Mutters Fußstapfen zu wandeln, ein Gräuel ist. Wenn eine dieser beiden Grundhaltungen sehr stark empfunden wird, dann spielt es vielleicht keine so große Rolle mehr, welche Zahlen Sie haben. Wenn der Drang »in die Welt hinaus« überstark ist oder aber die Einstellung »Hauptsache im Dorf bleiben«, dann hat ein Extrem schon die Oberhand gewonnen, gleichgültig welche Zahlen man hat. Wenn man aber an den Zahlen eines Kindes schon erkennt, dass »in die Welt hinaus« sein Geburtsrecht und seine Geburtspflicht ist, dann sollte man es nicht damit nerven, die Tischlerei, den Bauernhof oder die Arztpraxis zu übernehmen.

Auch im Reich des Tiroler Zahlenrads gibt es keine eisern festgefügten Grundsätze, die man nur auswendig zu lernen braucht. Fast alles in der Natur, zahllose natürliche Zusammenhänge entziehen sich schablonenhaften, wissenschaftlichen Denkweisen. Die moderne »Computermethode« bedeutet in vielen Fällen Verurteilen, Einteilen, Festlegen, Abstempeln, Unbeweglichkeit, Stillstand. So funktioniert die Natur nicht. Und das ist eine ihrer allerschönsten Eigenschaften.
Wenn Sie »Ihre« Zahlen nicht leben und trotzdem glücklich sind, gibt es keinen Grund, sich künstlich um das Entwickeln neuer Fähigkeiten und Hobbys zu bemühen. Aber Ihre angeborenen Talente sollten befreit werden, wenn ihr Verborgensein Sie unglücklich macht oder wenn eine tiefe Sehnsucht Sie schon Ihr Leben lang unterschwellig verfolgt.

Das Glück besteht nicht darin,
dass du tun kannst, was du willst,
sondern darin,
dass du immer willst, was du tust.

Leo N. Tolstoi

Wenn der Norden gezähmt werden muss

Entwicklung ins Extrem

Wie jede Zahl im Zahlenrad läuft auch die nach vorn und in die Zukunft gerichtete, optimistische Kraft des Nordens Gefahr, in Übersteigerung und Extreme gepresst oder aufgeblasen zu werden, zu drängen oder vielmehr sich drängen zu lassen – meist dann, wenn die besonderen Kräfte im Norden unterdrückt werden. Das Gefühl, in seinem Elan gebremst, gleichsam kastriert zu werden, kann zu Verzweiflung und Depression führen. Allzu große Ruhebedürftigkeit bis hin zur blutleeren Langweiligkeit sind dann manchmal lediglich Symptome für das Gefühl von Stagnation und Resignation. »Bis es mir gelungen ist, denen die Wichtigkeit zu vermitteln, bin ich in Pension!« – So oder ähnlich könnte der Gedankengang eines Nord-Menschen lauten, der an Grenzen stößt.

Besonders starke Nord-Energie (bei zwei- oder gar dreimal ❻ und/oder ❶ im Geburtsdatum) lässt dann manchmal manisch-depressive Züge entstehen, im schnellen Wechsel zwischen »himmelhoch jauchzend« und »zu Tode betrübt«. Die Herausforderung und Lernerfahrung besteht hier darin, der angeborenen Ungeduld besonders gegenüber dem täglichen Kleinkram früh mit aktiv geübter Geduld zu begegnen. Auch die Umwelt des Nord-Menschen hat es manchmal nicht leicht mit ihm: Er kann sehr unleidlich werden, wenn er seine Umgebung ständig ermahnen und antreiben muss, den Alltags-Kleinkram effizient zu erledigen. Zur großen Geduldsprobe für den Träger des Nordens kann zum Beispiel ein Mensch werden, der sich einen Hund zulegt, nur um nicht die Welt kennenlernen zu müssen: Von ihm wird sich der Nord-Mensch wahrscheinlich abwenden, weil sich das Haustier als wichtiger erweist als die Erfüllung der Lebensaufgabe. Auch Machtgier kann im Norden zu finden sein – aufgrund der Versuchungen, die großes Können und Wissen mit sich bringen. Man beginnt beispielsweise, einen vermuteten oder echten Wissensabstand zu anderen als Zeichen einer

Rangordnung zu betrachten. Sich als »was Besseres« zu fühlen gehört zu den zerstörerischsten seelischen Giften, es ist eine echte »Sache des Teufels«. Besonders groß ist die Versuchung, wenn sich ❾ und/oder ❹ im Geburtsdatum hinzugesellen. Dann verstärken sich ichbezogene Neigungen. Manchmal erlebt man Nord-Menschen auch als schikanös oder fanatisch, weil sie sich in ihrer Effizienz nicht gern auf das langsamere Tempo anderer einstellen. Nord-Menschen sind deshalb manchmal leicht zu beleidigen, schnell gelangweilt und schnell gereizt, wenn ihre Genialität nicht das optimale Umfeld findet. Manchmal wirken sie von oben herab und gleichgültig, weil es »unter ihrer Würde« ist, sich mit allzu alltäglichen Routinedingen zu befassen oder mit Dingen, die in ihren Augen primitiv sind. Auch Ängste können sich einstellen, wenn sie als tief empfindende Menschen mit ihrem durchgreifenden Wesen andere verletzen und sich dann vor den Folgen fürchten.

Wer im Norden »überbesetzt« ist, sollte die Farben Blau und Schwarz in der Kleidung meiden und sich bei ❻ und/oder ❶ im Tagesdatum umsichtiger verhalten als sonst. Die Zahlen ❻ und ❶ sind der Nacht zugehörig, weil man bei Nacht für Neues zugänglicher ist. Deshalb sind auch die vielen Strahlungen, die uns heute einhüllen (WLAN, DECT-Schnurlostelefone, Mobiltelefone und zugehörige Masten), für die ❻ und ❶ besonders schädlich. Nord-Menschen tun gut daran, den »strahlenden Segnungen« der Neuzeit so weit wie möglich zu entkommen.

Zur Neutralisation und Heilung einer extremen Entwicklung ist die Farbe der gegenüberliegenden Station hilfreich. Im Falle des Nordens also die Farbe des Südens: Rot. Dabei hilft es schon viel, sich mit Menschen zu umgeben, die den Süden (❼ und/oder ❷) im Geburtsdatum haben, besonders wenn Sie selbst weder ❼ noch ❷ im Geburtsdatum haben.

Einen starken Impuls zu echter Entwicklung und Reifung in Ihrem Leben – wie im Leben jedes Menschen – bedeutet es, Ihre »Schätze« (Wissen, materielle Güter, Zeit, Liebe, etc.) an andere Menschen weiterzugeben, besonders an die Himmelsrichtung, die Ihnen selbst fehlt. Im Falle des Nordens also an den Osten – an Menschen mit ❽ und/oder ❸ im Geburtsdatum. Die Weitergabe wirkt heilend.

Wenn der Norden fehlt

Das Geburtsdatum ohne ❻ und/oder ❶

Ein besonderes Abenteuer des Tiroler Zahlenrads ist es, jene Stationen und Zahlen zu erobern, kennenzulernen und sich einzuverleiben, die im eigenen Zahlenrad nicht besetzt sind. Dabei genügt es, das Fehlende voll und ganz zu verstehen. Es ist nicht nötig, es auszuleben, indem man beispielsweise einen Beruf wählt, der auf die fehlende Station zugeschnitten ist. Es genügt, sich bewusst zu bemühen, die Lücken zu füllen und zu verstehen. Wem der Norden fehlt, kann sein Zahlenrad zum Beispiel vervollständigen, indem er sich bemüht, eine eigene Meinung zu entwickeln, sie auszusprechen und zu ihr zu stehen.

❻ und ❶ vermitteln die gleichsam angeborene Einsicht, dass man stets etwas dazulernen soll und kann. Wer also den Norden nicht im Geburtsdatum hat, kann dem Gegenteil anheimfallen – wenn beispielsweise ein Schulabgänger das Gefühl hat, jetzt alles getan zu haben, um einen Beruf zu ergreifen und auszufüllen. Wer sich jedoch nicht um das Verständnis der fehlenden Himmelsrichtungen bemüht, spürt manchmal tief drinnen, dass er einen wichtigen Aspekt des Menschseins aus seinem Leben ausblendet. In gewisser Weise verleugnen wir so den Kern unserer Existenz – nämlich niemals aufzuhören, sich zu öffnen, sich zu erweitern und zu reifen. Wer auf seinen Urteilen und Vorurteilen sitzen bleibt, verkümmert seelisch und stirbt lange vor seinem körperlichen Tod. Zudem wird er oder sie zum dienstbereiten Instrument negativer Kräfte, die solch erstarrtes Denken brauchen, um die eigenen Süppchen zu kochen. Tyrannei, Willkür und geistige Versklavung haben nur dann eine Chance, wenn ihre »Schäfchen« an Abhängigkeit Freude haben. Bei fehlenden Zahlen kommt es also nicht darauf an, die dort waltenden Kräfte zu zähmen und sich einzuverleiben. Es ist vielmehr entscheidend, zu lernen, sie trotzdem zu verstehen und mit ihnen umzugehen.

Zur Gewichtung der fehlenden ❻ und/oder ❶: Generell hat man es ohne ❶ etwas schwerer, unbeugsame Willenskraft zu entwickeln, man neigt »ersatzweise« etwas mehr zu Sturheit und Uneinsichtigkeit, während man ohne die ❻ im Geburtsdatum etwas länger braucht, um Verständnis für notwendige Kompromisse zu entwickeln.
Bei einem Kind ohne den Norden kann es geschehen, dass man tausendmal das Gleiche sagt, als ob man an eine Wand redet. Oder es wird Einsicht vorgetäuscht, und dann geschieht doch nichts. Beobachtet man Erwachsene mit dieser Neigung, erlebt man oft, dass sie während des Redens an etwas anderes denken. Sie merken es selbst nicht und empfinden es nicht einmal als Schwäche, sondern oft als sogar etwas Positives, weil sie ja gedanklich »voraus« sind. Sie überschätzen sich, denn ohne Konzentration auf das Aktuelle verpassen sie oftmals wesentliche Informationen. Ihre scheinbare Fortschrittlichkeit und Schnelligkeit verwandelt sich langfristig in Rückschritt. Vorpreschen und übersehen: Sieben Schritte vor und acht zurück!

Ohne Norden dauert es manchmal länger, bis man merkt, dass eine Änderung im eigenen Verhalten, in der Lebenseinstellung nötig ist. Ohne Norden wird auch oftmals zuerst längere Zeit nach Schuldigen, nach den äußeren Umständen als Auslöser gesucht. Menschen ohne Norden können wahre Künstler im Übersehen von Ursachen sein. Das gilt besonders, wenn die wahren Gründe verborgen liegen unter äußerlichen Sorgen und Problemen und nur der Blick in den Spiegel zeigen könnte, wo die Lösungen sind. Menschen ohne Norden sind keine geborenen »Detektive der eigenen Seele«.
Die Zahlen des Nordens vermitteln die Fähigkeit, objektiv zu sein, sich einmal außerhalb von sich selbst zu stellen und einen kühlen, ehrlichen Blick auf sich und andere zu richten. Entsprechend sorgt das Fehlen von ❻ und ❶ manchmal für einen Mangel an Objektivität. Die individuelle Ausprägung dieses Mangels hängt sehr stark davon ab, wie gut man im Kindesalter damit durchkam. Je besser, umso mehr empfindet man später das Fehlen von ❻ und ❶, von Scharfblick und Objektivität, nicht

als Mangel geschweige denn als Herausforderung, diese Lücke des eigenen Charakters zu füllen. Stattdessen »wurstelt« man sich mehr oder weniger erfolgreich durchs Leben. Mit dem scheinbaren Erfolg klappt es auch deshalb, weil unsere Zeit die Suche nach Schuldigen kräftig unterstützt und Selbstverantwortung zu etwas Exotischem geworden ist.
Oft ermüdet der Umgang mit solchen Menschen stark, weil man – wie es im Volksmund heißt – an sie »hinreden kann wie an eine kranke Kuh«: Es ist allzu oft vergebens, zumindest auf lange Sicht.
❻ und/oder ❶ vermitteln feine, durchdringende Wahrnehmung, und ohne eine solche Wahrnehmung und Einsichtsfähigkeit sind viele Probleme im Alltag, aber auch in Wirtschaft und Politik nicht zu lösen.
Wer sich selbst nicht als Teil eines Problems empfindet, wird eher selten Teil der Lösung sein. Wer beispielsweise im Stau steht und sich darüber bitter beklagt, sollte sich vor Augen führen, dass auch er in einem Auto sitzt. Erst dieser erste Schritt zur Wahrheit führt zur Kraft und Inspiration für einen echten Wandel zum Besseren.

Menschen ohne ❻ und ❶ können liebenswert und wertvoll sein, zeit ihres Lebens nirgendwo anecken und wunderbare Arbeit leisten – für sich und für andere. Aber ihre Art der Verleugnung der Notwendigkeit, in bestimmten Situationen etwas grundlegend zu ändern, kann Menschen mit dem Norden im Geburtsdatum zur Verzweiflung treiben, weil sie eher der Entwicklung, Entfaltung und Reifung verpflichtet sind. Der Widerstand der Menschen ohne Norden gegen Veränderung hat nichts mit Trägheit zu tun, sie scheuen keineswegs die Arbeit. Sie erkennen Notwendigkeiten nur manchmal zu spät oder gar nicht. Die Menschen ohne Norden haben ohnehin mit sich und der Welt viel zu tun, denn auch wenn alles gut läuft, trauen sie manchmal dem Frieden nicht. Bei keiner Zahlenkombination, bei keiner Station ist es so schwierig, Ausgleich für ihr Fehlen zu schaffen, wie beim Norden. Es ist sogar möglich, dass Menschen ohne Norden dieses Buch eher ungern lesen. Neuigkeiten dieser Art sind nicht immer die geistige und seelische Nahrung, nach der es diese Menschen dürstet.

Wie sieht nun die »Erste Hilfe« aus? Was können Sie tun, wenn Sie das Fehlen des Nordens in Ihrem Geburtsdatum bewusst fühlen? Wer keine ❻ und keine ❶ hat, für den ist es wichtig, mit diesen Zahlen und vor allem mit der Farbe Blau bewusst zu arbeiten, weil ohne Norden oft die lebensnotwendigen Regenerationsphasen und Pausen vergessen werden. Hier ist das alte Mittel zu empfehlen, ❻ und ❶ auf ein blaues Stück Papier zu schreiben und dieses bei sich zu tragen – oder es der betreffenden Person ohne ihr Wissen zuzustecken, damit sie davon profitieren kann. Früher heilte man oft Menschen mit der Zettelmethode, gerade weil sie auch ohne Wissen und Glauben der Person funktionierte.

Blaue und/oder schwarze Kleidung wirken unterstützend, auch deshalb, weil diese Farben abschirmend wirken, vor äußeren Einflüssen schützen und so den Blick nach innen erleichtern – was ja dem Menschen ohne Norden so schwerfällt und gleichzeitig für ihn so notwendig wäre. Auch »Luftikusse«, die immer wieder von Leichtsinn heimgesucht werden, können sich mit Blau und Schwarz wieder auf die Erde holen. Wenn Sie persönlich jemanden ohne Norden kennen, dem Sie ein wenig auf die Sprünge helfen wollen: Starke Beweise für die Gültigkeit Ihrer Empfehlungen helfen. Wissenschaftler ohne ❻ und ❶ im Geburtsdatum sind meist schwer zu ertragen, weil sie allzu sehr auf ihrer persönlichen Sichtweise beharren.

Übrigens: Das Tierkreiszeichen, in dem Sie geboren wurden, hat einen gewissen Einfluss auf die Tragweite Ihrer Zahlen im Zahlenrad. Es kann die Wirkung intensivieren, hemmen, ergänzen, es kann Lücken füllen. Wenn Sie in einem »kreativen« Wasserzeichen geboren sind, also in Krebs, Skorpion oder Fische, dann steht einer Journalistenkarriere nichts im Weg, auch wenn Ihnen der Norden fehlt.

Wir hoffen, dass es uns gelungen ist, die Zahlen ❻ und ❶ im Geburtsdatum zum Leben zu erwecken und Ihnen ein Gefühl für ihr besonderes, in die Tiefe und in die Zukunft gerichtetes Wirken zu vermitteln.

Medizin für die Seele

Wie jede Blüte welkt und jede Jugend
dem Alter weicht, blüht jede Lebensstufe,
blüht jede Weisheit und auch jede Tugend
zu ihrer Zeit und darf nicht ewig dauern.
Es muss das Herz bei jedem Lebensrufe
bereit zum Abschied sein und Neubeginne,
um sich in Tapferkeit und ohne Trauern
in andre, neue Bindungen zu geben.
Und jedem Anfang wohnt ein Zauber inne,
der uns beschützt und der uns hilft zu leben.

Hermann Hesse

Die echte, tiefe Armut eines Menschen entsteht nicht durch einen Mangel an irgendwelchen materiellen Dingen, sondern durch seinen Wunsch nach Perfektion – worin auch immer die Perfektion gesucht wird, in großem materiellen Reichtum, in einer »perfekten« Leistung, in Anerkennung von »allerhöchster Stelle«, in einem »guten Ruf« etc. In solchen Zielen, in der erträumten und gewünschten Vollkommenheit vermutet er den Reichtum. Und genau daher rührt diese tiefste Armut, weil wir ja schon von Vollkommenheit und Reichtum umgeben sind. Unsere Sinne sind zu betäubt, um sie zu erkennen. Alle wirklich genialen und schöpferischen Menschen – vom großen Künstler über den großen Heiler bis zum großen Erfinder – wissen genau, dass niemals sie selbst etwas geschaffen haben. Sie haben nur aufgedeckt und für jedermann sichtbar gemacht, was ist. Sie waren nur Werkzeuge für Kräfte, die schon immer da waren und sind – für jeden, der sie annimmt.

Ron Fischer

Die alten Dakota-Indianer waren weise.
Sie wussten, dass das Herz eines Menschen, der sich der Natur entfremdet, hart wird; sie wussten, dass mangelnde Ehrfurcht vor allem Lebendigen und allem, was da wächst, bald auch die Ehrfurcht vor dem Menschen absterben lässt. Deshalb war der Einfluss der Natur, die den Menschen feinfühlig machte, ein wichtiger Bestandteil ihrer Erziehung.

Luther Standing Bear

Kümmert Euch nicht um die Fehler anderer.
Nehmt den Scheuersand der Weisheit und
haltet damit die Räume Eures Geistes licht und sauber.
Euer Beispiel wird andere dazu anregen,
ihr eigenes Haus zu reinigen.

Yogananda

Was Erfolg ist? Es hat derjenige Erfolg gehabt,
der gut gelebt, oft gelacht und viel geliebt hat.
Der sich Vertrauen und Achtung intelligenter Menschen verdiente
und die Liebe von kleinen Kindern;
der seinen Platz fand und seine Aufgabe erfüllte;
der die Welt besser verließ, als er sie vorfand,
sei es durch schöne Blumen, die er züchtete,
ein vollendetes Gedicht oder eine gerettete Seele.
Es hat derjenige Erfolg gehabt, dem es nie an Dankbarkeit fehlte
und der die Schönheit unserer Erde zu schätzen wusste
und der nie versäumte, dies auszudrücken;
der in anderen immer das Beste suchte und von sich das Beste gab;
dessen Leben eine Inspiration war und die Erinnerung an ihn ein Segen.

Bessie Anderson Stanley

Wir müssen wieder lernen, wir selbst zu sein
und die Vielfalt in uns zu fühlen und zu entdecken.
Ich habe viele Pflanzen aufmerksam betrachtet. Von den Blättern
einer Pflanze, die alle auf demselben Stängel wachsen,
ist keines ganz wie das andere. Der Große Geist hat es so gewollt.
Für alle Geschöpfe auf der Erde hat er den Lebenspfad bloß im
Großen vorgezeichnet; er zeigt Ziel und Richtung,
lässt sie aber ihren eigenen Weg dorthin finden.

Lame Deer

Gott, gib mir die Gelassenheit,
Dinge hinzunehmen,
die ich nicht ändern kann,
den Mut,
Dinge zu ändern,
die ich ändern kann,
und die Weisheit,
das eine vom anderen zu unterscheiden.

»Über Gott nachzudenken scheint mir wenig sinnvoll«,
meinte einmal der Besucher eines Heiligen aus unserer Zeit.
Jener erwiderte: »Zweifellos, die Welt ist da ganz Ihrer Meinung.
Aber ist die Welt damit glücklich? Wer Gott, den Inbegriff
der Glückseligkeit, verlässt, sucht vergebens nach echter Freude.
Wirkliche Gottsucher leben schon auf Erden im
inneren Himmel des Friedens. Wer Ihn vergisst,
verbringt seine Tage in einem selbst gemachten Schattenreich
der Ungewissheit und Enttäuschung.
Wahrhaft sinnvoll handelt daher, wer mit Gott Freundschaft schließt.«

Acht und Drei – Die mitfühlende Klarsicht im Osten

Die Kinder des Ostens

Das Geschenk der Zahlen ❽ *und/oder* ❸ *im Geburtsdatum*

Wer mit klarem Blick das Innere der Menschen und der Dinge durchleuchtet, wer sich vom schönen Schein allüberall nicht täuschen lässt, der ist fast immer mit den Zahlen des Ostens im Geburtsdatum bedacht – mit der ❽ und/oder der ❸. Dieses unverwechselbare Gefühl, begleitet von der Fähigkeit, rechtzeitig und richtig zu reagieren, ist nicht jedem von Haus aus gegeben. Manche müssen es sich hart erarbeiten. Die Menschen des Ostens dagegen sind Meister im Auslassen von Fettnäpfchen. Das nötige Gefühl dafür, das Richtige zum richtigen Zeitpunkt zu tun, ist ihnen schon in die Wiege gelegt. Freuen Sie sich also an den Zahlen des Ostens, wenn Sie die ❽ und/oder der ❸ in Ihrem Geburtsdatum haben. Sie schenken Ihnen ein »eingebautes Gespür«.

Mit diesem ausgeprägten Einfühlungsvermögen und Gespür für Energieflüsse stehen Ihnen öfter als anderen Menschen spezielle Türen im Leben offen, und Sie sollten dieses Geschick dankbar annehmen und lebendig werden lassen. Richtig gepflegt und wach gehalten, wird es Ihnen lebenslang helfen, Menschen und Situationen richtig zu beurteilen. Beginnend beim Umgang mit Kindern über die Fähigkeit zu heilen bis zur musikalischen Perfektion – alles ist möglich! Das Stichwort ist »Pflege«: Wie jede Fähigkeit, ob geschenkt oder erworben, muss auch diese lebendig gehalten werden – und das geschieht am besten durch bewusste Anwendung. Was ich nicht gebrauche und pflege, das verkommt. Meine fünf Sinne, die ich nicht pflege durch Gebrauch und Schärfung, machen mich blind, taub und stumm.

Jede Handlung, jeder Gedanke hat Folgen, ob uns das bewusst ist oder nicht. Doch die Menschen des Zahlenrad-Ostens sind von Anfang an dafür ausgerüstet, mit ihren Zahlen ❽ und/oder ❸ die Konsequenzen dessen, was sie als Gedanke oder Tat in die Welt setzen, zu überschauen. Wer die Tageszeitung aufschlägt, könnte daran zweifeln, ob diese Fähigkeit überhaupt existiert, doch die Menschen des Ostens kommen schon mit ihr zur Welt: mit der Fähigkeit des »Fertigdenkens«.

Sie können abschätzen, wohin die Billardkugel rollt, wohin ein Schachzug führt. Wenn sie es wollen, wenn sie also nicht schon früh gelernt haben, den Kopf in den Sand zu stecken, dann können Menschen mit ❽ und/oder ❸ im Geburtsdatum hinter Kulissen blicken und das Feuer der Realität hinter dem Rauch der »Werbesprüche« erkennen. Symptome täuschen sie nicht, die Ursachen liegen für sie frei – das ist einer der Gründe, warum sie von Natur aus eine Fähigkeit zum Heilen mitbringen. Viele zum Heilen befähigte Menschen des Ostens verschwenden keine Zeit mit dem Studium oder der Beschäftigung mit der Schulmedizin und ihrer Konzentrierung auf Symptome. Für sie ist selbstverständlich: Wer Ursachen erfasst, behandelt Ursachen.

Kurz nach dem Ersten Weltkrieg arbeitete in einem der zahlreichen überfüllten Waisenhäuser Europas ein junger Arzt. Eines Tages bemerkte er, dass die Babys einer bestimmten Abteilung fröhlicher und lebhafter wirkten, besser genährt aussahen und viel seltener krank waren als alle anderen Kinder der gleichen Altersstufe. Er war sofort überzeugt, dass irgendjemand die Kinder zusätzlich ernährte.
Nach einiger Zeit stellte er jedoch fest, dass ihre Ernährung genau dieselbe war wie bei den anderen Babys. Dennoch gab es einen Unterschied: Im Gegensatz zum übrigen Personal machte sich die Betreuerin dieser Kinder die zusätzliche Mühe, jedes Kind vor dem Füttern aus dem Bett zu heben und es zu streicheln, bevor sie ihm das Fläschchen gab und es wieder zurücklegte.

Menschen mit der ❽ und/oder der ❸ im Geburtsdatum werden es sein, die sehr bald diese Zusammenhänge der Schulmedizin nahebringen werden – und damit der Seelen- und Gentechnik, dem Herumdoktern an Symptomen ein Ende bereiten.

Wie alle Zahlen im Geburtsdatum übertragen auch die Zahlen des Ostens ihrem Besitzer und ihrer Besitzerin eine besondere Verantwortung. Sie erhalten die Kraft des Einfühlungsvermögens – sowohl in private Zusammenhänge kleiner Welten wie auch in weltgeschichtliche Zusammenhänge. Sie gewinnen zudem die Fähigkeit und Geduld, für eine Sache zu kämpfen, auch wenn es länger dauert. In ihrem seelischen »Medizinschrank« findet sich sogar ein seltenes Gewürz: das Nichtangewiesensein auf unmittelbaren Erfolg, auf das absehbare Ende von Vorhaben. Sie haben die Fähigkeit, für das Gute einzutreten, selbst wenn sie den glücklichen Ausgang womöglich nicht mehr erleben. Dazu kommt die Fähigkeit, durchzuhalten, auch wenn es unbequem wird und ersehnte Ruhepausen noch eine ganze Weile nicht in Sicht sind.

Martin Luther kam am 10.11.1483 zur Welt. Von ihm stammt der Satz: » Und wenn ich wüsste, dass morgen die Welt in tausend Stücke zerbräche, ich würde heute noch einen Baum pflanzen. «

Im Osten des Zahlenrads ist Weitblick beheimatet, der in die Lage versetzt, auch für Situationen Verständnis zu gewinnen, die man nicht persönlich erlebt hat. Hier herrscht jugendlicher Elan bis ins hohe Alter, die Hoffnung, dass man etwas zum Guten bewegen kann, wird niemals aufgegeben. Die Selbstverständlichkeit, mit der die Jugend und die jugendliche Kraft die Welt erobert, ist für die 8 und die 3 das Natürliche, das Gewinnbringende.

Manchmal verzichtet man auf all diese Fähigkeiten, sei es freiwillig – aus Lebensangst und weil ihre Anwendung »unbequem« werden könnte – oder unfreiwillig, weil man erfolgreich unterdrückt worden ist von einer Umwelt, die alles besser verträgt als die Wahrheit. Sie spüren diese besonderen Kräfte des Ostens nicht, obwohl Sie eine 8 und/oder 3 im Geburtsdatum tragen? Wir versprechen Ihnen: *Noch* nicht!

Eine der großen Herausforderungen im Osten liegt in der Distanz zwischen Gespür und Tat, zwischen richtiger Wahrnehmung und ihrer Konsequenz, dem richtigen Handeln. Oftmals im Leben ist ja die korrekte Wahrnehmung eine Sache, sie in die Tat umzusetzen eine andere. Bequemlichkeit bis hin zur Trägheit ist durchaus ein Thema in den östlichen Regionen des Zahlenrads. Manche Träger der ❽ und/oder ❸ geben sich mit ihrer präzisen Gefühlswelt schon zufrieden und betrachten die Dinge in aller Ruhe aus der Ferne. Nach einiger Zeit kann es dann ein unsanftes Erwachen aus dieser unnützen Form von »Meditation« geben. Und der Osten ist dann überrascht, wenn das Endergebnis nicht erfreulich ist, weil ja »alles sooo schön« war. Die ❽ und die ❸ vergessen einfach manchmal, dass richtige Wahrnehmung ohne richtiges Handeln so ist, als ob man ein Weihnachtsgeschenk nicht öffnete, in pausenloser Vorfreude auf die Überraschung, was es enthalten könnte. Wenn man es schließlich zu Ostern endlich aufmacht, freut man sich dann noch, wenn es den Lieblingskuchen enthält?

Es ist seltsam, aber wahr: Viele Menschen erkennen, was richtig wäre, und pflegen dann die Überzeugung, ihre Einsicht sei in irgendeiner Weise wertvoll, wenn sie auch nicht danach handeln. Sie sagen zum Beispiel: »Ich weiß genau, wie ich mich als guter Lehrer meinen Kindern gegenüber verhalten würde« – und dann wird tatenlos zugeschaut, wie genau diese Kinder in der Schule schikaniert werden. Oder man ist der Stammtischkaiser politischer Weisheit, ohne irgendeine Einsicht auch im Alltag umzusetzen. Aus diesem Teufelskreis (denn das ist er tatsächlich!) entkommt man nur mit Willenskraft und der Erkenntnis, dass auch das Besteigen des Mount Everest mit einem einzigen kleinen Schritt beginnt. Es ist niemals zu spät, um loszugehen.

Nach den beschriebenen Kräften im Osten überrascht es sicherlich nicht, dass die Berufe und Arbeitsfelder der ❽ und der ❸ in erster Linie in sozialen, den Menschen zugewandten Bereichen liegen, wo sich die

Talente besonders gut entfalten können. Die Palette reicht von Heiler, Arzt und Pfleger, über Psychologe und Prediger bis zu Sänger und Musiker. Geschickte und geduldige Verhandler, generell alle Menschen in Berufen, die viel Geduld erfordern, Bio-Bauern, KindergärtnerInnen, TierpflegerInnen und so weiter – sie alle können vom besonderen Geschenk der ❽ und/oder ❸ profitieren. In diesem Zusammenhang kommt manchmal ein feiner Unterschied zwischen den beiden Zahlen zum Tragen: Die ❸ tendiert um ein Winziges mehr in Richtung Arzt und Heiler, während die ❽ einen Hauch mehr von der Kraft der Musikalität in sich trägt.

Die Menschen des Ostens können sehr erfrischend sein, weil sie immer etwas vorhaben. Der Osten verkörpert den Neuanfang im Außen ebenso wie die Wiederbelebung. Er repräsentiert den Frühling, deshalb ist ihm auch die Farbe Grün zugeordnet. Grün bringt voran, alle Entwicklungen verlaufen schneller. Immer wenn irgendwo etwas ins Stocken gerät, sind die Menschen des Ostens hilfreich zur Stelle, weil sie solche Herausforderungen lieben. Und man ist meist froh, wenn sie auftauchen, weil ihre liebenswürdige Art und das sanftmütige Eingreifen jegliche echte Zusammenarbeit erleichtern. Geduld gehört einfach zum »eingebauten« Werkzeug der ❽ und der ❸. »Sand im Getriebe« zu beseitigen ist eine ihrer Lieblingsbeschäftigungen.

Bei Kindern mit dem Osten im Geburtsdatum ist die große Sensibilität schon früh erkennbar. Zu den wichtigsten Erziehungstipps gehört hier, dass man sie niemals ohne ihr Wissen allein lassen sollte. Man kann sie durchaus allein lassen, das ist meist nicht das Problem, aber die Kinder des Ostens vergessen und verzeihen nicht leicht, wenn man sie enttäuscht oder belügt, und sei es aus bester Absicht. Es erschüttert ihr Weltvertrauen bis in die Grundmauern, und »Ich hab es ja nur gut gemeint!« ist ein Satz, mit dem man ihr Vertrauen sicherlich nicht gleich wieder zurückgewinnt.

Auch sollten diese Kinder vor dem Schlafengehen keine Geschichten zu hören oder Filme und Bilder zu sehen bekommen, die in irgendeiner Weise Grausamkeiten beschreiben (viele der klassischen Märchen tun dies ja).
Solche Schilderungen würden sie noch lange am Schlafen hindern und bis in ihre Träume hinein verfolgen. Harry Potter als Betthupferl? Keine gute Idee für Kinder des Ostens! Generell gilt, dass sich Kinder mit ❽ und/oder ❸ alles viel mehr zu Herzen nehmen, dass sie sehr tiefgründig, manchmal traumtänzerisch durchs Leben (und die Schule!) wandeln und viel nachdenken.
Wie Kinder mit den Zahlen ❽ und ❸ fördern? Mit viel Zuneigung, Aufmerksamkeit, Geduld, Verständnis. Musische Begabungen fördern, Instrumente erlernen lassen, Fähigkeiten nicht bekämpfen. Das ist schon eine Garantie für die Entfaltung ihrer besonderen Talente.

Johanna erzählt:

Eine Bäuerin berichtete mir nach einem meiner Vorträge von Problemen mit der beabsichtigten Hofübergabe. Der siebzehnjährige Sohn gehe mit Leidenschaft zum Musikunterricht, habe sich schon als Zehnjähriger ein Klavier gewünscht. Er habe große Probleme damit, den Hof übernehmen und Bauer werden zu müssen. Die ganze Familie war in Sorge, wie sich alles entwickeln würde. Wie erleichtert die Bäuerin war, als sie vom Tiroler Zahlenrad erfuhr, das alles in ein neues Licht setzte! Wir fanden nämlich heraus, dass der Sohn mit ❽ und ❸ im Geburtsdatum ideal für eine Musikerlaufbahn gerüstet war. Und nicht nur das: Eine vierjährige Tochter gab es auch noch, die schon immer mit in den Stall gegangen war, seit sie auf zwei Beinen stehen konnte, die am Hof half, wo nur möglich, und schon mit den viel zu großen Heugabeln hantierte. Und siehe da! Das kleine Mädchen hatte die ⓿ und die ❺ im Geburtsdatum, die idealen Zahlen für die Naturverbundenheit und die Landwirtschaft! Spontan sagte die Bäuerin: »Jetzt fahr ich nach Hause, und wir kaufen unserem Sohn endlich sein Klavier! Und was die Hofübergabe betrifft, können wir jetzt in Ruhe auf die Tochter warten!«

Wenn sich der Osten versteckt

Der nicht erlebte und gelebte Osten

Was ist, wenn Sie eine ❽ und/oder eine ❸ im Geburtsdatum tragen und sich in der Beschreibung der Zahlen des Ostens nicht erkennen? Oder wenn jemand in Ihrer Umgebung diese Zahlen aufweist, aber kaum Ansätze der Eigenschaften erkennen lässt, die wir beschrieben haben?

Keine Sorge – es gibt sicherlich Gründe dafür, warum sich alles so entwickelt hat. Meist muss man nicht lange suchen und nur einen genauen Blick auf die Geschehnisse in der Kindheit werfen, die verhindert haben, dass sich die Schatzkiste ganz öffnete und zur Verfügung stand. Was auch immer passiert sein mag, es ist niemals zu spät, das Geschenk anzunehmen und in eine Kraftquelle zu verwandeln. Es ist *Ihr* Leben, *Ihr* Drehbuch. Lassen Sie niemals zu, dass andere Menschen es für Sie führen oder für Sie schreiben.

Vielleicht haben Sie schon sehr früh begonnen, Ihre wahren Gefühle für sich zu behalten, weil in Ihrer Familie niemand dafür Verständnis hatte. Vielleicht gehörte es zu den »Familientraditionen«, Gefühle einfach nicht zu zeigen. Dann gewöhnt man sie sich eben ab, nach der Devise »Ein echter Indianer weint nicht!« (und so manche Indianerin auch nicht mehr). Wir denken, dieser elende Spruch aus einer traurigen Zeit hat schon Kriege ausgelöst, weil nichts ferner der Wahrheit sein könnte. Echte Indianer konnten durchaus weinen und Gefühle zeigen.

Fast alle schlechten Eigenschaften, zu denen Menschen fähig sind, haben ihre Wurzeln in der Unterdrückung von Gefühlen, in der anerzogenen Unfähigkeit, sie kennenzulernen, zu benennen, zu beherrschen – ganz besonders was einen gesunden Umgang mit Liebe und Sexualität betrifft. Warum lässt man uns Hunderte Morde am Tag im Fernsehen sehen, aber kaum eine echte schöne Liebesszene, ohne pornografische Züge? Wenn Sie über diese Frage meditieren und die Antwort weise in Ihr Leben integrieren, haben Sie einen großen Schritt getan.

Versuchen Sie Ihre persönlichen Gründe für die Betäubung des Ostens zu entdecken. Und bitte vergessen Sie nicht: Wenn Sie sich in Ihrem jetzigen Zustand rundum wohl fühlen (ohne sich in der Beschreibung des Ostens zu erkennen), dann haben Sie keinen Anlass, lange darüber nachzugrübeln. Sie haben sich das Leben einfach auf andere Art eingerichtet, und das ist in Ordnung so.

Sollten Sie aber fühlen, dass sich Ihr Osten nur versteckt hat und neu zum Leben erwachen möchte, dann haben Sie verschiedenste Möglichkeiten dazu, ihn aufzuwecken. Die einfachste und am schnellsten wirksame ist die Arbeit mit Farben. Ob in der Kleidung oder im Haus, in Büro, Schlaf- und Wohnzimmer, in Kinderzimmern, bei Teppichen, Vorhängen, Bildern oder bei der Tischwäsche – Ihrer Fantasie sind keine Grenzen gesetzt. Für den Osten ist wie gesagt die Farbe Grün zuständig. Tragen Sie möglichst viel Grün, um den Osten zu wecken. Wenn Grün ohnehin zu Ihren Lieblingsfarben zählt, haben Sie intuitiv den richtigen Weg eingeschlagen (Aber Vorsicht! Das gilt jetzt nur, wenn Sie den Osten zu wenig erleben und ausleben! Grundsätzlich brauchen Sie als voll entwickelter Mensch des Ostens eher nicht so viel Grün.) Darüber hinaus können Sie darauf achten, möglichst viele grüne Lebensmittel wie Gemüse, Salat und Kräuter in Ihren Speiseplan aufzunehmen.

Wenn Ihre Berufswahl nach dem bisher Gelesenen »danebengegangen« ist, dann sollten Sie sich Gedanken machen, mit welchem Hobby oder mit welcher Umschulung Sie dem Osten neue Nahrung geben würden. Das Musikalische der ❽ und/oder ❸ lässt sich glücklicherweise in jedem Alter nachholen und schenkt innere Zufriedenheit. Sie müssen ja nicht gleich eine Musikgruppe gründen – es genügt, sich der Musik nach Gefühl zu nähern. Andererseits: Warum nicht etwas gründen? Gerade ältere Menschen haben uns allen viel zu bieten. Der Jugendwahn früherer Tage ist ein aussterbendes Modell. Zumindest bei allen Menschen, die aufwachen wollen.

Eine weitere einfache und wirksame Methode zum Aufwecken des Ostens ist es, die Zahlen ❽ und ❸ auf einen kleinen Zettel zu schreiben und diesen bei sich zu tragen. Wenn es auch noch grünes Papier ist, verstärkt das die Wirkung. Spätestens bei diesem Tipp wird sich manche Leserin, mancher Leser vielleicht an den Kopf greifen und sagen: »Jetzt ist es aber genug! Seit wann kann so etwas helfen?« Ja, es klingt schon etwas exotisch. Aber so vieles auf dieser Welt kann niemand erklären, und es funktioniert trotzdem wunderbar. Was wäre, wenn ein Baby erst Beweise verlangte, dass Muttermilch gesund ist, bevor es geneigt ist, sich davon zu ernähren?
Ein wenig »Muttermilch« haben auch wir hier zu bieten, und ihr großer Gesundheitswert erschließt sich nur durch das »Trinken«. Probieren Sie es aus, spüren Sie, wie gut alles funktioniert, und lassen Sie sich dann die große Kraft der persönlichen Erfahrung nie wieder stehlen – weder von wohlmeinenden Experten noch von sonst irgendjemandem, der handfeste Beweise dem gesunden Menschenverstand vorzieht. Hätten nur diese die Welt in der Hand, sie wäre in einem noch schlechteren Zustand, als sie jetzt schon ist. Das Tiroler Zahlenrad kann uns allen helfen, wieder zurückzufinden zu dem fröhlichen, liebevollen Plan, den Gott mit uns und dieser Welt hat.

Wecken Sie die »grünen« Fähigkeiten des Ostens in Ihrem Zahlenrad auf, zu Ihrem eigenen Besten und damit zum Wohl aller Menschen in Ihrer Umgebung. Und wenn Sie den Vorwurf »So kenne ich dich ja gar nicht!« zu hören bekommen, dann lächeln Sie in sich hinein, weil Sie wissen, dass Sie auf dem richtigen Weg sind. Lassen Sie sich diesen Fortschritt nicht mehr nehmen. Wer Sie gern hat, nimmt Sie an, wie Sie sind – und freut sich an jeder Weiterentwicklung, jeder Bewegung und jedem Aufwachen! Andere haben Ihre Gutmütigkeit nur ausgenützt und würden davon profitieren, dass sich nichts ändert. Deren Egoismus brauchen Sie ab jetzt nicht mehr zu fördern. Bedenken Sie, dass Sie diese Menschen um eine wertvolle Lektion bringen, wenn Sie solchen Egoismus durch Stillhalten fördern.

Wenn der Osten gezähmt werden muss

Entwicklung ins Extrem

Was ist, wenn die (im wahrsten Sinne des Wortes) tief greifenden Energien des Ostens ausufern, sich überstark entwickeln und gezähmt werden müssen? Das kommt vor allem dann vor, wenn man viele Einheiten der Zahlen ❽ und ❸ im Geburtsdatum aufweist, beispielsweise an Geburtsdaten wie dem 3. 8. 1988, dem 18. 3. 1938 und so weiter. Nicht selten bedeuten so viele Zahlen in einer Himmelsrichtung ein Überschwappen, ein »Zuviel des Guten«. Man bewegt sich zum Rand hinaus. Solch überaus sensible und empfindliche Menschen neigen dann dazu, ihre Gefühle und Wahrnehmungen eher zu verstecken, statt den Umgang mit den großen Energien zu erlernen und ihnen eine fruchtbare Richtung zu geben. Gefühle und Erkenntnisse, deren Umsetzung unbequem für einen oder mehrere Beteiligten wäre oder gar für Umwälzungen in Familie oder Gemeinschaft sorgen würde, werden dann eher unterdrückt. Diese Menschen wirken manchmal sogar kühl, gerade wegen ihres großen Einfühlungsvermögens und all den Wahrnehmungen, die auf sie einstürmen – und sie zum abweisenden Schweigen bringen. Für die wohlwollende Mitwelt ist der Umgang mit solchen Menschen manchmal problematisch, weil die anderen ja intuitiv fühlen, dass dieser Mensch nicht so ist, wie er sich gibt.

Um Berufliches anzusprechen: Wenn sich die ❽ und die ❸ überstark entwickeln, führt das manchmal zum »Zerstreuter-Professor-Syndrom«. Dem Musikgenie muss man bisweilen die Noten in den Saal hinterhertragen oder daran erinnern, dass Hausschuhe vielleicht doch nicht so gut zu Frack und Konzertatmosphäre passen. Solche Beispiele ließen sich noch einige nennen, aber Sie wissen sicher schon, welche Art Menschen wir im Auge haben. Hier wird es dann notwendig, gleichsam über den eigenen »Schatten des Ostens« zu springen und sich aktiv um mehr Disziplin zu bemühen, sonst läuft man Gefahr, im Alltag verloren zu gehen.

Das Extrem kann sich auch in die andere Richtung entwickeln: Nach außen zeigen sich Menschen mit einem stark entwickelten Osten oft übermäßig einfühlsam und übermenschlich geduldig – gleichsam zu gut, um wahr zu sein. Aber innerlich kochen sie. Solche »wandelnden Pulverfässer« brauchen Ventile für den Gefühlsstau, und dafür muss dann leider nicht selten die eigene Familie herhalten, als Blitzableiter und Mülleimer. Unter Umständen entwickeln Ost-Menschen das Gefühl (und oft nicht zu Unrecht!), ständig ausgenützt zu werden, und wehren sich ganz unvermittelt dagegen, meist sehr zur Überraschung ihrer Umgebung. Entscheidend für ein gelungenes Zähmen überschießender Ost-Energien wird es sein, die Gefühlsventile kontrollierter zu öffnen, um andere nicht vor den Kopf zu stoßen. Planung und Einteilung, gute Alltagsorganisation und überlegteres Handeln erleichtern das Zusammenleben.
Wer im Osten ein Übergewicht fühlt, sollte die Farbe Grün in der Kleidung meiden und sich an Tagen mit den Zahlen ❽ und ❸ im aktuellen Tagesdatum umsichtiger verhalten als sonst. Geht es um Neutralisation und Heilung einer extremen Entwicklung, ist immer die Farbe der genau gegenüberliegenden Station hilfreich. Im Falle des Ostens also die Farbe des Westens: Weiß. Dabei hilft es schon viel, sich mit Menschen zu umgeben, die den Westen (❾ und/oder ❹) im Geburtsdatum haben – besonders wenn Ihnen der Westen fehlt. Und: Um den größtmöglichen Erfolg mit einem Zahlengeschenk zu genießen, sollte man seine Schätze »im Kreis« weitergeben, an die nächste Station. Im Falle des Ostens also an den Süden, an Menschen mit ❼ und/oder ❷ im Geburtsdatum, die mit Begeisterung die guten Ost-Ideen an die Öffentlichkeit bringen.

Sie wissen jetzt, wo Ihre Begabungen als Mensch des Ostens liegen, gleichgültig, ob die Schätze auf das Freilegen warten oder ob die Kräfte eher etwas gezügelt werden müssen. Leben Sie so, dass Ihre wahren Fähigkeiten zum Vorschein kommen, und Sie gehören zu den glücklichen Menschen.

Wenn der Osten fehlt

Das Geburtsdatum ohne ❽ *und* ❸

Jemand kommt auf der Straße auf Sie zu, es ist genug Platz für alle – aber dieser Jemand will genau dort vorbei, wo Sie stehen, und man blockiert sich gegenseitig. Oder nehmen wir einen schmalen Durchgang, etwa am Fuß einer Rolltreppe oder bei einer Drehtür. Alles läuft reibungslos, bis jemand an der Stelle mit dem größten »Verkehrsfluss« stehen bleibt, vielleicht um den Stadtplan zu konsultieren. Solche Menschen tragen fast sicher keinen Osten im Geburtsdatum.

Mit ❽ und/oder ❸ im Geburtsdatum hat man einfach so viel Gespür und Gefühl, dass man nur selten für »Sand im Getriebe« der gerade beschriebenen Art verantwortlich ist. Der kleine Unterschied: Menschen ohne ❸ im Geburtsdatum halten nicht viel Trubel aus, und ohne ❽ packen sie Dinge oftmals eher umständlich an – weil die natürliche, organische Betrachtungsweise fehlt, die sich schnell in vorhandene Energieflüsse einfühlen kann. Musikalität gehört zwar zum Osten wie die Morgenröte, trotzdem gibt es natürlich viele musikalische Menschen ohne ❽ und ❸ im Geburtsdatum. Sie haben manchmal etwas weniger Gefühl für Takt und richtigen Einsatz, können das aber im Laufe der Zeit meist gut in den Griff bekommen.

Um die »Lücken« in Ihrem Leben und Ihrer Signatur zu füllen, gibt es die unterschiedlichsten Wege. Wie bei allen fehlenden Stationen arbeiten Sie am besten zuerst mit der zugeordneten Farbe. Ob Sie nun ein grünes Zettelchen mit den Zahlen ❽ und ❸ in die Hand- oder Hosentasche stecken oder ob Sie auf die Farbe Grün in Ihrer Garderobe umsteigen, bleibt Ihnen überlassen. Ein grünes Stoffstückchen in der Tasche hilft schon, selbst wenn keine Zahlen darauf stehen. Es kann etwas völlig Unauffälliges sein. Vielleicht haben Sie ja inzwischen erahnt, warum Ihnen Grün immer so gut gefallen hat ...

Ein weiterer »Trick« zum Ausgleich für den fehlenden Osten ist natürlich das Grün in der Ernährung. Der Körper braucht einfach mehr davon, wenn ❽ und ❸ im Geburtsdatum fehlen. Früher hat man auf diese Zusammenhänge genau geachtet und beispielsweise auch mit Steinen gearbeitet. Das funktioniert gut, und grüne Steine gibt es in den unterschiedlichsten Schattierungen. Gehen Sie nach Gefühl und lassen Sie sich anfangs vielleicht beraten. Der Stein könnte Sie überallhin begleiten – oder Sie kaufen mehrere und verteilen sie auf Hand- oder Hosentasche, Nachttisch, Büro, Küche, Wohnzimmer und so weiter. Grüne Steine können in Glaskaraffen mit Wasser oder in Blumentöpfen direkt auf der Erde dekorativ aussehen und Ost-Energie ausstrahlen.
Vielleicht der wichtigste Schritt zur »Eroberung des Ostens« wäre es, zu lernen, dem Gegenüber besser zuzuhören und so lange zuzuhören, bis Sie begriffen haben, was Ihr Gegenüber wirklich meint – auch jenseits dessen, was sie oder er in Worten sagt. Die Menschen des Ostens haben diese Fähigkeit schon, Sie müssen sie sich erst bewusst erarbeiten. Aber das ist machbar!
Menschen ohne Osten (wie auch die mit zu viel Osten) neigen dazu, zu sagen, was sie gar nicht meinen. Das Einfühlungsvermögen in Bezug auf die Wirkungen und Folgen, die man in die Welt setzt, ist hier eben nicht immer so präsent. Erst wenn Sie sich trauen, diesen Mangel auch zu fühlen (ohne Selbstvorwürfe, das ist sehr wichtig!), können Sie die Lücke im Osten schneller füllen.
Wie schon gesagt: Ein allgemeingültiger und erfolgreicher Weg, um »Lücken zu füllen«, besteht darin, Ihre Arbeiten, Gedanken, Ideen, Vorschläge und Vorhaben mit anderen Menschen zu teilen oder an sie weiterzugeben. Das Element der Weitergabe sorgt dafür, dass Ihre Energien nicht ins Stocken geraten, und das Rad kann sich weiter drehen. Was nichts anderes bedeutet, als dass eine lebendige Entwicklung stattfindet. Lesen Sie an dieser Stelle vielleicht noch einmal das Kapitel über die Spiralbewegung im Zahlenrad, siehe Seite 34.
Manchmal meiden Menschen, die keine ❽ oder ❸ im Geburtsdatum haben, ausgerechnet die Menschen des Ostens. »Ausgerechnet« sagen

wir deshalb, weil ja gerade Letztere Ihnen helfen könnten, die Lücke zu füllen, wenn Ihnen die ❽ und ❸ fehlen. Der Grund ist ganz einfach: Diese Menschen werden von Ihnen wahrscheinlich oft als zu »gefühlsduselig« empfunden, wie Sie es ausdrücken würden. Sie sind es eben nicht gewohnt, über Gefühle lange zu sprechen, ja, meist haben Sie gar nicht erst das Bedürfnis danach.

Das klingt nun vielleicht ein wenig streng und sollte auf keinen Fall andeuten, dass Menschen ohne ❽ und/oder ❸ im Geburtsdatum gefühlskalt sind. Sie machen nur nicht ein »großes Theater« draus. Und hier liegt bereits der Schlüssel für die Weiterentwicklung: Das Verständnis für den Osten genügt meist schon!

Wenn Sie sich als »Ostloser« ein wenig aufraffen, mehr auf Ihre eigenen Gefühle zu hören und mehr Gefühle zu zeigen, haben Sie schon einen großen Schritt getan, und Ihre Mitmenschen werden entzückt sein. Allzu viel mehr muss gar nicht getan werden, und Sie werden sehen, wie das Ihr Leben zum Positiven verändert und mehr Lebensglück bringt. Ein Nutzen für die ganze Welt!

Medizin für die Seele

Das Weiche besiegt das Harte,
das Schwache triumphiert über das Starke.
Das Geschmeidige ist stets dem Unbeweglichen überlegen.
Das ist das Prinzip der Beherrschung der Dinge,
indem man sich mit ihnen in Einklang bringt,
das Prinzip der Meisterschaft durch Harmonie.

Lao Tse

Vertrauen auf Gott ist ein Schlüssel zum Glück.
Aber ohne die Dinge selbst in die Hand zu nehmen, ist er unvollständig.
Wenn der Bart Feuer gefangen hat, ist es nicht sehr klug,
um Regen zu beten.

Yogananda

Denkt nicht ständig über all das nach,
was Ihr falsch gemacht habt.
Das gehört jetzt nicht mehr zu Euch.
Vergesst es.
Konzentrierte Aufmerksamkeit
ruft Gewohnheiten und Erinnerungen wieder wach.
Sobald Ihr die Nadel auf eine Grammophonplatte setzt,
beginnt diese zu spielen.
Die Aufmerksamkeit ist die Nadel,
welche die Platte vergangener Handlungen abspielt.
Ihr solltet Eure Aufmerksamkeit deshalb nicht auf die
schlechten Taten richten.
Warum wollt Ihr wegen Eurer früheren dummen Handlungen
immer noch leiden?
Verbannt sie aus Eurem Geist und achtet darauf,
dass Ihr solche Handlungen nicht wiederholt.
Echte Reue bedeutet Umkehr und Neuanfang,
nicht Selbstanklage und schlechtes Gewissen.

Yogananda

Der Mensch ist zu keiner Sekunde ein Fremdkörper
auf der Erde und im Universum.
Die Natur führt keinen Kampf gegen die Menschheit,
sondern gibt ihr alles, was sie braucht,
wenn jeder Einzelne lernt, in Freundschaft mit sich selbst
und mit der Natur zu leben.
Diese Freundschaft kann niemals gesetzlich verordnet sein.
Sie ist die eigene, persönliche Leistung,
die eigene, persönliche Entscheidung.
Menschen, Tiere, Pflanzen, Sterne, Planeten, Sonne und Mond,
sie und wir – wir alle sitzen im gleichen Boot.
Und unser einziger Lebenssinn besteht darin,
einander aufzuwecken und füreinander da zu sein –
gleichgültig, wie lange die Menschheit noch braucht,
um das einzusehen.
Nein, von Beginn an ist nichts Verkehrtes
am Eingriff des Menschen in die Natur:
»Füllt die Erde und macht sie untertan
und herrscht über des Meeres Fische,
die Vögel des Himmels und über alles Getier, das sich auf Erden regt« –
so lautete die Aufforderung vor langer Zeit.
Über so viele Jahrhunderte hinweg
haben viele von uns dieses Gebot missverstanden
und die Natur als Sklaven betrachtet, den es auszubeuten gilt.
Jeder gutwillige Diener kann jedoch
zum kaltblütigen Rebellen werden,
wenn man ihn zum Sklaven herabwürdigt.
Behalten Sie dies im Auge,
dann muss Ihnen niemand mehr vorschreiben
oder raten, welches der nächste Schritt,
welches der richtige Weg und das lohnende Ziel ist.

Ron Fischer

Probleme, Schwierigkeiten, Prüfungen gehören zum Leben
wie Sonne und Mond.
Wozu wäre sonst der freie Wille in unserem Gepäck?
Prüfungen – seien Sie gewiss – besteht nur der,
der aus ihnen mit mehr Lebensfreude und mehr Liebe
zu sich selbst und zu den Menschen hervorgeht.
Jeder andere hat nicht bestanden.
Noch nicht! Denn der große Trost ist: Die nächste Prüfung
kommt bestimmt.
Und die nächste Gelegenheit, sich an die Lebensfreude
und die Liebe zu erinnern.

Ron Fischer

Jeder von uns ist Gottes Kind. Wir sind aus Seinem Geist
geboren – in aller Reinheit, Herrlichkeit und Freude.
Niemand kann uns dieses Erbe streitig machen.
Die größte aller Sünden ist, sich selbst als Sünder zu verdammen
und zu glauben, dass man sich auf dem Weg des Irrtums
festgefahren hat.
In der Bibel heißt es ›Wisst ihr nicht, dass ihr Gottes Tempel seid
und der Geist Gottes in euch wohnt?‹«

Yogananda

Sieben und Zwei – Das Feuer und die Leidenschaft des Südens

Die Kinder des Südens

Das Geschenk der Zahlen ❼ *und/oder* ❷ *im Geburtsdatum*

Bei Menschen mit dem Geschenk der Zahlen ❼ und/oder ❷ im Geburtsdatum liegt eines klar auf der Hand: Das Temperament haben sie für sich gepachtet. Dieser Ausstrahlung kann man sich nur schwer entziehen und man sollte es auch gar nicht. Stark, ausdrucksvoll, unabhängig und energisch wirken diese Menschen. Manchmal hat man den Eindruck, als gäbe es nichts, was ihnen nicht gelingt. Sie bieten der Welt die typische »starke Schulter« dar. Zwar hält sie nicht immer, was sie verspricht – aber nicht weil die Kraft nicht da wäre, sondern als Folge einer zeitweiligen oder chronischen Überforderung. ❼ und/oder ❷ tragen auch jene Menschen im Geburtsdatum, die begeisterungsfähig und mit Leidenschaft einer Sache nachgehen. Neugier und Freude strahlen sie uns schon am frühen Morgen entgegen, was für Morgenmuffel nicht immer leicht zu ertragen ist. Auch als Erwachsene lieben sie die Veränderung und sind schon deshalb keine Stubenhocker. Obwohl sie sparsam sind, stellen sie eine Menge auf die Beine. Eine gewisse Neigung zur Verschwendungssucht stellt sich nur bei einer Schwerpunktbildung im Süden ein, aber auch nicht zwangsläufig.
Die Jahreszeit des Südens, der ❼ und ❷, ist der Sommer, der fröhliche Reifeprozess, wo Erfahrungen ausgelebt werden, der Höhepunkt des Lebens. Nicht überraschend ist dieser Himmelsrichtung des Zahlenrads die Farbe Rot zugeordnet. Was die Unterschiede in der Kraftwirkung betrifft: Zwischen ❼ und ❷ gibt es nur eine minimale Abstufung.
Die ❷ wirkt etwas spontaner, heftiger und nicht so lang anhaltend.
Die ❼ verleiht etwas mehr Temperament, wirkt aber nicht ganz so spontan, dafür länger und etwas ausdauernder.
Die charismatische Erscheinung der Süd-Menschen füllt einen Raum regelrecht. Es tut meist gut, mit den Menschen des Südens zusammenzuarbeiten. Fast immer finden sie schnell Lösungen, langes Grübeln ist ihnen eher fremd. Das macht sie auch zu unterhaltsamen Weggenossen.

Philosophen, Architekten, Forscher und Maler können sich gut mit dem Süden und seinen Eigenschaften anfreunden. Wenn Priester überzeugend predigen, liegt es oftmals nicht nur an der sorgsam ausgesuchten Position der Kanzel, sondern an einer ❼ und/oder ❷ im Geburtsdatum. Fehlt den Gottesleuten dagegen der Süden, kann man ihnen oft einfach nicht zuhören. Theater, Film, Fernsehen, die ganze Medienwelt wäre ärmer ohne die starken Charakterdarsteller aus dem Süden des Zahlenrads. Auch viele Schauspieler sind hier zu finden. Revolutionäre aller Schattierungen würden sich ohne ❼ und ❷ schwer tun, Mitstreiter für die »gute Sache« zu finden. Ebenso gehören Mönche mit ihrer extremen Lebensform zum Süden, dem Anschein von Beschaulichkeit zum Trotz. Die Menschen des Südens finden überall Gehör. Ein Politiker mag noch so gut sein, er wird sich schwer tun bei Wahlen und Karriere, wenn er keine ❼ und ❷ im Geburtsdatum hat. Eine Gefahr verbirgt sich hier, denn zündende Reden schwingen zu können ohne echte Substanz kann viel Unheil anrichten. Menschen ohne Unterscheidungsvermögen und Selbstverantwortung verfallen leicht guten Rednern – viele irrationale Hetzjagden begannen so. Die gewandte Rhetorik eines Süd-Menschen genügt manchmal, um Dinge in Bewegung zu setzen. Deshalb findet sich hier auch der eine oder andere Dampfplauderer, wenn andere Himmelsrichtungen oder Lebenserfahrung nicht für Ausgleich sorgen. Die Zahlen ❼ und ❷ sorgen mit ihrer Energie dafür, dass auch schwierige Angelegenheiten in Angriff genommen werden, und geben enormes Durchhaltevermögen mit auf den Weg. Eine Idee löst sich nicht nach ein paar Tagen in Luft auf, auch dann nicht, wenn nicht alles nach Plan läuft. So manche Kundgebung gegen Missstände, manche Aufdeckung dunkler Machenschaften haben wir Menschen mit diesen Zahlen zu verdanken. Es muss sich aber lohnen! Ausdauer ohne Erfolgsaussicht zahlt sich in den Augen der Menschen des Südens nicht aus.

Kinder mit dem Süden im Geburtsdatum tun gut daran, sich vor dem Schlafengehen noch einmal richtig auszutoben. Das Gefühl, den Tag nicht richtig genützt zu haben, macht sie sonst fast krank. »Schäfchenzählen« würde ihnen nicht helfen, um wirklich Ruhe zu finden. Mit ❼ und/oder ❷ möchte man das Leben spüren und erobern, Leseratten sind unter Signaturen mit Schwerpunkt Süden eher selten zu finden. Ein Kindergeburtstag ohne Kinder des Südens kann todlangweilig werden. Auf eher nachdenkliche Menschen wirken sie deshalb manchmal anstrengend. Am besten fördert man diesen Süden-Aspekt bei Kindern, wenn man sie in Sportvereine gehen lässt, um dem Bewegungsdrang ein Ventil zu geben. Sie lieben einfach die Herausforderung, die Beweise ihrer Geschicklichkeit. Orden, Pokale, Medaillen – solchen äußeren Zeichen der Anerkennung sind die Kinder alles andere als abgeneigt. Sie heften sich gerne etwas an die Brust, sind Kämpfer, die gerne im Mittelpunkt stehen, besonders bei der Preisverteilung. Wandern ist ein Volkssport, aber ein Kind des Südens hätte meist auch gerne noch die Wandernadel am Schluss, weil es sich sonst nicht »gelohnt« hat.

Eine gewisse Gefahr ist hier verborgen, weil diese Neigung, wenn sie auch noch ins Erwachsenenleben mitgenommen wird, manchmal dafür sorgt, dass man sich leicht manipulieren lässt. Wir alle kennen Menschen, die für einen Blechpokal so gut wie alles geben würden. Leider ist man bei der Überwindung solcher Kindereien meist auf sich allein gestellt, weil diese Neigungen in vielen Bereichen des Erwachsenenlebens (aus)genützt und aktiv gefördert werden. Beispiel sind die Schildchen für den »Mitarbeiter des Monats« in Firmen, die routinemäßig Hungerlöhne zahlen.
Gefahr erkannt, Gefahr gebannt: Wenn Sie bei Ihrem Kind solche Neigungen spüren, einfach immer wieder Anerkennung geben, gleichzeitig aber langsam den Unterschied zwischen echter Anerkennung und den Mechanismen von Zuckerbrot und Peitsche begreiflich machen. Kinder lernen schnell und können so später Heuchelei viel leichter durchschauen.

Wenn sich der Süden versteckt

Der nicht erlebte und gelebte Süden

Angenommen, Sie kennen einen molligen Stubenhocker mit ❼ und/oder ❷ im Geburtsdatum, der beim besten Willen nicht der Beschreibung der Zahlen des Südens entspricht. Was ist mit diesem Menschen geschehen? Die Kraft des Südens hat sie oder er sicher reichlich in sich. Aber wie so oft trifft die leuchtende Kraft auf erstickende, verdunkelnde Einflüsse: »Tu dies nicht, lass das, sei vorsichtig, führ dich nicht so auf!«, oftmals begleitet von nachdrücklichen Maßnahmen zur Durchsetzung der elterlichen Befehlsgewalt. Ein dauerndes Unterdrücken des fröhlichen Temperaments und der Leidenschaft des Südens führt oft zu resignierter Trägheit und gleichzeitig zu unkontrollierten Gewaltausbrüchen. Solche Entwicklungen lassen und ließen sich in langen Jahrhunderten leicht für egoistische Zwecke missbrauchen.
Ein solcher Mensch muss tief in sich hineingehen, um die Energie der ❼ und ❷ wieder zu beleben. Vielleicht muss er oder sie auch Hilfe von außen in Anspruch nehmen, etwa in Form einer Familienaufstellung. Das ist eines der wirksamsten, tiefstgreifenden Werkzeuge, um Vergessenes und Verdrängtes ins Licht zu bringen – jedem zu empfehlen, der sich nicht auf Anhieb in »seinen Zahlen« wiedererkennt.
Meist ist dann in der Kindheit oder noch früher in der Familiengeschichte ein Fluss der Entwicklung unterbrochen worden, was die Reife zur persönlichen Bestimmung bremst oder gar blockiert. Die mollige Couch-Potato sitzt unter einem »Deckel« über ihrer oder seiner wahren Bestimmung und Lebenskraft. Übergewicht ist oft der ausgeworfene Treibanker, der das Körper-Schiff verlangsamen und dem Kapitän seine wahre Kraft verschleiern soll. Nur Mut! Kurz ist die Scheu, aber lang die Freude an der Einsicht und der neu gewonnenen Freiheit. Ein erfahrener Therapeut kann hier vieles in die guten Wege bringen. Infos zu qualifizierten Familienaufstellern in Ihrer Nähe finden Sie im Internet, beispielsweise unter www.hellinger.com.

Die Wiederbelebung ist das Entscheidende. Ziehen Sie ab sofort mehr rote Kleidung an. Gehen Sie auf Partys, fühlen Sie das Leben wieder, es gehört Ihnen. Natürlich gibt es Lebensstationen, wo man keine Lust hat, genau solche Dinge zu tun. Das ist absolut okay! Viele Situationen brauchen Zeit, um verkraftet und verdaut zu werden, Zeit zum Trauern, zum Eingewöhnen und so weiter. Aber alles im Leben hat seine Zeit, auch das Aufwachen! Wenn Sie also über lange Zeit ihren Frust auf die Wohnzimmercouch tragen und von Fernsehprogramm und Chips Ihre Fähigkeit zu denken und zu fühlen betäuben lassen, dann machen Sie in Ihrem Leben etwas falsch. Mit dem Süden im Geburtsdatum gehören Sie von Geburt an zu den Mutigen, die immer wieder aufstehen können – was auch immer sie niedergedrückt hat. Und zu Ihren Lebensaufgaben gehört es, als Vorbild für andere genau diese Stehauf-Qualität zu leben! Wenn sich der Süden versteckt hält, dann hat das einen Grund. Bringen Sie Licht in dieses Dunkel und alles gleitet wieder in geordnete Bahnen.

Es kommt nicht selten vor, dass eine starke Persönlichkeit für die Unterdrückung der ❼ und/oder ❷ verantwortlich ist. Was aber ist der wahre Grund dafür, dass Sie sich fügen? Vielleicht haben Sie niemals gründlich darüber nachgedacht. Steht jemand mit einer Waffe hinter Ihnen und zwingt Sie zu tun, was Sie tun? Vielleicht fällt Ihr Peiniger aus allen Wolken, wenn Sie sich wehren?

Immer wieder geschieht es, dass äußerlich ruhige und gelassene Menschen seelisch auf einem Pulverfass sitzen. Andressierte Denk- und Verhaltensgewohnheiten sorgen dafür, dass niemand weiß, wie man sich wirklich fühlt. Das kann nicht nur sehr gefährlich sein, sondern auch chronisch krank machen. Wenn niemand Sie so kennt, wie Sie eigentlich manchmal sein wollen, dann sammeln Sie ständig »Pulver«, Gramm für Gramm. Ab und zu fahren solche Menschen allein irgendwohin in Urlaub, wo sie niemand kennt, und tatsächlich: Wir würden sie nicht wiedererkennen im Trubel, in den sie sich dort stürzen beziehungsweise den sie selbst lostreten. Das machen sie ganz richtig, Ventile müssen geöffnet werden. Lernen Sie also so bald wie möglich einen gesunden Umgang mit Ihren Energien, dann müssen Sie nicht auf einmal abrupt nach außen Dampf ablassen oder nach innen zerstörerisch wirken. »Trainieren« Sie ruhig anfangs mit fremden Menschen. Nach und nach leben Sie dann Ihr Leben, wie es eigentlich für Sie gedacht ist, mit Ihrem angeborenen Temperament. Sie gehören nicht versteckt. Und niemals vergessen: Jeder Mensch hat das Recht, nur dort zu leben, wo man ihn akzeptiert, gerne sieht und liebt!

Wenn der Süden gezähmt werden muss

Entwicklung ins Extrem

Bei allen Himmelsrichtungen und bei der Mitte kann es zu Extrem-Entwicklungen kommen, wenn viele Zahlen eine Station besetzen, besonders wenn mehr als zehn Einheiten vorhanden sind (etwa bei zweimal ❼). Im Süden allerdings wäre eine Schwerpunkt-Bildung noch extremer, weil meist augenfälliger. Findet eine solche Entwicklung im Osten (❽/❸) statt, kann sie lange unentdeckt bleiben, weil sie oft mit einem starken Rückzug nach innen verbunden ist. Im Süden ist die Gefahr der Übersteigerung von Temperament in Übererregbarkeit, von Begeisterungsfähigkeit in Hysterie schneller erkennbar. Auch besteht die Gefahr eines Abgleitens in Anfälle von Jähzorn, in Herrschsucht und Rechthaberei. Das Zuviel ist mit einfachen Mitteln in den Griff zu bekommen, Voraussetzung ist wie immer die persönliche Entscheidung. Kinder mit Schwerpunkt im Süden sollte man nicht ständig bremsen und zu blockieren suchen, sondern die Energien in sinnvolle Bahnen lenken. Der Bewegungsdrang wäre natürlich in sportlicher Aktivität am besten kanalisiert, das Kind rennt seiner Konkurrenz sicher auf und davon. Ausdauer im Sport ist nicht jedem gegeben, dem starken Süden jedoch schon. Und dann wäre da noch das Tanzen: Die Fähigkeit dazu ist ihnen in die Wiege gelegt. Natürlich kann jeder tanzen und es wäre ein echter Fortschritt für die Menschheit, wenn es zum Unterrichtsfach in unseren Schulen würde – aber sieht es auch immer gut aus? Die Kinder des Südens müssen Tanzen gar nicht erst lernen (nur die Schrittfolgen muss man ihnen zeigen). Sie können es meist schon. Während sich andere keuchend abplagen, tänzeln sie beschwingt übers Parkett, selbst wenn sie eine Vergangenheit als Fernseh-und-Chips-Süchtige haben.

Kindern mit viel ❼ und/oder ❷ im Geburtsdatum sollte man abends nicht zu oft gekochte Speisen vorsetzen – am besten nie. Sie finden sonst lange keinen Schlaf, weil Gekochtes die Farbe Rot in sich trägt und sie somit verstärkt. (Fehlt hingegen bei einem Kind der Süden, dann ist ein gekochter Brei oder eine warme Suppe genau das Richtige für die nötige Bettschwere.) Wer im Süden »überbesetzt« ist, sollte die Farbe Rot in der Kleidung meiden und sich an Tagen mit den Zahlen ❼ und ❷ im aktuellen Datum vorsichtiger verhalten als sonst. Nebenbei bemerkt: In Jahren mit einer ❼ oder ❷ an der vierten Stelle wäre es generell nicht ratsam, Rot zur Modefarbe zu erklären, wie auch beispielsweise Grün nicht sinnvoll ist in Jahren mit ❽ und ❸ am Ende, Gelb in Jahren mit ⓿ und ❺, Blau und Schwarz in Jahren mit ❻ und ❶, Weiß in Jahren mit ❾ und ❹. Für Modeschöpfer wäre die Beachtung der Gesetzmäßigkeiten des Zahlenrads sicherlich ein Segen.
Geht es um Neutralisation und Heilung einer extremen Entwicklung, ist immer die Farbe der genau gegenüberliegenden Station hilfreich. Im Falle des Südens also die Farbe des Nordens: Blau oder Schwarz. Dabei würde es schon viel helfen, sich mit Menschen zu umgeben, die den Norden (❻ und/oder ❶) im Geburtsdatum haben, besonders, wenn man selbst keinen Norden aufweist. Der größtmögliche Erfolg mit einer Station stellt sich ein, wenn man seine Schätze immer »im Kreis« weitergibt, an die nächste Station. Im Falle des Südens also an den Westen – an Menschen mit ❾ und/oder ❹ im Geburtsdatum. Und schon haben Sie Mittel in der Hand, um einen überstarken Süden zu zähmen.

Johanna erzählt:

Manchmal leite ich »Mondwochen« – Wochenseminare zum Thema Mondrhythmen. Während einer solchen Woche hatte ich kürzlich das Tiroler Zahlenrad kurz vorgestellt, um herauszuspüren, ob die Zeit dafür reif ist. Eine Teilnehmerin hatte die Hände vors Gesicht geschlagen, ganz blass und elend saß sie da. Ich fragte sie hinterher besorgt, ob ich sie vielleicht beleidigt hatte, denn das kann schon vorkommen, wenn man Dinge anschaulich schildert. Sie sagte nur ganz entsetzt: »Ich bin jetzt ganz erschüttert! Seit Jahren rede ich meiner Tochter ein, mehr Rot zu tragen, kaufe ihr rote Sachen für die Wohnung, weil sie immer so bedrückt und müde ist, und jetzt erfahre ich hier, dass sie mit ihren beiden 7 *im Geburtsdatum hoffnungslos mit Süden und Rot überlastet ist!« Sie hatte natürlich vom Zahlenrad und den Zusammenhängen nichts gewusst.*
Es hat sich aber alles zum Guten gewendet. Inzwischen geht es der Tochter ausgezeichnet und sie hat sogar ihr Abitur nachgeholt (mit vorwiegend blauer Garderobe!).

Zum Schluss noch ein Tipp: Menschen mit stark besetztem Süden schwitzen meist stärker als andere. Wenn nicht, dann werden sie sozusagen als Ausgleich schnell fiebrig beziehungsweise bekommen auch schneller Fieber als andere Menschen. Urlaub in großer Hitze ohne den Ausgleich von kühlendem Wasser (am Strand oder im Pool) macht sie manchmal völlig fertig. Auch das Gebirge wäre ein kühlender Ausgleich zu ihrem Temperament. Blauer Himmel und milde Temperaturen – das ist, was Menschen des Südens zum Träumen bringen kann. Blau und Schwarz in der Kleidung kühlt ihr Temperament auf ein – auch für sie selbst – angenehmes Niveau herab.

Wenn der Süden fehlt

Das Geburtsdatum ohne ❼ und ❷

Wenn Sie jetzt nach alledem, was Sie gelesen haben, einen Blick auf Ihr Geburtsdatum werfen und nicht sehr erfreut sind, darin keine ❼ und/oder ❷ zu entdecken: nur Mut, Erste Hilfe naht! Sie müssen nur ein wenig darüber meditieren, dass es der »Chef«, der über uns alle wacht, Ihnen nicht zugedacht hat, einen starken Süden durchs Leben zu tragen. Ihre Aufgaben und Talente liegen woanders. Natürlich gehört es trotzdem ebenso zu unserer Lebensausrüstung, die Lücken im Zahlenrad zu empfinden und etwas dagegen tun zu wollen. Auch das ist in Ordnung und sogar Lebenspflicht. Sie müssen nur nicht wie ein Mensch des Südens werden wollen – es genügt, den Süden zu verstehen.
Manche spüren dieses Bedürfnis gar nicht und wissen dann oft nicht, warum sie sich nicht rundum wohl fühlen. ❼ und ❷ – das sind Menschen, denen man Gehör schenkt. Menschen ohne Süden fühlen sich oftmals unverstanden und nicht anerkannt, ganz unabhängig davon, wie gut sie sich ausdrücken und wie groß ihre Wirkung nach außen tatsächlich ist. Auch ist immer ein Funken Angst beteiligt, selbst inmitten einer Erfolgssträhne. Nebenbei bemerkt: Wenn Sie in einem Feuerzeichen geboren sind (Widder, Löwe, Schütze) kann es geschehen, dass Sie das Fehlen des Südens nicht so stark empfinden.

Was können wir Ihnen raten, wenn Sie das Fehlen des Südens in Ihrem Geburtsdatum bewusst fühlen? Beginnen Sie mit den Farben. Die Farbe Rot in all ihren Schattierungen ist geeignet, Ihnen mehr Kraft und Energie zu bringen. Energie, die Sie vielleicht sonst vermissen, wenn es »ernst« wird. Vielleicht haben Sie gute Ideen, aber nicht die Kraft, sie zu vermitteln? Vielleicht fühlen Sie sich oft übergangen, gleichgültig wie gut Sie sind? Es gibt viele Gründe, warum sich ein Mensch manchmal zurückgesetzt fühlt. Jedenfalls sind oftmals die Menschen ohne Süden dabei. Dem können Sie ab jetzt entgegenwirken!

Eine weitere gute Maßnahme zum Füllen des fehlenden Südens: Halten Sie sich möglichst oft im Freien auf, auch in der Sonne (mit entsprechendem Sonnenschutz). Lernen Sie den Tag lieben und nicht nur den Abend! Am Abend könnten Sie mit Kerzen arbeiten und Teelichter in roten Gläsern leuchten lassen. Wenn Sie ein Gefühl der Leere empfinden, probieren Sie es einmal mit temperamentvoller Musik statt mit meditativen Klängen. Solche Kleinigkeiten können den Tag retten! Ein Museumsbesuch ist etwas höchst Erbauliches und Bildendes, aber vielleicht wäre ein toller Kinofilm manchmal besser fürs Gemüt. Selbst Musik zu machen bringt Ihren Kreislauf ebenfalls erfolgreicher in Schwung als zum Beispiel viel Kaffee.

Warum es funktioniert, lässt sich vielleicht in ein paar Jahren oder Jahrzehnten besser beschreiben. Wichtig ist uns heute, dass es funktioniert: Schreiben Sie die Zahlen ❼ und ❷ auf ein rotes Stückchen Papier und tragen Sie es immer bei sich, in Hand- oder Hosentasche. Lassen Sie es auf einen Versuch ankommen, Sie haben nichts zu verlieren.
Auch bei der Ernährung lässt sich einiges tun, um die ❼/❷ zu ersetzen: Ab jetzt rote Äpfel statt grünen, roter Traubensaft statt weißen und natürlich ab jetzt eher ein Glas Rotwein statt Weißwein, ja?
Die Gerechtigkeit im Universum will es, dass Sie auch nicht an den negativen Seiten der Zahlen ❼ und/oder ❷ teilhaben. Es hat alles sein Gutes. Lesen Sie noch einmal die Kapitel mit den Zahlen, die in Ihrem Geburtsdatum auftauchen, und machen Sie das Allerbeste daraus.
Um die Lücke im Süden zu füllen, haben Sie genügend Anregungen bekommen. Tägliche Kleinigkeiten anders zu gestalten verändert die Welt in viel höherem Maß, als nur hin und wieder große Dinge zu tun.

Susan

Manuel

Medizin für die Seele

Es gibt keine Schwierigkeit,
die sich nicht mit Liebe bewältigen ließe.
Keine Krankheit, die sich nicht mit Liebe heilen ließe.
Keine Tür, die sich nicht mit Liebe öffnen ließe.
Es spielt keine Rolle, wie groß das Problem,
wie hoffnungslos der Anschein,
wie tiefgehend die Verwirrung,
wie schwerwiegend der Fehler.
Mit Liebe lässt sich alles auflösen.

Wer heute einen Gedanken sät,
der erntet morgen die Tat,
übermorgen die Gewohnheit,
danach den Charakter
und endlich sein Schicksal.
Darum muss er bedenken,
was er heute sät, und muss wissen,
dass ihm sein Schicksal einmal in die Hand gegeben ist: heute!

Gottfried Keller

Kein Sonnenstrahl geht verloren,
aber das Grün, das er weckt, braucht Zeit zum Sprießen,
und dem Sämann ist nicht immer beschieden, die Ernte mitzuerleben.
Alles wertvolle Wirken ist Tun auf Glauben.

Albert Schweitzer

Ein selbstgemachtes Problem
kann ich nicht mit derselben Denkart lösen,
mit der ich es verursacht habe.

Ron Fischer

Ich habe nie Marketing gemacht,
ich habe einfach nur meine Kunden geliebt.

Karl Lagerfeld

Alles Gute auf der Welt kommt direkt aus unserer Seele.
Alles Böse auf der Welt kommt aus dem Nebel,
der sich über unsere Seele gelegt hat.
Wandern Sie durch den Nebel, bis es licht wird.
Hören Sie nicht auf, zu wandern. Sie kommen ans Ziel.
Ob es eine Abkürzung gibt? Ja, die gibt es.
Es ist die Einsicht, dass wir selbst den Nebel erzeugen.

Ron Fischer

Der Mensch sehnt sich zu leben, intensiv,
aus dem Vollen schöpfend und empfindend.
Wenn er das zuwege bringt,
ohne Zwang zu dulden oder zu üben,
wenn ihm jede Tätigkeit Freude weckt und Freude ist,
wird er kräftiger, gesünder sein
und Kultur gewinnen: Er wird er selbst sein.

Oscar Wilde

Wer einen Fehler gemacht hat
und ihn nicht korrigiert,
begeht einen zweiten.

Konfuzius

Alles Leiden entsteht durch Missbrauch des freien Willens. Gott hat uns die Fähigkeit verliehen, Ihn anzunehmen oder abzuweisen. Es liegt nicht in Seinem Willen, dass wir Schmerzen leiden; doch Er greift nicht ein, wenn wir uns zu einem Handeln entschließen, das uns Leid bringt.
Die Menschen beachten den weisen Rat der Heiligen nicht, erwarten aber, durch ungewöhnliche Umstände oder irgendein Wunder errettet zu werden, wenn sie in Not sind. Der Herr kann alles vollbringen; doch Er weiß, dass die Liebe und das richtige Verhalten des Menschen nicht mit Wundern erkauft werden kann. Gott hat uns als Seine Kinder ausgesandt, und als solche müssen wir wieder zu Ihm zurückkehren. Es gibt nur eine Möglichkeit, sich wieder mit Ihm zu vereinigen: seinen eigenen Willen zu gebrauchen. Keine andere Kraft auf Erden oder im Himmel kann dies für uns tun. Wenn ihr aber aus tiefstem Herzen nach Gott ruft, schickt Er euch einen Lehrer, der euch aus der Einöde der Schmerzen ins Haus Seiner ewigen Freude heimführt.
Der Herr hat euch freien Willen verliehen und kann deshalb nicht wie ein Diktator handeln. Obwohl Er Allmacht besitzt, befreit Er euch nicht einfach von eurem Leid, wenn ihr den Weg falschen Handelns gewählt habt. Ist es recht zu erwarten, dass Er euch von aller Last befreit, wenn ihr mit euren Gedanken und Handlungen ständig gegen Seine Gesetze verstoßt? Befolgt Seine Grundsätze, wie Sein Sohn sie in der Bergpredigt niedergelegt hat; darin besteht das Geheimnis des Glücks.

Yogananda

Neun und Vier – Geschick und Scharfsinn im Westen

Die Kinder des Westens

Das Geschenk der Zahlen ❾ und/oder ❹ im Geburtsdatum

Das Geschenk der Zahlen ❾ und/oder ❹ im Geburtsdatum: Wo beginnen? Es gibt im Westen so viel zu sagen, dass es schwerfällt, eine sinnvolle Reihenfolge einzuhalten. Der Westen mit ❾ und/oder ❹ im Geburtsdatum bringt solch eine starke Kraft mit ins Leben. Wer eine ❾ vorfindet (nicht die ❾ aus 1900!), der hat schon fast gewonnen, möchte man sagen. Es ist tatsächlich so: Der ❾er setzt sich fast immer durch. Manchmal ist es im alltäglichen Umgang nicht leicht für »Normalsterbliche« ohne den Bonus der ❾, diese guten Leutchen um sich zu haben. Normalerweise sind Menschen, die nicht wissen, was sie im Leben wollen, viel schwerer zu ertragen, aber der Westen und speziell die ❾ kann einem mit seiner Effizienz und unbeirrten Zielstrebigkeit bisweilen den letzten Nerv kosten. Wieder einmal kommt es im Alltag und für ein gedeihliches Miteinander darauf an, wie gut ich mich in den anderen einfühlen kann, um zu gestalten, was für alle Beteiligten das Beste ist. Sie haben den Westen im Geburtsdatum? Strebsam und erfolgsorientiert stehen Sie meist an der Front. Die Menschen der ❾ und der ❹ haben nicht nur den Erfolg im Plan, sondern sind auch bereit, dafür schwer zu arbeiten und manchmal unerhörte Tüchtigkeit an den Tag zu legen.

Die »kreative Phase« dauert eigentlich bei Ihnen lebenslang, und nur selten verschließen Sie Ihre Ohren konstruktiver Kritik, wenn sie Ihnen Neues bringt und sinnvolle Veränderung einläuten könnte. Angeborener Ehrgeiz kombiniert mit Scharfsinn bringt Sie weit nach vorn. Ein Chef, ein Manager, ein Geschäftsführer, ein Anwalt ohne ❾ und ❹ – das ist eher selten zu finden.

Auch die genialen Handwerker sind hier zu Hause. Die Menschen des Westens fühlen sich oftmals am wohlsten in Berufen, in denen sie etwas Sichtbares schaffen, bauen, errichten, am liebsten mit den eigenen geschickten Händen. Diesen Händen zuzuschauen ist fast immer eine reine Freude. Im Gegensatz zu den Trägern »zweier linker Hände« ist ihre Arbeit fast wie ein Tanz. Elend traurig wird einem manchmal bei diesem Anblick, wenn man bedenkt, wie sehr es sich unsere Gesellschaft gefallen ließ, handwerkliche Berufe im »Prestige« abzuwerten gegenüber rein akademischen Berufen. Welche Folgen das hat, lässt sich jeden Tag im Wirtschafts- und Umweltteil der Tageszeitungen nachlesen. Wir freuen uns auf den Tag, wo es wieder großen Respekt auslöst, wenn man jemand sagen hört: »Ich bin ein Tischler!« Und natürlich auf den Tag, an dem das Gesetz vorschreibt, dass nur derjenige Landwirtschaftsminister werden kann, der mindestens ein Jahr in der Bio-Landwirtschaft gearbeitet hat!

Johanna erzählt:

Ein ganz typisches Beispiel für den gesunden Umgang mit den Zahlen ❾ und/oder ❹ im Geburtsdatum ist die Antwort eines Bauleiters auf die Frage, was denn genau die Freude an seinem Beruf ausmache. Er sagte: »Ich möchte einfach das Gefühl haben, dass ich etwas gebaut habe, das mich selbst noch lange überlebt, wenn ich einmal nicht mehr bin. Etwas Sichtbares.«
Beim Gespräch mit diesem Mann waren auch weitere Bauleiter zugegen, die an einem Großprojekt – einer Autobahn-Talbrücke – arbeiteten. Man konnte erkennen, wer die Herren des Westens waren: Man fühlte, dass sie es kaum erwarten konnten, die Brücke stehen zu sehen. Die Herren ohne Westen standen mehr oder weniger gelangweilt herum. Als Rechnungsprüferin der Firma wunderte ich mich, wie viele Menschen so fehl am Platz sein konnten! Was für ein Segen für einen Personalchef, für die Arbeitsämter und andere wäre dieses Wissen. Eines würde ich sicher tun: mir alle Bau-Menschen draußen auf der Baustelle, denen der Westen fehlt, genauer anschauen und alle Mitarbeiter mit zwei linken Händen – auch solche entscheiden sich seltsamerweise für Berufe am Bau – sinnvoller einsetzen.

Die Zahlen ❾ und/oder ❹ vermitteln Beharrlichkeit und ausgeprägten Geschäftssinn. Wobei der Unterschied in beruflicher Hinsicht zwischen beiden Zahlen sehr gering ist: Wer eine ❹ hat, bei dem sind handwerkliche Fähigkeiten, die Techniker und Bastler etwas stärker vertreten, während bei der ❾ der Geschäftssinn noch mehr hervortritt. Generell sind die Menschen des Westens sehr anspruchsvoll in der Berufswahl, ein 08/15-Beruf kommt nicht in Frage, höchstens unfreiwillig. Den klugen Umgang mit Geld lernen sie so selbstverständlich wie Fische das Schwimmen. Fast als ob kleine »Westler« schon kalkulieren lernen, bevor sie sprechen können. Bankgeschäfte gehören zum täglichen Vergnügen, während sie den anderen Himmelsrichtungen eher als notwendiges Übel erscheinen. Diese Fähigkeit sollte unbedingt genützt werden. Der Westen fürchtet sich vor nichts und treibt die Dinge voran, bis das Vorhaben zu Ende gebracht ist. Geniale Erfinder sind ebenfalls im Westen angesiedelt. Manche sind mit ihrer Genialität der Zeit weit voraus und werden erst nach ihrem Tod berühmt. Techniker, klug rechnende Kaufleute, Mechaniker, Piloten, Rennfahrer, ehrgeizige Sportler, Sekretäre und Sekretärinnen – sie alle sind im Westen zu Hause. Gute, AssistentInnen, Sekretärinnen und Sekretäre sind oftmals das Herz und die Seele einer Firma, Rückgrat und Motor und »Tankstelle« erfolgreicher Chefinnen und Chefs. Die Kräfte des Westens, die Energie der ❾ und ❹ gehören zur idealen Ausrüstung dieser wertvollen Menschen. Sie kennen eine solche Perle und sie oder er hat keine ❾ und keine ❹? Solche Ausnahmen sind gar nicht so selten. Denn nichts auf der Welt ist wirklich schwierig, auch nicht die Eroberung des Westens. Hat man neben dem festen Willen das Glück, einem echten, begabten und menschenfreundlichen Lehrer zu begegnen, dann vermittelt er oder sie einem mühelos die Freude am Erobern des unbekannten Westens.

Wir kennen einige Menschen ohne ❾ und ❹, die sich in die zahlen- und faktenschwere Materie des Westens erfolgreich eingearbeitet haben. Nichts ist unmöglich.

Kinder des Westens brauchen Sie in den meisten Fällen gar nicht erst zu erziehen: Sie tun sowieso, was sie wollen. Das heißt nicht, dass es unweigerlich schwierige Kinder werden, ganz im Gegenteil. Sie leben ihr Leben, und wenn sie gute Vorbilder um sich haben, sind sie zufrieden. Ein sicherer Weg, Kindern mit Betonung im Westen das Leben schwer zu machen: als Eltern immer alles besser wissen. Die Kinder des Westens sind Kämpfer und Sieger! Geben (oder lassen) Sie ihnen das Gefühl, sie hätten das Wissen, das neue Terrain aus eigener Kraft erobert. Mit all den großen Fähigkeiten der ❾ und ❹ startet es sich leichter ins Leben. Umso wichtiger ist es, diese Kinder nicht zu bremsen, weder durch Vernachlässigung noch durch Überforderung. Handeln Sie nicht wie jene törichten Leutchen, die Abend für Abend die Pflänzchen aus ihren Blumentöpfen herausrupfen, um nachzusehen, ob sie gut anwurzeln. Kinder des Westens vertragen dies noch weniger als die Kinder anderer Himmelsrichtungen. Andererseits sind sie oft auch besser ausgerüstet gegen Eingriffe in die Reifung ihrer Persönlichkeit. Eine gewisse Sturheit, besser gesagt Beharrlichkeit begleitet sie ein Leben lang. Eine wertvolle Eigenschaft, wenn sie das richtige Maß behält. Nehmen Sie den Ehrgeiz dieser Kinder ernst, denn wenig kann sie mehr verletzen, als nicht für voll genommen zu werden. Das kann in eine starke Aggression münden, die nicht mehr mit einfachen Methoden beruhigt werden kann. Ihr Stolz ist verletzt, manchmal für immer. Sie empfinden es dann als unter ihrer Würde, einfach mal der Klügere zu sein und nachzugeben. Aber die Menschen des Westens wissen, dass sich dahinter manchmal nur Konfliktscheu und Lebensangst verbergen, und sie können den Unterschied in der Regel gut herausspüren.

Vielleicht haben Sie jetzt ein Gefühl für die Kraft und Energie des Westens gewonnen. Und gleichgültig ob als Kind oder als Erwachsener, diese Kraft gehört ausgelebt. Dass Geld und »Reichtum« dem West-Menschen wichtig sind, gehört zum Erbe der ❾ und ❹. Der Wunsch danach ist moralisch nicht verwerflich – was zählt, ist der geschickte und menschenfreundliche Umgang damit. Er gehört zu ihrem Lebensglück.

Wenn sich der Westen versteckt

Der nicht erlebte und gelebte Westen

Die besonderen Kräfte der Zahlen ❾ und/oder ❹ im Geburtsdatum haben Sie nun kennengelernt. Es kann sein, dass Sie sich in dieser Beschreibung nicht wiederfinden, dass Sie ganz anders empfinden, obwohl Sie den Westen im Geburtsdatum tragen. Wenn das bei Ihnen der Fall ist oder bei jemandem, den Sie gut kennen, dann ist jetzt ein guter Zeitpunkt, um ein wenig »Detektiv der Seele« zu spielen. Es gibt die unterschiedlichsten Gründe, warum sich ein Westen nicht ans Licht des Tages arbeitet und seine Kräfte entfaltet. Wenn die Unterdrückung in früher Kindheit begonnen hat, wenn das Urvertrauen verloren ging, ist es etwas schwieriger, aus der Blockade wieder in Fluss zu kommen. Der Westen bringt viel Zielbewusstsein und Willenskraft mit, beides Aspekte, die vielen Kindern in autoritärer Weise »ausgetrieben« werden. Haben Sie noch nie ernsthaft daran gedacht, dass Sie so viele Fähigkeiten besitzen, fühlen aber gleichzeitig genau, dass sie existieren? Dann wecken Sie sie doch einfach auf! Vielleicht reicht es ja schon, hier schwarz auf weiß bestätigt zu bekommen, was in Ihnen steckt. Möglicherweise genügt es, Ihre Erinnerung an andere Zeiten und andere Gefühle zu wecken? Beginnen Sie unbedingt genau hier und jetzt, anders zu denken als bisher. Jetzt gleich! Probieren Sie es zumindest, verlassen Sie Ihre alten Denkweisen, wie Sie einen alten Film ausschalten, von dem Sie genug haben. Schreiben Sie Ihr eigenes Drehbuch! Dann schauen Sie sich den neuen Film an und drehen die Lautstärke auf. Die Farbe des Westens ist Weiß. Arbeiten Sie mit der segensreichen Kraft, die Sie aus der Anwendung dieser Farbe im Alltag holen können. Sie wird Ihnen helfen, in Startposition zu gehen. Bitte aber nur, wenn das auch tatsächlich Ihr Wunsch ist! Wenn Sie sich im Westen nicht erkennen, obwohl ❾ und/oder ❹ in Ihrem Geburtsdatum auftaucht, und wenn Sie gleichzeitig so richtig glücklich mit Ihrem Leben sind, dann ist alles gut so wie es ist, und Sie brauchen auch keinen Anstoß

zu Veränderungen. Aber wir gehen jetzt weiterhin davon aus, dass Sie aufgeweckt werden wollen. Allein mit der Anwendung der Farbe Weiß können Sie viel gewinnen – in der Kleidung, im Lebensumfeld, am Arbeitsplatz. Wohnräume sollten viel Weiß zeigen und wenig bunten Schnickschnack. Auch weiße Tischdecken sind für Sie besser als farbige. Weiß macht Sie willensstark, mutig, erfinderisch, selbstgewiss. Vermeiden Sie dagegen zu viel Grün in der Kleidung, weil es in diesem speziellen Fall das Blockieren der Energien des Westens unterstützt.
Mit der klugen Verwendung der Zahlen ❾ und ❹ im Alltag lässt sich ebenfalls einiges für Sie bewegen. Wo immer möglich – bei Telefonnummern, Zimmernummern, Autokennzeichen und so weiter – wählen Sie die ❾ und/oder ❹ als Element des Ganzen. Auch das funktioniert sehr gut: Schreiben Sie die Zahlen ❾ und ❹ auf ein weißes Stück Papier oder Stoff und tragen Sie es bei sich. Dieser Tipp mag Ihren Intellekt ein wenig zum Widerspruch reizen, aber das macht nichts: Sie müssen ja auch nicht ein Auto bauen können, bevor Sie damit fahren. Was auch immer Sie nun daraus machen – Anregungen haben Sie genug. Bitte keine Übertreibungen, denn es geht ja nur darum, den Westen zu wecken. Ist er wach, kann alles ins rechte Maß zurückkehren, auch die Betonung der Farbe Weiß in Ihrem Leben.

Wenn der Westen gezähmt werden muss

Entwicklung ins Extrem

Leistet der Westen »zu viel des Guten«, gelten im Wesentlichen die gegenteiligen Maßnahmen wie zuvor beim Aufwecken der Kräfte der ❾ und der ❹ beschrieben. Dass die Schwerpunktbildung einer Himmelsrichtung ausgeglichen werden muss, kommt immer wieder vor. Haben Sie mehr als 10 Einheiten Westen im Geburtsdatum (beispielsweise beim Geburtsdatum 16.4.1969), dann gestaltet sich der Umgang mit diesen Kräften manchmal etwas schwieriger.

Symptome eines ungesunden Übergewichts im Westen können egoistische Ausbrüche sein, aber auch Alleingänge im Privat- und Geschäftsleben, obwohl nur Teamarbeit zum Erfolg führen würde. Die ❾ – das ist viel Durchsetzungskraft, aber manchmal auf Kosten des Miteinanders im Team. Gesunder Geschäftssinn kann sich so stark entwickeln, dass er Grenzen des Menschlichen überschreitet und dass Berechnung, Bestechung oder zerstörerische Energien später alles kaputtmachen. Machtgier und Egoismus können ganze Familienbetriebe und Firmen in den Ruin treiben. ❾er müssen zudem oftmals das »letzte Wort« haben, um ihr Ego zu bestätigen. Natürlich kann das auch bei den anderen Himmelsrichtungen passieren, nur die Gefahr ist hier größer.

» *Geschäftstätigkeit, die nichts zum menschlichen Wachstum und Wohlergehen beiträgt, ist nicht wert getan zu werden, unabhängig davon, wie viel Gewinn sie in kurzer Zeit abwirft.* «
(Mihaly Csikszentmihalyi)

Wer den Zusammenhang zwischen der ❾ und/oder ❹ und der Farbe Weiß nicht kennt und mit beiden Zahlen oder gar zweimal ❾ gesegnet ist, der verstärkt mit weißen Kleidungsstücken unabsichtlich die egoistischen, mutwilligen Tendenzen dieser Zahlenkombination. ❾ plus ❾ – das sind 18 Einheiten Westen, und damit weit mehr als jene 10 Einheiten, ab der die Gefahr des Umschlagens in Extreme besteht. Übrigens können in der Geschäftswelt erfolgreiche Menschen Krankenhäuser nur schwer ertragen: wegen des »Überangebotes« an der Farbe Weiß!

Ein Übergewicht und eine Extrementwicklung im Westen können auch ins Gegenteil umschlagen: Statt sich in kalt erfolgsorientierte Geschäftstätigkeit zu stürzen, verfallen solche Menschen in eine Art Lähmung, weil ihr Geist vor der Masse an Ideen, Möglichkeiten und Fähigkeiten kapituliert. So viele Wege stehen offen, dass sie im wahrsten Sinne des Wortes nicht mehr wissen, wo ihnen der Kopf steht – vergleichbar dem Geschehen bei einem Migräneanfall, dem fast immer ein überfüllter Terminkalender beziehungsweise eine Form der Überforderung vorausgeht. Es scheint unmöglich, alles auf einmal zu bewältigen, also blendet der Kopf aus. Und dann geht gar nichts mehr.

Die Heilung solcher Entwicklungen ist möglich und manchmal mit einfachsten Mitteln zu erreichen. Wer im Westen »überbesetzt« ist, sollte die Farbe Weiß in der Kleidung meiden und sich an Tagen mit den Zahlen ❾ und ❹ im aktuellen Datum klug verhalten, seine Kräfte gut einteilen. Schritt für Schritt – immer nur das Aktuelle und Nächstliegende anpacken und sich weder geistig noch körperlich verzetteln. Die Farbe der genau gegenüberliegenden Station ist immer hilfreich, um Extreme zu neutralisieren und zu heilen – im Falle des Westens also die Farbe des Ostens: Grün. Auch würde es schon viel helfen, sich mit Menschen zu umgeben, die den Osten (❽ und/oder ❸) im Geburtsdatum haben. Das hilft besonders, wenn man selbst keinen Osten besitzt.
Wenn man den größtmöglichen Erfolg mit einer Station genießen möchte, sollte man sich nicht seelisch einbetonieren, sondern seine Schätze immer im Kreis weitergeben, an die jeweils nächste Station. Im Falle des Westens also an den Norden – an Menschen mit ❻ und/oder ❶ im Geburtsdatum.

Gefahr erkannt, Gefahr gebannt: Sie können jetzt früh genug handeln. Allerdings nach reiflicher Überlegung. Nichts hektisch überstürzen (Geduld gehört nicht gerade zu den Schätzen des Westens). Mit den Farben Grün und Gelb können Sie regulierend eingreifen, sowohl in der Kleidung als auch in der Farbgebung zu Hause und am Arbeitsplatz. Finden Sie einen Anfang, um der Harmonie und Balance das Tor zu öffnen. Eine der besten Methoden gegen eine extreme Entwicklung des Westens ist das Vorgehen Schritt für Schritt. »In der Ruhe liegt die Kraft« – dieses Sprichwort zu verwirklichen wäre im Westen *die* Medizin. Suchen Sie sich selbst die für Sie passenden Lösungen aus.

Wenn der Westen fehlt

Das Geburtsdatum ohne ❾ und ❹

Was kann ich tun, wenn die Zahlen ❾ und ❹ in meinem Geburtsdatum fehlen? Wie entwickle ich trotzdem die vielen tollen Talente, die im Westen beheimatet sind? Muss ich mich mit »zwei linken Händen« abfinden, wenn mir die ❹ fehlt? Muss ich auf die Selbstständigkeit im Geschäftsleben verzichten, wenn ich keine ❾ habe? Nun einmal langsam, so schlimm wird es nicht werden. Vielleicht hatten Sie ja Glück und durften in Ihrer Kindheit dem natürlichen Instinkt aller Kinder folgen, die alle vorhandenen Lücken mit Enthusiasmus füllen wollen – wenn man sie lässt. Wenn nicht, dann nur Mut: Erstens müssen Sie ja die Lücke im Westen nicht gänzlich erobern und integrieren, sondern nur verstehen! Und zweitens: Nicht immer vermisst man, was man nicht hat. Menschen ohne Westen im Geburtsdatum fehlt das Umtriebige und Rastlose, das den Westen manchmal etwas nervig macht. Obendrein geraten Sie ja dann auch nicht in Versuchung, in die Falle möglicher Extrementwicklungen im Westen zu tappen, die ja durchaus auch »attraktiv« erscheinen können.

Mit anderen Worten: Ein wenig Einsicht in das, was den Westen und seine besonderen Qualitäten ausmacht, schadet niemandem. Vielleicht sehen Sie ja mit dem neuen Wissen ihre Tochter mit der ❾ und/oder ❹ im Geburtsdatum als nicht mehr ganz so »egoistisch« an, oder Ihr Schwiegervater wirkt nicht mehr so »materialistisch« auf Sie, wenn Sie Ihre Idealvorstellungen aus den anderen Himmelsrichtungen des Zahlenrads einmal ruhen lassen. Nehmen Sie es vielleicht für den Anfang einfach als naturgegeben an, dass die Menschen des Westens andere Werte im Leben verfolgen als Sie – und wer möchte sich da zum Richter aufschwingen, die Regel vorgeben?

Johanna erzählt:

Auch ich habe weder eine ❾ noch eine ❹ im Geburtsdatum. Das hat sicherlich meine Entscheidung beeinflusst, als ganz junges Mädchen Rechnungsprüfung zu erlernen, weil ich das Gefühl hatte, diese Fähigkeit zu meiner Vervollständigung zu brauchen. Ich erinnere mich noch gut an meinen Schreck, als mich eine Vorgesetzte fragte: »Nicht wahr, Johanna, Weiß ist Deine Lieblingsfarbe?« Den Zahlen ❹ und ❾ ist die Farbe Weiß zugeordnet, und die geistigen Qualitäten des Westens – unter anderem logisches, mathematisches Denken, Organisationstalent – kann man durch weiße Kleidung fördern. Ich fühlte mich ertappt, und das war mir damals sehr peinlich – was auch wieder zeigt, wie sehr das Zahlenrad in unserer Familie als Geheimwissen behandelt worden war!

Wenn Sie ein erfolgreiches Geschäft besitzen und keine ❾ und ❹ im Geburtsdatum tragen, haben Sie wahrscheinlich die Lücke im Westen schon gefüllt und können so umsichtig kalkulieren, dass Ihre Großzügigkeit die Firma nicht in die roten Zahlen führt. Wenn Sie aber die Leitung des Geschäfts immer noch als anstrengend und mühsam empfinden, nehmen Sie sich doch einen Mitarbeiter, Partner oder Assistenten mit Westen herein, damit er oder sie das finanzielle Management, beziehungsweise die Büroleitung übernimmt. Sie müssen nur darauf achten, dass Ihre eigene Lücke dabei nicht ausgenützt wird. Generell muss der Mensch ohne Westen lernen, Geld gut einzuteilen. Es besteht immer ein wenig die Gefahr des Ausnutzens, weil man oftmals zu gutmütig und großzügig agiert. Menschen ohne Westen brauchen fast immer einen »Schäferhund«, der für sie wenn nötig das Beißen übernimmt, etwa in Form guter Steuerberater. Man kann sonst Geld nicht so genießen oder das vorhandene Geld nicht so klug investieren. Vielleicht genügt auch schon ein Abendkurs in Buchhaltung? Um den Westen zu erobern und zu integrieren, brauchen Sie sich nur im vorausschauenden und im besten Sinne wirtschaftlichen Denken erziehen. Lesen Sie eventuell noch einmal den Abschnitt »Wenn sich der Westen versteckt« (siehe Seite 99), denn die Tipps darin sind oftmals schon ausreichend,

um die Fähigkeiten eines fehlenden Westens einzuladen beziehungsweise um ohne sie gut durchzukommen.
Nützen Sie auf jeden Fall alltägliche Kleinigkeiten, die Ihnen den Tag nicht nur verschönern, sondern auch gleichzeitig Kraft und Energie bringen. Weiße Kerzen, weiße Servietten am Tisch, Weiß in der Kleidung ... Verlassen Sie sich nach einiger Zeit auf Ihr Gefühl – und Ihr Leben wird viel Bereicherung erfahren.

Medizin für die Seele

Die neuen Schüler im Indianerreservat
lieferten oft bei Tests ihre Hefte leer ab,
obwohl sie vorbereitet waren,
um jenen Freunden nicht weh zu tun,
die die gestellten Aufgaben nicht lösen konnten.

Claus Biegert

Es ist Euch gesagt worden, das Leben sei Dunkelheit,
und in Eurer Erschöpfung gebt Ihr wieder, was die Erschöpften sagten.
Und ich sage, das Leben ist in der Tat Dunkelheit, wenn der Antrieb fehlt.
Und aller Antrieb ist blind, wenn das Wissen fehlt.
Und alles Wissen ist vergeblich, wenn die Arbeit fehlt.
Und alle Arbeit ist leer, wenn die Liebe fehlt.
Wenn Ihr mit Liebe arbeitet, bindet Ihr Euch an Euch selbst
und aneinander und an Gott.

Khalil Gibran

Die wenigen Jahre deines Lebens sind nur ein paar Sekunden,
verglichen mit den Äonen, die vergangen sind, bevor du geboren wurdest,
und verglichen mit den endlosen Zeiträumen, die kommen werden,
wenn du diese Welt schon längst verlassen hast.
Warum also allzu sehr kleben an diesem kurzen materiellen
Zwischenspiel?
Das hier ist nicht »dein« Körper, »deine« Familie, »dein« Land.
Du bist hier nur ein Besucher. Deine Heimat ist die Unendlichkeit.
Deine wahre Lebenszeit ist die Ewigkeit.

Yogananda

Wem zu glauben ist, redlicher Freund,
das kann ich dir sagen:
Glaube dem Leben;
es lehrt besser als Redner und Buch.

Johann Wolfgang Goethe

Kommen wir zur Welt, liegt ein Drehbuch fertig geschrieben
für uns bereit –
geschrieben von Eltern, Zeitgeist, Lehrern, Politik, und so fort.
Sie können dieses Drehbuch verwirklichen – und am Ziel des Lebens
vorbei leben.
Oder Sie können das Drehbuch zerreißen und Ihr eigenes schreiben.
Darin liegt meist ein Teil der Aufgabe, mit der wir zur Welt kommen.
Fast immer liegt darin das Glück, für das wir geboren wurden –
gleichgültig ob uns das selbst geschriebene Drehbuch
zu Werkbank, Chefsessel oder Podium führt.

Ron Fischer

Ein Meister fragte eines Tages seine Schüler, wie sie das Ende
der Nacht vom Beginn des Tages unterscheiden können.
Einer sagte: »Wenn man in der Ferne ein Tier sieht und erkennt,
ob es eine Kuh oder ein Pferd ist.«
»Nein,« sagte der Meister.
»Wenn man aus der Ferne erkennen kann, ob der Baum
eine Kirsche oder eine Linde ist.«
»Wieder falsch«, sagte der Meister.
»Wenn man erkennt, ob es ein Habicht oder eine Krähe ist, die da fliegt.«
»Auch nicht«, sagte der Lehrer.
»Also, wie dann?«, fragten die Schüler.
»Wenn man in das Gesicht eines Mannes blickt
und darin seinen Bruder erkennt;
wenn man in das Gesicht einer Frau blickt
und in ihr seine Schwester erkennt.
Wer dazu nicht fähig ist, für den ist – wo immer die Sonne auch
stehen mag – Nacht.«

Wenn der andere Mensch über dich lacht, kannst du ihn bedauern;
aber wenn du über ihn lachst, solltest du dir niemals selbst vergeben.
Wenn dich der andere Mensch kränkt, magst du das Unrecht vergessen;
aber wenn du ihn kränkst, wirst du dich immer erinnern.
In Wirklichkeit ist der andere Mensch dein empfindliches Selbst
in einem anderen Körper.

Khalil Gibran

Null und Fünf – Die naturgeborene, ausstrahlende Kraft der Mitte

Die Kinder der Mitte

Das Geschenk der Zahlen ⓪ *und/oder* ⑤ *im Geburtsdatum*

Das Geschenk der Zahlen 0 und 5 im Geburtsdatum verleiht deren Träger ganz sicher eines: Stabilität in fast allen Lebenslagen. Es gibt nicht viel, was die Menschen der Mitte aus der Ruhe bringen kann. Geduld und Opferbereitschaft, aber auch Kreativität, Großzügigkeit und Naturverbundenheit sind in der Mitte zu finden. Die große Fürsorglichkeit, die hier zu Hause ist, bewirkt ein starkes Gefühl von Verwurzelung, sowohl in der heimatlichen Umgebung als auch in festen Lebensprinzipien. Tiefe Spiritualität ist bei den Menschen der Zahlenrad-Mitte ebenso oft zu finden wie klare Vernunft. Bodenständiges Denken zeichnet sie aus, oftmals bringt man ihnen große Sympathie entgegen.

Die Menschen der Mitte haben es gern, wenn sie jemanden (oder etwas) bedingungslos umsorgen können. Das »Helfersyndrom« findet durchaus eine Heimat in den Zahlen der Mitte. Es ist nicht verwunderlich, dass man diese Hilfsbereitschaft oft nach Strich und Faden ausnützt, wenn sich die Gelegenheit bietet.

In welche Richtung sich die Mitte im Alltag entwickelt, hängt sehr stark von den übrigen Zahlen im Geburtsdatum ab. Das gilt selbstverständlich für alle Himmelsrichtungen, nur bei der Mitte kommt noch ein besonderes Element hinzu: Der Unterschied zwischen einer 0 und einer 5 im Geburtsdatum ist zwar nicht sehr nachhaltig, aber dennoch vorhanden. Vielleicht könnte man ihn so ausdrücken: Die 5 bringt Willenskraft, Erdverbundenheit, sie ist die Zahl der Gärtner und (Bio-) Landwirte. Das gilt im Wesentlichen auch für die 0, aber bei ihr kommt hinzu, dass sie von allen Fähigkeiten und Himmelsrichtungen etwas in sich trägt und zudem auch eine etwas stärkere Ader für das Spirituelle im Leben mitbringt. Das ist das Einzigartige an dieser Zahl. Die 5 besitzt die Energie der Mitte, die 0 ebenfalls, aber zusätzlich birgt die 0 die Energie aller anderen Zahlen, wenn auch nicht so kraftvoll wie die jeweilige Zahl selbst. Die Träger einer Kombination aus 0 und 5 besitzen meist eine starke Persönlichkeit. Will man ihr Freund bleiben, muss man sie ihren gewählten Weg gehen lassen.

Ein seltsamer Charakterzug zeigt sich in der Mitte: Oft leiden solche Menschen an starkem Heimweh oder an starkem Fernweh. Kein

Widerspruch, sie lesen richtig: Diese beiden Extreme sind hier vereint, tatsächlich auch sehr häufig in einer Person. Schöpferisch tätige, naturverbundene Berufe bringen diese Extreme oft mühelos unter einen Hut. Die Menschen der Mitte sind aufgrund dieser »zweier Seelen in ihrer Brust« oft Nestbauer und bewegen sich nicht mehr vom gewählten oder von Kind an vertrauten Wohnort fort. Und manchmal eben wandert diese Energie ins Extrem und sie ziehen oft um, weil sie intensiver und genauer als viele andere Menschen fühlen, dass unser aller echte Wurzeln nicht an Dinge und Orte gebunden sind.

In den verschiedensten Berufen ist die Geduld der Mitte von größtem Nutzen. Gärtner, Bio-Landwirte, Förster, Geologen, Erzieher und andere haben es gewiss leichter, wenn sie ihren Weg mit der ⓿ und/oder ❺ antreten. Wer beispielsweise in einem Geschäft ständig anwesend sein muss, dem wäre mit einer ⓿ und ❺ im Zahlenrad sehr geholfen.
Wer mit Zahlen der Mitte noch keinen Beruf gefunden hat und sich im bisher Gesagten wiedererkennt, der sollte vielleicht einmal ein Auge auf Organisationen werfen, die weltweit helfend tätig sind. So könnte beispielsweise von einer Zentrale aus für die ganze Welt gearbeitet werden. Hier ist vielleicht die Erfüllung eines Lebenstraums verborgen.

Die Zahlen der Mitte zu tragen ist vergleichbar mit dem Besitz starker und tiefer Wurzeln. Im alltäglichen Sprachgebrauch wird seltsamerweise eine wesentliche Eigenschaft solcher Wurzeln fast immer übersehen. Sie sitzen nämlich nicht nur fest verankert und trotzen gleichmütig allen Stürmen, sondern sorgen gerade durch diese Kraft und Tiefe für intensive Bewegung – nämlich im Ermöglichen eines starken Wachstums oberhalb der Erde! Keine Wurzel unter der Erde ohne Stamm, Blätter und Blüten im Licht. Und auch wenn die Wurzel noch so klein und unscheinbar ist, sie spendet Leben. Ohne diese Keimkraft würde nichts wachsen. Samen und Nüsse verwandeln sich in Riesenbäume. Diese Kraft ist unendlich groß und ausdauernd, Blumen brechen sogar durch

Teerdecken hindurch. Und obwohl die Wurzel nie die Sonne sieht, sorgt sie dennoch unaufhörlich für Leben und öffnet Wege ins Licht.
Fest eingebaut in den Lauf aller Dinge lauert naturgemäß auch in der Mitte des Zahlenrads die Kraft zum Gegenteil – die Gefahr der Vergeblichkeit allen Kraftaufwands. Wie jederzeit eine Axt den Fluss der Wurzelkräfte zum Stillstand bringen kann, so kann etwas Ähnliches auch im Leben geschehen. Selbst nach stärkster Verwundung kann der Baum neu austreiben, manchmal aber ist die Kraft der Wurzel vergeblich, die Wunden sind zu tief.
Wer im Pflanzenreich den richtigen Zeitpunkt fürs Beschneiden der Bäume kennt, weiß genau, welchen Schnitt ein Baum zu welchem Zeitpunkt verträgt. Wer nicht, der hat entweder zufällig Erfolg oder der Baum stirbt. Auf menschliche Verhältnisse übertragen, lässt sich so annähernd das Helfersyndrom der Mitte anschaulich machen. Vergeblich Beistand und Hilfe zu leisten ist schon irgendwie traurig und frustrierend – aber immer an gleicher Stelle erfolglos beistehen, das ist Zeit- und Kraftverschwendung und eigentlich eine Sünde gegenüber denen, die Hilfe dankbar annehmen und im Alltag umsetzen würden.

Das ist eine der wesentlichen Gefahren der Zahlen der Mitte: sich schon mit dem guten Gefühl des Helfens und »Daseins für andere« zufriedenzugeben – ohne darauf zu achten, ob die Hilfe auch wirksam, echt und bedingungslos ist. Echte Hilfe ist immer Hilfe zur Selbsthilfe – Beistand beim Abenteuer Unabhängigkeit und Selbstverantwortung. Echte Hilfe beraubt sich früher oder später ihres eigenen Zwecks und wandert weiter zur nächsten Aufgabe. Unredliche »Hilfe« beraubt dagegen ihr Objekt seiner Selbstständigkeit und Freiheit und schafft materielle und/oder seelische Abhängigkeit vom Helfer. Dieser Unterschied ist besonders gut an Schulen zu beobachten. Erinnern Sie sich? Wie viele Ihrer Lehrer und Ausbilder zeigten echte Freude am Fortschritt ihrer Schützlinge?

Sie beobachten diese negativen Neigungen an sich selbst? Ein Gegenmittel ist schon gefunden, es liegt in der Ehrlichkeit sich selbst gegenüber. Es wirkt nur dann, wenn Sie sich langsam von dem zwanghaften Gefühl entwöhnen, »gut« sein zu müssen in den Augen anderer. Das ist ein großes Abenteuer, das sich zu bestehen lohnt. An seinem Ende winken echte Freiheit und vor allem die Fähigkeit, echte Hilfe zu leisten. Denn dafür wären Sie mit den Zahlen der Mitte bestens ausgerüstet.

Kinder der Mitte wollen viel erleben und können sich für alles begeistern, solange es nur etwas Neues zu entdecken gibt. Sie forschen auch gerne in die Breite, wollen alle Aspekte einer Sache kennenlernen und sind endlos neugierig. Mit einem kleinen, selbst zu pflegenden Garten können Sie allen Kindern eine Freude machen, aber Kinder mit ⓪ und/oder ❺ warten, bis sich auch sichtbarer Erfolg einstellt. »Ich bleibe jetzt hier sitzen, bis der Samen aufgegangen ist!« – das könnte ein Kind der Mitte gesagt haben, und Sie dürfen sich nicht wundern, wenn es nicht aufgibt, nur weil sich nach zwei Tagen noch keine Tomaten zeigen. Bei der Tierpflege denken sie ähnlich. Ein eigenes Haustier, ob Hund, Schildkröte oder Hamster, erfährt auch noch nach Monaten und Jahren die angemessene Pflege und Liebe, und »Gassigehen« wird nicht zur lustlosen Pflichtübung, wenn die erste Begeisterung am neuen Hausgenossen vorbei ist. Aus diesen wenigen Worten ergibt sich von selbst, welche »angemessene Pflege« für Kinder der Mitte angebracht ist: alle Neugier, allen Forscherdrang, alle Liebe zur Natur fördern, so gut es geht. Sie werden dann wahrscheinlich ein Kind heranwachsen sehen, das mithelfen wird, Natur und Umwelt von den Sünden des 20. Jahrhunderts zu befreien – ein Segen für die ganze Welt.

Wenn sich die Mitte versteckt

Die nicht erlebte und gelebte Mitte

Ja, und was ist jetzt beispielsweise mit dem Menschen, der als erfolgreicher, kühl rechnender Geschäftsmann der Mitte liest, welche tiefe Naturverbundenheit sich in den Zahlen ⓿ und ❺ verbirgt, ohne dieses »grüne Band« und die Verpflichtung zu fühlen? Wieder gilt wie bei allen anderen Zahlen vorher: Tief hineinschauen, weit zurückschauen und sich erinnern, sich versenken in die eigene Vergangenheit. Denn die ⓿ und/oder ❺ nicht zu leben, nicht ihr verborgenes Geschenk anzunehmen, das wäre wahrlich Verschwendung!
Was ist hier falsch gelaufen? Zuerst möchten wir Ihnen versichern, dass Sie jetzt nicht ins Grübeln kommen sollten, wenn Sie alles in allem mit sich und der Welt im Reinen sind. Sie haben Ihr Leben eben anders eingeteilt und es ist gut so. Wenn Sie aber fühlen, da ist was Wahres dran, so ganz lebe ich nicht nach meinem inneren Gefühl, dann machen Sie sich auf den Weg, die Gründe dafür genauer zu betrachten. Vielleicht sind es nur verholzte, erstarrte, überlieferte Werte und Gewohnheiten, die Sie mit Ihrem wertvollen Leben füllen wie alte Theaterkostüme? Viele junge Firmenbosse beispielsweise verwirklichen die patriarchalische Macho-Kultur ihrer Väter und Großväter, fühlen aber ganz anders, würden ihren Betrieben lieber ein menschliches Gesicht geben – vom Betriebskindergarten bis zur gleichen Bezahlung für Männer und Frauen. Genau ab jetzt haben Sie die Chance, es anders und besser zu machen, denn es ist Ihr Lebensglück, das Sie damit gewinnen können.
Vielleicht haben sich auch nur alle um Sie herum daran gewöhnt, dass Sie Ihr Leben so führen, wie Sie es tun? Was auch immer die Gründe für das Entfernen von Ihrem wahren Kern sind: Beginnen Sie mit dem einfachsten Schritt, um Ihre Schätze zu heben. Der Mitte ist die Farbe Gelb zugeordnet, mit ihrer Anwendung im Alltag – in der Kleidung, in der Wohnung, am Arbeitsplatz – sprechen Sie eine Einladung an die

schlafenden Kräfte der Mitte aus. Langsam werden sie erwachen und Ihnen wieder zur Verfügung stehen. Wer eine 0 und/oder 5 im Geburtsdatum hat, sollte sie unbedingt auch leben, wenn das Gefühl dafür da ist. Am Anfang kann es hilfreich sein, sich mit diesen Zahlen zu stärken und gleichsam zu imprägnieren: Wählen Sie beispielsweise die 0 und 5 bei alltäglichen Dingen wie Startnummern, Lieblingszahlen, Telefonnummern, Autokennzeichen, Safenummern, Passwörtern, Handy-Nummern und anderem. Die 0 in den Zahlen 10, 20 und so weiter zählt hier auch! Ob am Arbeitsplatz oder zu Hause – was spricht dagegen, als Zählweise 5, 10, 15, 20 … zu wählen statt 1, 2, 3 …? Etwa bei der Nummerierung Ihrer DVD-Sammlung oder den Seitenzahlen Ihres Tagebuchs. Wenn man Sie darauf anspricht, wird Ihnen sicher eine plausible, humorvolle Ausrede einfallen. Manche werden das als Humbug abqualifizieren, dafür haben wir Verständnis. Es hilft trotzdem.

Bei Männern ist es nicht so einfach, die Farbe Gelb in der Kleidung einzusetzen, aber ein gelber Faden am Handgelenk würde schon genügen. Unsere Leserinnen tun sich da leichter. Könnte es sein, dass Gelb schon zu Ihren Lieblingsfarben zählt? Ab jetzt wird sie nicht mehr unterdrückt, sondern getragen, und das auch im Winter! Und welche Farben die neuen Handtücher haben könnten, wissen Sie nun auch.

Es ist also gar nicht nötig, vom Bankfach auf den Gärtnerberuf umzusatteln, um die Mitte zum Leben zu erwecken. Vielleicht entdeckt man plötzlich die Liebe zu besonderen Pflanzen, etwa zur Orchideen- oder Kakteenzucht. Es gäbe so vieles, um der naturverbundenen Kraft der 0 und 5 Raum zu geben, zum Leben zu verhelfen, auch in der kleinsten Stadtwohnung. Vielleicht ein Kräuterkistchen am Fensterbrett, ein Mini-Glashaus auf dem Balkon?

Trotz allem nicht vergessen: Wer sich nicht in der Beschreibung seiner Himmelsrichtung erkennt und mit seinem Leben rundum zufrieden ist, der hat ganz gewiss in der Vergangenheit etwas getan, womit er den »Auftrag der Zahlen« schon erfüllt hat. Lassen Sie Ihrer Fantasie freien Lauf und wecken Sie Ihre Mitte zu neuem Leben, zum Wohle aller!

Wenn die Mitte gezähmt werden muss

Entwicklung ins Extrem

Auf den ersten Blick möchte man vermuten, dass eine Entwicklung ins schädliche Extrem bei einem Menschen der Mitte kaum vorkommt. Das ist auch richtig. Dennoch: Wer mehrere Einheiten von ⓪ und ⑤ besitzt, hat manchmal zu kämpfen. Im Alltag zeigt sich ein extremes Übergewicht der Mitte auf verschiedene Weise: Beispielsweise kann sich Genügsamkeit in solchem Maße steigern, dass sie in Stehenbleiben, in Lethargie mündet. Die echte Genügsamkeit der Mitte gibt sich mit wenig zufrieden, ist aber seelisch und körperlich oftmals hoch aktiv. Falsche Genügsamkeit ist dagegen oft nur äußeres Symptom von Ziellosigkeit beziehungsweise Lebensangst.

Sehen Sie sich als sorgenreicher Mensch, der manchmal aus dem Grübeln nicht mehr herausfindet? Lassen Sie sich ohne Ende ausnutzen, bis Sie selbst und Ihre Gefühle und Wünsche auf der Strecke bleiben? Auch Zerstreutheit und Verträumtheit sind manchmal Signale einer zu starken Mitte. Wie immer im Leben schlägt jedes Zuviel nicht selten ins Gegenteil um, und die Dosis macht es aus, ob Heilung oder Giftwirkung eintritt. Großzügigkeit kann in ihren Extremen in Geiz oder Verschwendung umschlagen. Unzufriedenheit mit sich selbst, Verschwendungssucht, all das sind Anzeichen für eine Überentwicklung der Mitte. Bei Kindern bemerkt man dann eine Art Leere, die nicht zu ergründen ist, auch eine häufige Geistesabwesenheit.

Auch hier können Sie wunderbar mit Farben arbeiten. Gelb ist in diesen Fällen eher zu meiden, besonders gelbe Bettwäsche und Kissen wären eher ungünstig, ebenso gelbe Wände und Teppiche. Gelb sorgt normalerweise für Kreativität und gute Ideen, bei einer überstarken Entwicklung der Mitte jedoch ist diese Farbe nicht angebracht. Sie würde zum häufigen Abgleiten in eine Traumwelt und zu Zerstreutheit führen.

Sie sehen, es sind wie so oft die kleinen und unscheinbaren Dinge, welche die Welt verändern. Alle Extreme können immer wieder einmal ins Gegenteil umschlagen und im Falle von 0/5 kann man dann nicht mehr von der »Kraft der Mitte« sprechen. Wer also in der Mitte »überbesetzt« ist, sollte generell die Farbe Gelb in der Kleidung meiden und sich an Tagen mit den Zahlen 0 und 5 im aktuellen Datum umsichtiger verhalten als sonst.

In den meisten Fällen hilft es, eine Aufgabe zu finden, die wirklich erfüllt. Sollten Sie sich beruflich nicht verändern können, müsste ein Hobby für den Ausgleich gefunden werden. Was spricht dagegen, wenn der naturverbundene Mensch sich intensiv in die Computerwelt einarbeitet, wenn der extreme Internet-Surfer einen Ausgleich in der Natur findet? Besonders die Computerfreaks sollten die Brücke zur Natur schlagen. Auch der Umgang mit Tieren gleicht ein Zuviel in der Mitte aus, weil man auf sie eingehen muss. Launen und ständiges Auf und Ab kann man sich bei Tieren kaum leisten. Sie brauchen auch dann Futter und Zuneigung, wenn Sie Ihre Mitte gerade wieder verlassen haben. Umso schneller pendelt sich das Zuviel wieder ins Gleichgewicht ein.

Wenn die Mitte fehlt

Das Geburtsdatum ohne 0 und 5

Ihnen fehlt die Mitte, weil Sie weder 0 noch 5 im Geburtsdatum haben? Um die besonderen Kräfte der Mitte kennenzulernen und zu verstehen, müssen Sie keine Kurse für biologische Landwirtschaft besuchen oder jeden Sonntag eine Zeltwanderung machen. Es genügt, durch zehn Minuten Meditation jeden Morgen Ihre Mitte zu finden und sich so nicht mehr wie ein Blatt im Wind durchs Leben pusten zu lassen. Übrigens: Ein Erdzeichen-Geborener (Stier, Jungfrau, Steinbock) kann immer auf eine gewisse Erdverbundenheit zurückgreifen, selbst wenn er keine 5 oder 0 im Geburtsdatum besitzt.

Es gibt Tage, da fühlen wir uns alle ziellos, ohne Orientierung. Meist ist das die ganz natürliche Art und Weise, wie sich Ihr persönlicher

Biorhythmus (siehe Buchtipp »Aus eigener Kraft« auf Seite 304) am Wochentag Ihrer Geburt alle 14 Tage auswirkt, und nach wenigen Stunden oder einem Tag ist das wieder vorbei. Menschen ohne ⓪ und/oder ❺ im Geburtsdatum erleben jedoch solche Phasen öfter. Keiner kann sich dann Sinn und Herkunft erklären. Das Gefühl, dass »irgendetwas nicht stimmt«, taucht öfter auf. Das Woher ist aber leicht zu erraten, nicht wahr? Es fehlt einfach an den Kräften der Mitte. Keine Angst, damit müssen Sie nicht leben, spätestens ab heute nicht mehr. Durch Umdenken, durch ein wenig Meditation. Allein schon das Akzeptieren dieser Information macht es Ihnen möglich, die Lücke zu füllen. Wer Ursachen kennenlernt, hat einen anderen Zugang zur wirksamen Medizin.

Um den Unterschied im Fehlen der beiden Zahlen ⓪ und ❺ kurz zu beschreiben: Ohne ❺ fehlt manchmal das gewisse Durchsetzungsvermögen im Alltag, ohne ⓪ fehlt die innere Mitte, man ist selten mit sich voll und ganz zufrieden. Ständig will man nachprüfen, ob man auch gut genug ist, selbst dann, wenn man offensichtliche Erfolge vorweisen kann. Eine gewisse Leere wird spürbar und man fragt sich, ob man das »Richtige« im Leben getan, gewählt, geleistet hat. Als Kind ohne Mitte hat man manchmal Angstgefühle und braucht als Ausgleich ein »Nesterl« zu Hause, Kuscheltiere und dergleichen, um Ersatz für das fehlende Heimatgefühl zu schaffen.

Hier kommt es auf erfolgreichen Ausgleich an. An solchen »planlosen« Tagen oder auch ohne aktuellen Anlass sorgen Sie einfach dafür, dass dieses Gefühl der Leere schnell wieder vergeht beziehungsweise gar nicht erst aufkommt. Eine Lösung, die Naturverbundenheit fördern würde, wäre zwar sehr wirksam, lässt sich aber nicht immer spontan umsetzen. Deshalb sollte in akuten Fällen eine andere Möglichkeit, ein anderer »Trick« zur Verfügung stehen. Nicht jeder kann zu jeder Zeit einfach in den Garten verschwinden, um Leere zu füllen. Bei Kindern ist meist ein Haustier äußerst hilfreich. Es kann ruhig klein sein, beispielsweise ein Zwerghamster oder Meerschweinchen. Ein Bauernhof als Ziel für Ausflüge, ein Pferdestall, der Zoobesuch, am besten mit

Streichelzoo, der Abenteuerspielplatz, der Hund der Nachbarin, die Katze des Nachbarn – all das hilft.
Kinder ohne Mitte lieben meist das eigene Fleckchen Garten. Lassen Sie diese Kinder das Abenteuer erleben, selbst anzupflanzen, eigene Blumen zu säen, den Kleintieren und Insekten im Garten nachzuspüren. Das Beobachten der natürlichen Rhythmen von Wachsen, Reifen, Ernten, Vergehen und Neubeginn, das tut ihnen sehr gut.
Erwachsene könnten durch gezielt gewählten Lesestoff ihre Mitte stärken. Oft nehmen wir uns zu wenig Zeit für ein bestimmtes Thema, der Alltag holt uns ein. Bewusst auf solche energieraubenden Löcher zu achten wäre sehr sinnvoll. Besonders wichtig ist es, für alles Tun genaue Zeitvorgaben zu machen und einzuhalten, damit Sie die Zeit »für andere Dinge« richtig genießen können. In Tagträumen kann man ja nur dann so richtig schwelgen, wenn man schon vorher weiß, dass man nicht mit schlechtem Gewissen aus ihnen aufwacht.

Noch einmal zurück zu den Farben: Viel Gelb in Ihrem Alltag hilft rasch und auf einfache Weise. Streichen Sie ruhig ganze Wände gelb oder dekorieren Sie mit viel Gelb, mit der »Kraft der Sonnenblumen«. Wo auch immer Sie im Zweifel über die Farbwahl sind, wählen Sie Gelb. Das ist die Farbe, die Ihnen fehlt und die Ihre Kraft der Mitte wecken kann! Vorhänge sieht man auch im geöffneten Zustand, und sie können ein Haus sehr wohnlich machen. Bauen Sie sich gelbe Kuschelecken, auch wenn Sie schon erwachsen sind. So kommen Sie langsam der fehlenden Mitte immer näher. Für das Richtige, Gute und Gesunde gibt es keine Altersbeschränkung!

Medizin für die Seele

Wir sind dankbar für den Osten,
denn alle fühlen sich wohl am Morgen,
wenn sie erwachen und das glänzende Licht aus dem Osten
kommen sehen.
Und dankbar dem Süden.
Wenn der Südwind bläst und alles im Frühling aufsprießt,
sind wir froh, dass wir leben,
um zu sehen, wie das Gras wächst und alles wieder grünt.
Und wenn die Sonne im Westen untergeht, fühlen wir uns gut und froh.
Dann sind wir dem Westen dankbar.
Und wir sind dem Norden dankbar,
denn wenn die kalten Winde kommen,
sind wir froh, so lange gelebt zu haben, um die Blätter wieder
fallen zu sehen.
Wir danken den Donnerwesen, die den Regen bringen,
über den der Schöpfer ihnen Macht gab.
Und wie danken unserer Mutter, der Erde.

Lied der Delaware-Indianer

Fast jeder kann für die Leiden eines Freundes
Mitgefühle aufbringen.
Es bedarf aber eines wirklich edlen Charakters,
um sich über die Erfolge eines Freundes zu freuen.

Oscar Wilde

Es geschieht etwas sehr Wichtiges innerhalb der Schöpfung.
Eine Zeit der Reinigung ist im Kommen.
Wir haben einen langen Weg vor uns,
aber tanzend und singend gehen wir letztlich heim,
folgen dem Pfad der Visionen,
den Gesetzen der Schöpfung,
dem Weg des Regenbogens,
dem Pfad der Schönheit.

Indianer-Spruch

Kinder lernen, was sie erleben.
Wenn ein Kind mit Kritik lebt, lernt es zu verurteilen.
Wenn ein Kind mit Feindseligkeit lebt, lernt es zu kämpfen.
Wenn ein Kind mit Spott lebt, lernt es schüchtern zu sein.
Wenn ein Kind mit Scham lebt, lernt es, sich schuldig zu fühlen.
Wenn ein Kind mit Toleranz lebt, lernt es, geduldig zu sein.
Wenn ein Kind mit Ermutigungen lebt, lernt es Zuversicht.
Wenn ein Kind mit Lob lebt, lernt es wertzuschätzen.
Wenn ein Kind mit Fairness lebt, lernt es Gerechtigkeit.
Wenn ein Kind mit Sicherheit lebt, lernt es, Glauben zu haben.
Wenn ein Kind mit Bestätigung lebt, lernt es, sich selbst zu mögen.
Wenn ein Kind mit Zustimmung und Freundschaft lebt,
lernt es, Liebe in der Welt zu finden.

Schild auf Guthrie Castle, Schottland

Es gibt jene, die mit Freude geben, und die Freude ist ihr Lohn.
Und es gibt jene, die mit Schmerzen geben, und der Schmerz
ist ihre Taufe.
Und es gibt jene, die geben und keinen Schmerz beim Geben kennen:
weder suchen sie Freude dabei, noch geben sie um der Tugend willen.
Sie geben, wie im Tal dort drüben die Myrte ihren Duft verströmt.
Durch ihre Hände spricht Gott,
und aus ihren Augen lächelt er auf die Erde.

Khalil Gibran

Wir brauchen nicht so fortleben,
wie wir gestern gelebt haben.
Macht Euch von dieser Anschauung los,
und tausend Möglichkeiten laden uns zu neuem Leben ein.

Christian Morgenstern

Sie fragen sich, warum es so wichtig ist,
warum alle großen Lehrer der Menschheit predigen,
dass man Dankbarkeit empfinden soll?
Dafür gibt es viele Gründe,
die fast alle nur persönlich erfahren werden können.
Aber einen der wichtigsten können wir Ihnen nennen:
Niemand kann Dankbarkeit empfinden und
gleichzeitig unglücklich sein.

Ron Fischer

50
8
72

DIE 31 SIGNATUREN

Im Tiroler Zahlenrad gibt es genau 31 verschiedene Kombinationsmöglichkeiten für die Verteilung Ihrer persönlichen Geburtstagszahlen: Es gibt 31 verschiedene »Signaturen«. Mit diesem bunten Blumenstrauß aus Zahlen und Farben und mit Ihrem ganz persönlichen Bukett möchten wir Sie in diesem Kapitel vertraut machen.
Der erste und wichtigste Schritt zum Verständnis des Zahlenrads ist sicherlich, die für Sie persönlich zutreffenden Stationen in Teil II durchzulesen, um Ihre »Werkzeugkiste« kennenzulernen. Danach gibt es im Wesentlichen zwei Möglichkeiten: Sie stellen entweder fest, dass Sie intuitiv schon das Beste aus Ihrem Zahlenschatz gemacht haben. Wunderbar! Wir gratulieren! Oder Sie entdecken, dass nicht alles perfekt gelaufen ist oder schlimmstenfalls, dass Sie sich in der Beschreibung gar nicht wiedererkennen. Die häufigste Reaktion, der wir begegnen, ist diese: »Was ihr da von mir erzählt, habe ich zwar schon immer gefühlt, aber wisst ihr, die Umstände damals, meine Eltern, meine Lehrer, meine Vorgesetzten wollten nicht, dass ich …«

Wir wollen Sie keineswegs dazu anspornen, Ihr Leben auf den Kopf zu stellen. Aber Jammern über verpasste Chancen gilt jetzt auch nicht mehr. In Klagen auszubrechen mag Ihnen Punkte am Stammtisch, beim Kaffeekränzchen, beim Anwalt oder beim Therapeuten eintragen, aber es kostet nicht nur Kraft – Sie erreichen damit auch nichts von Wert. Und Sie gehen nur dem auf die Nerven, der unterwegs ist, aus seinem Leben das Beste zu machen. Auch Sie sollten ab jetzt auf dem Weg sein – und das Zahlenrad und Ihre persönliche Signatur sind die Wegweiser. Ab jetzt nehmen Sie Ihr Leben selbst in die Hand!
Natürlich hat jeder von uns eine andere Geschichte von seinem Start ins Leben zu erzählen. Je nach individuellem Seelenbau sind Sie vielleicht zu schüchtern, zu ängstlich, zu naiv ehrlich, zu vorwurfsvoll, zu misstrauisch, zu geizig, zu schwach, zu gierig, zu faul, zu müde, zu krank, zu was auch immer. Alles was Ihr Leben niederdrückt … Schluss damit! Ab jetzt konzentrieren Sie sich auf Ihre vielen positiven Anlagen und machen etwas daraus. »Zu ängstlich«, zu dies und zu jenes in

bestimmten Situationen – das ist ja für sich allein betrachtet gar nicht so schlimm. Aber wehe, wenn Sie eine vorübergehende Denkgewohnheit (denn mehr ist es nicht!) in eine Säule des Alltags verwandelt haben, wenn Sie beispielsweise sagen: »Ich wüsste schon, was richtig ist, aber ich kann nicht anders …«, betrachten Sie im zweiten Kapitel Ihre wunderbaren Anlagen und machen Sie ab sofort etwas Gutes daraus. Ihr Zahlenschatz ist ja schon da! Da ist nichts, was erst mühevoll erworben oder anstudiert werden muss.

Mit dem richtigen Werkzeug wird alles leichter. Ein Uhrmacher braucht ein anderes Werkzeug für sein Handwerk als ein Bio-Bäcker. Der Formel-1-Rennfahrer braucht eine andere Maschine als der Landwirt auf dem Feld. Keiner ist »besser« oder »schlechter« als der andere. Der Bauer kann mit dem Rennwagen keine Ernte einfahren, der Rennfahrer gewinnt mit dem Traktor keinen Blumentopf. Der Bio-Bäcker bekommt mit winzigen Präzisionsschraubendrehern keine Semmel gebacken und der Uhrmacher mit wunderbaren Holzlöffeln keine Uhr repariert. So einfach ist das. Und wenn da einer ist, der auf den anderen herabschaut, dann wissen Sie ab jetzt, wer wahrhaft primitiv oder wahrhaft hochnäsig ist und wem Sie aus dem Weg gehen sollten!

Nützen Sie Ihre Talente, um an Ihr Ziel zu kommen – wie auch immer es aussehen mag. Im inneren Gefüge dieses Planeten sollten alle Menschen Platz finden, denn wir brauchen sie alle. Betrachten Sie ohne Selbstvorwurf Ihre Schwächen, negativen Neigungen und Gewohnheiten und tun Sie das morgen, übermorgen noch einmal mit Abstand. Man kennt oder erkennt sich selbst in manchen Dingen nicht so gut wie ein Außenstehender, denn der aufrichtige Blick in den Spiegel ist keine einfache Übung. Aber Sie brauchen sich weder zu schämen noch zu rechtfertigen. Jeder Mensch hat Schattenseiten – das Grundgesetz aber lautet: Je ehrlicher Sie sich selbst gegenüber sind, desto schneller finden Sie Ihren persönlichen Weg Richtung Licht, Glück und Lebensfreude.

Die fünf Singles

Der Norden

Genialität und das offene Tor in die Welt hinaus –
alle Kräfte weisen nach oben

Weisheit und Liebe bauen die Welt seit Ewigkeit
und schaffen Frühlingsauen aus Nacht und Winterzeit;
allüberall walte ihr Zauber fort, verjünge das Alte
und zwinge das Kalte mit feurigem Wort!

Hermann Lingg

In meinem Geburtsdatum finden sich nur die Zahlen

❻ und/oder ❶

6. Januar 1961 * 1. Juni 1916 * 1. Januar 1966 * 6. Juni 1911 – was haben alle diese Geburtsdaten gemeinsam? Mit diesen Zahlen ist die Signatur *Norden* verbunden – eine sehr seltene Kombination.

Wenn Sie dieses Buch von vorn gelesen haben, sind Sie vielleicht schon gespannt (und vielleicht ein wenig bange), was es bedeuten mag, im Zahlenrad nur eine Station besetzt zu halten. Keine Sorge, aus allen Signaturen lässt sich etwas machen, ein feines Lebenswerk bauen, wenn man den Schatz zu heben weiß. Ihre persönliche Aufgabe besteht schlicht und einfach darin, ein Genie zu werden. Ausschließlich ❻ und/oder ❶ in der Signatur bedeutet überdurchschnittliche Intelligenz. Damit meinen wir nicht »Intellekt« – dieser ist wie ein Fahrzeug, das Sie zuverlässig überall hinträgt, erst Intelligenz macht eine sinnvolle Reise daraus. Die Richtung der Genialität dieser Signatur, ihre Ausdrucksform ist nicht vorhersagbar. Es kann ein besonderer Politiker werden, der sich als echter Diener des Staates erweist, vielleicht auch der beste Tischler im ganzen Land, in erster Linie aber ein Mensch, der Gehör verdient und es auch einfordert – beispielsweise ein Top-Journalist mit Fähigkeiten, von denen andere träumen, der den Mut mitbringt, die Welt zu verändern, statt das halb leere Glas zu bejammern. Wird diese Signatur allerdings in eine Familie hineingeboren, deren Wahlspruch lautet »Ja, wo kämen wir denn da hin, wenn das jeder machen würde?«, dann wird aus diesem Nord-Mensch in Reinform ein unsicherer Mensch, der allen Talenten zum Trotz langsam in die Überzeugung hineinschlittert, er sei womöglich nicht ganz dicht. Das Gefühl, für etwas Geniales geboren zu sein, kann diese Signatur nur pflegen und bewahren, wenn sie Einflüsse und Anregungen bekommt, die Verständnis signalisieren – das kann auch eine entfernte Verwandte sein, ein besonderer Lehrer, der unter die Oberfläche seiner Schüler blicken kann und sie liebt, eine Freundin im Sportverein ... Wir erinnern hier daran: Solche das Wachstum fördernde Einflüsse können Sie sich auch bewusst herbeiholen! Jeder Mensch kann der gute Gärtner des zarten Pflänzchens seiner Seele werden, zu jedem Zeitpunkt. Wer andererseits das Geniale dieser Signatur nicht in Fruchtbares für sich und seine Umwelt verwandelt, gilt bald als Spinner und Außenseiter. Sie oder er kann sich vom »schwierigen Kind« zum orientierungslosen Erwachsenen wandeln, der weder den richtigen Beruf noch die richtigen Freunde findet. Im täglichen Leben wirkt man dann eher unbeholfen und findet morgens die Socken nicht. Gerade geniale Menschen versagen manchmal im Alltagsleben, in den täglichen Routinen. So gesehen ist es nicht unverschämt, wenn man einem solchen Menschen des Nordens nicht empfiehlt zu heiraten. Dabei müsste man die großen Fähigkeiten nur in kluger Teamarbeit fördern und begleiten. Dazu bedarf es eines Mitarbeiters oder mehrerer, die mithelfen, die geniale Arbeit, Idee oder den Auftrag zu einem guten Ende zu denken, zu bringen oder zu vermarkten. Denn hier liegt das Gute manchmal brach. Das Verwirklichen und Vermarkten sollten einfach andere übernehmen, alles sollte gut organisiert und vertraglich von allen Seiten abgesichert sein.

Mit dem Gefühlsleben kann diese Signatur die eine oder andere Schwierigkeit bekommen, weil so manche Einsicht und Zusammenschau fehlen. Die passenden Farben und die richtige Ernährung können die notwendigen Ergänzungskräfte wecken und zur Verfügung stellen. Einfachste Maßnahmen – durchschlagende Wirkung: Erstens auf Schwarz und Blau in Kleidung und Umgebung weitgehend verzichten. Davon haben Sie genug, und ein vermehrter Einsatz dieser Farben würde nur die Neigung zu Extremen wecken oder verstärken. Die Farbe Grün wählen Sie, wenn es um Gefühle geht, die Farbe Rot, wenn Sie Temperament brauchen, die Farbe Gelb, wenn Sie nach Ruhe und Ideen suchen, und die Farbe Weiß, um geschäftliche Dinge zu erledigen. Mit geschickt gewählten Kombinationen können Sie so Ihren Alltag leichter bewältigen. Dabei bleibt es ganz Ihrem Gespür überlassen, ob Sie mit kleinen bunten Tüchern in der jeweiligen Farbe arbeiten (die Sie unauffällig bei sich tragen) oder Ihre Garderobe farbiger gestalten. Letzteres hängt natürlich auch vom gewählten Beruf und vom Geschlecht ab. Nicht jedes Umfeld toleriert ausgefallene Farbvorstellungen, auch wenn sie die Vervollständigung des inneren Wesens zum Zweck haben. Bei Ihrer Ernährung dagegen sollten Sie unbedingt auf die Farben achten. Vielleicht wird es noch ein wenig dauern, bis auch die Wissenschaft begreift, was jedes Kind fühlt: dass die natürlichen Farben unserer Lebensmittel selbst einen direkten Gesundheitswert haben, unabhängig von den nachweisbaren Inhaltsstoffen. Wer sich vorwiegend von blass gefärbten Lebensmitteln ernährt – etwa Reis, Kartoffeln, Knödel und so weiter, der entwickelt sich auch als blasser Mensch. Betrachten Sie einmal, was in mediterranen Ländern an Regenbogenvielfalt auf den Tisch kommt. Wählen Sie bunte oder reinweiße Teller und Tassen oder zumindest bunte Tischwäsche oder Servietten. Als Mensch des Nordens bevorzugen Sie vielleicht eher das »Heilmittel« Zahl. Dann tragen Sie einfach immer einen Zettel bei sich, auf den Sie alle fehlenden Zahlen aufgeschrieben haben. Wir verstehen, dass dieser Rat etwas exotisch klingt, aber tun Sie es einfach, notfalls ganz heimlich. Es bedeutet kaum Aufwand, es funktioniert und mehr müssen Sie nicht wissen.

Genie und Versagen – das liegt nahe beieinander. Wenn Sie noch nicht so zufrieden sind mit Ihrem Leben, fangen Sie einfach ab heute neu an. Vielleicht in anderer »Besetzung«: Blicken Sie sich um, wer oder was bremst, wer oder was fördert? Sie haben das Recht, sich für alles zu entscheiden, was Ihnen Glück bringt, und sich nur mit Menschen zu umgeben, die Sie akzeptieren. Lesen Sie auf jeden Fall noch einmal den Abschnitt über die Zahlen des Nordens ❻ und ❶ (siehe ab Seite 43). Das ist Ihre Schatzkiste. Sie ist reich gefüllt! Hier finden Sie auch die Anregungen für die Berufsrichtungen, in denen Ihre Fähigkeiten am besten zum Tragen kommen. Widmen Sie sich danach den Kapiteln über Ihre fehlenden Stationen, damit Sie besser verstehen, was Sie noch auszugleichen haben. Das ist ein Weg zu Zufriedenheit und Glück.

Der Osten

Das tiefe Einfühlungsvermögen, die Musikalität und die Begabung zum Heilen – in konzentrierter Dosis

Unser Körper ist ein Garten und unser Wille der Gärtner.
Ob wir Nesseln darin pflanzen wollen oder Salat bauen,
Ysop setzen oder Thymian ausjäten,
ihn mit einerlei Kraut besetzen
oder mit mancherlei Gewächs auslaugen,
ihn träge verwildern lassen oder fleißig in Zucht halten –
die Fähigkeit dazu und die bessernde Macht
liegen durchaus in unserem freien Willen.

William Shakespeare, Othello

In meinem Geburtsdatum finden sich nur die Zahlen

❽ und/oder ❸

8. März 1983 * 3. August 1933 * 3. März 1938 * 8. August 1988 – was haben diese Geburtsdaten gemeinsam? Mit ihnen ist die Signatur Osten verbunden und diese Signatur ist sehr selten.

Der Osten mit seinen besonderen Qualitäten Musikalität, Einfühlungsvermögen, heilende Fähigkeiten und so weiter ist in dieser Signatur in Reinkultur vertreten. Weit überdurchschnittlich ausgeprägt sind hier Gutmütigkeit, Gerechtigkeitssinn und Hilfsbereitschaft. Sie besitzen diese seltene Signatur? Dann ist es für Sie wahrscheinlich nicht ganz einfach, diese Eigenschaften im Alltag voll und ganz auszuleben. In erster Linie deshalb, weil Sie nicht verstehen können, dass andere Menschen nicht ebenso mitfühlend sind. Manche Menschen mit dieser Signatur haben ständig das Gefühl, dass alle Oberflächen in ihrer Umgebung mit Stacheln besetzt sind und jede Bewegung weh tut.
Ihre Signatur ist ein ungeheuer wertvolles Geschenk und gleichzeitig eine gewaltige Herausforderung. Denn zu Ihren Lebensaufgaben gehört es, alle anderen Stationen des Zahlenrads verstehen zu lernen. Vielleicht läuft es zu Beginn dieses Abenteuers nach folgendem Muster ab: Das temperamentvolle, feurige Wesen des Südens erscheint Ihnen zu anstrengend, die ausgleichende, erdige Kraft der Mitte zu langweilig und »nichtssagend«. Die durchschlagende, willensstarke, manchmal sture Kraft des Westens wird Ihnen fremd sein und manchmal rücksichtslos vorkommen. Der Norden kann Ihnen Angst machen mit seinen grenzüberschreitenden Energien. Am ehesten entwickeln Sie vielleicht verwandtschaftliche Gefühle zur Intuition der Mitte. Alles in allem warten in Ihrem Leben schöne Herausforderungen auf Sie. Bestimmte Charaktereigenschaften sind oftmals aus subjektiver Sicht nicht nachvollziehbar, das Gegenüber bleibt fremd. Aber wenn Zusammenhänge und tiefere Ursachen zutage treten, gewinnt alles ein neues Licht und

das Verstehen fällt leichter. Diesen tieferen Zusammenhängen nachzuspüren, dazu haben Sie das richtige Werkzeug mitbekommen.
Ein so stark besetzter Osten bringt oftmals eine große Toleranz mit sich, ein prinzipielles Gewährenlassen der Menschen, weil einem ja nichts Menschliches fremd ist. Man lässt Gott und die Welt gedanklich in Frieden, deshalb wachsen Ost-Signaturen auch oftmals langsam in die Rolle einer Anlaufstation für alle Welt hinein. Sie gelten als sicherer Hafen gegen die vielen Stürme da draußen. Das mag durchaus Ihrer Natur entsprechen und auch willkommen sein, weil Sie dem Gefühl gebraucht zu werden, viel abgewinnen können. Manchmal ist aber Ihr Haus und/oder Ihr Herz ein »offenes Scheunentor« für ein Übermaß an Einflüssen. Nein sagen zu können ist oftmals nicht in Ihrem seelischen Werkzeugkasten enthalten und muss mühsam erlernt werden. Oder vielleicht sagen Sie Nein in Ihrer Sprache: Statt eines klaren Nein schütteln Sie nur kurz den Kopf oder blicken zur Seite statt in die Augen des Gegenübers, oder Ihre Atmung geht etwas schneller, oder Sie antworten »Ja, aber ...« und Ihr Gegenüber versteht (selbstverständlich) nur das Ja.
Sie kennen vielleicht sogar zehntausend Möglichkeiten, Nein zu sagen, lassen aber dem Gegenüber das Hintertürchen zum Ja meist offen. Hoffen Sie nicht darauf, dass man Ihre subtilen Signale versteht, sondern lernen Sie, ehrlich und direkt Nein zu sagen. Sonst haben Sie zu leiden und auch Ihr Gegenüber, denn es kann sein, dass Sie richtig zornig werden müssen, bis andere Ihr Nein hören und verstehen. Spätestens dann herrscht Entsetzen, weil Ihre Umgebung das nicht von Ihnen gewöhnt ist. So weit muss es aber nicht kommen.
In Ihrer Signatur ist die Notwendigkeit zu helfen verankert. Wohin und wann aber Ihre Hilfsbereitschaft fließen soll – die Antwort darauf bedarf meist der Hilfe von außen. Organisatorische Maßnahmen halten in Ihren Augen nur unnötig auf und sind nicht das Wichtigste. Völlig zu Recht, denn zuerst muss geholfen werden, die Bürokratie kann warten! Das Unternehmen »Eroberung der fehlenden Stationen« sollten Sie wirklich bewusst in Angriff nehmen, um der ständigen Ausbeutung Ihrer besten Seiten entgegenzuwirken. Eine gut wirksame Sofortmaß-

nahme ist die kluge Anwendung von Farben. Den fehlenden Süden (❼/❷) mit seinem Temperament integrieren Sie in Ihr Leben am besten mit der Farbe Rot, der fehlende Westen (❾/❹) wartet auf den klugen Einsatz der Farbe Weiß (am besten in der Kleidung). Weiß kann mit seiner besonderen westlichen Energie dafür sorgen, dass Sie stärker von Ihrer Umwelt wahrgenommen werden und die westlichen Qualitäten Willenskraft, Genauigkeit und Organisationstalent entwickeln. Damit der Norden nicht zu kurz kommt (❻/❶), dürfen Sie mit den Farben Schwarz und Blau großzügig umgehen, während Gelb die besonderen, erdigen und ausgleichenden Energien der Mitte (⓿/❺) herbeiruft.

Mit der klugen Auswahl der Farben lässt sich vieles sehr schnell und wirkungsvoll beeinflussen. Vielleicht kennen Sie Menschen, deren Heim besonders farbenfroh ausgestattet ist – bunte Kissen, alle Regenbogenfarben an den Wänden, viele farbige Details. Andere bevorzugen Teppiche, wieder andere haben kaum noch ein freies Fleckchen an der Wand. Wer wenige Himmelsrichtungen besetzt hält, gleicht das manchmal instinktiv mit der Gestaltung seiner Umgebung und/oder in der Farbigkeit der Kleidung aus. Kommt dann Besuch von Freunden, die viele Himmelsrichtungen besetzt haben, dann kann es für die Ankömmlinge schon manchmal allzu »überladen« wirken und sie verwirren oder scheinbar ohne besonderen Grund in eine belastete Stimmung versetzen. Sie sollten jedoch Ihrer Eingebung treu bleiben und sich diesen permanenten bunten Blumenstrauß in Ihren vier Wänden gönnen.

Auch Ihren Arbeitsplatz können Sie entsprechend bunt gestalten, etwa mit farbigen Quarzsteinen. Einzig mit der Farbe Grün sollten Sie sparsam umgehen. Von dieser Farbe haben Sie schon genug »geerbt«.

Welche Berufe Sie glücklich machen könnten, lesen Sie im Abschnitt über die Zahlen des Ostens (ab Seite 63) – zumindest erhalten Sie dort Anregungen für die allgemeine Richtung, für die Sie gedacht sind.

Wenn Ihr augenblicklicher Beruf Sie nicht glücklich macht, steigen Sie um! Es ist nie zu spät dafür. Sollte es dennoch nicht möglich sein, wenden Sie sich in der Freizeit intensiv Ihren Anlagen zu. Jeder Tag, den Sie mit dem verbringen, was Sie glücklich macht, ist es wert!

Der Süden

Das feurige Temperament, die Begeisterungsfähigkeit und die Begabung zum Mitreißen – alles unter einem Dach

Es ist so angenehm, zugleich die Natur
und sich selbst zu erforschen,
weder ihr noch dem eigenen Geist Gewalt anzutun,
sondern beide in sanfter Wechselwirkung
miteinander ins Gleichgewicht zu bringen.

Johann Wolfgang Goethe

In meinem Geburtsdatum finden sich nur die Zahlen

❼ und/oder ❷

27. Juli 1972 * 2. Februar 1977 * 2. Juli 1927 * 7. Februar 1922 – was haben alle diese Geburtsdaten gemeinsam? Mit diesen Zahlen ist die Signatur Süden mit ihrer feurigen Energie verbunden.

Auch diese Signatur beschreibt wie die beiden vorangegangenen einen ganz besonderen Menschen – den Menschen des Südens, des besonders stark ausgeprägten Temperaments. Wenn ein Mensch mit dieser Signatur eines Tages vielleicht als Schauspielerin oder Schauspieler auf den Brettern steht, die die Welt bedeuten, wird er oder sie keine Glocke läuten müssen, um das Publikum zum Schweigen zu bringen. Und zum Zuhören. Das gelingt allein durch seine oder ihre Anwesenheit.

Eine solche Persönlichkeit wird nicht übersehen – und sie würde das auch oftmals sehr übel nehmen. Menschen mit viel ❼ und/oder ❷ in der Signatur gehören immer unter die Leute, sie können begeistern und mitreißen. Uniforme Bürogebäude oder graue Kammern, wo sie im Stillen arbeiten sollen, sind nicht ihre Welt und ihre Bühne. Ihre Energien und Fähigkeiten wären in solchen Situationen verschwendet, zum Einsiedler haben sie wenig Eignung. Es kann allerdings manchmal zu Extremsituationen kommen, in denen sie sich vor dem eigenen Temperament schützen und am liebsten »nur noch Mönch« werden möchten. Das kommt jedoch selten vor und ihr inneres Glück liegt draußen, im Kontakt mit anderen Menschen, und bei allen Formen von Unternehmungen, die keine lange Anlaufzeit brauchen. Eben noch geplant und gleich schon die ersten Schritte unternommen. Lieber gleich zur Sache ohne Umschweife! Das sind die Menschen des Südens! Natürlich ist Ungeduld für diese Signatur kein Fremdwort. Sie hat kein Verständnis für lange Wartezeiten beim Zahnarzt, für Schlangen vor Schaltern, für Stau-Situationen aller Art. Überhaupt würden Sie als reiner Süd-Mensch ja alles viel effizienter machen, nur die präzise Organisation und Vorbereitung ist Ihnen manchmal zu zeitraubend. Temperamentsausbrüche sind Ihnen ebenfalls nicht fremd, sie gehören fast zu Ihrer zweiten Natur, und Sie wundern sich deshalb (meist hinterher!) über erstaunte und erschrockene Gesichter in Ihrer Umgebung. Kinder mit dieser Signatur bekommen häufiger als andere die unmissverständliche bis verzweifelte Aufforderung zu hören, doch endlich Ruhe zu geben. Je mehr Nachdruck dieser Aufforderung verliehen wird, je häufiger sie geäußert wird, desto wahrscheinlicher rollt sich ein solches Kind ein in Resignation und Orientierungslosigkeit – äußerlich friedlich, innerlich aber ein Vulkan. Fieber als äußeres Zeichen eines geschwächten Immunsystems oder starker, unterdrückter Gefühle kommt bei Ihnen sehr wahrscheinlich häufiger vor. Mit kalten Umschlägen und der Farbe Blau in Kleidung und Bettwäsche lässt sich dem wirksam entgegensteuern.

Wenn Ihnen das bisher Gesagte vertraut ist, wäre es umso wichtiger, sich auf die Reise zu machen und die restlichen Stationen des Zahlenrads zu erobern. Widerstehen Sie der Versuchung, mit Gewalt und mit zusammengebissenen Zähnen zu erobern, sondern lassen Sie das Verständnis langsam und geduldig wachsen.

Machen Sie sich vielleicht schon jetzt in Ruhe (noch einmal) mit den fehlenden Stationen Westen (❾/❹), Norden (❻/❶), Osten (❽/❸) und Mitte (⓿/❺) vertraut, indem Sie die entsprechenden Abschnitte im zweiten Kapitel lesen. Das mag auf den ersten Blick umfangreicher Stoff sein – Ihre Abenteuerreise ist ja auch kein Kurztrip. Aber sehen Sie es mal so: Auf Ihre Art haben Sie mit einer solch »reinen« Signatur auf Ihrem Gebiet viel Genialität anzubieten. Jetzt müssen Sie Ihre Zahlen nur noch mit all dem Leben füllen, das darin steckt. Denken Sie daran, dass Sie sich dafür auch nicht mit den negativen Energien herumschlagen müssen, die ja stets auch als die »andere Seite« eine

Signatur begleiten. Der fehlende Osten beispielsweise senkt die Gefahr, in tiefe Depressionen abzugleiten.
Mit der Zeit stellt sich Ausgleich zu den fehlenden Stationen ein.
Die Erfahrung zeigt, dass die kluge Verwendung von Farben eine gut wirksame Sofortmaßnahme darstellt. Den überstarken Süden »bearbeiten« Sie am besten, indem Sie die Farbe Rot in Ihrem Leben so sparsam wie möglich einsetzen, sowohl in Ihrer Kleidung als auch in der Wahl der Farbgebung an Wohnung und Arbeitsplatz.

Der fehlende Westen (❾/❹) dagegen wartet auf den weisen Einsatz der Farbe Weiß (am besten in der Kleidung). Weiß sorgt mit seiner besonderen westlichen Energie dafür, dass Sie die Qualitäten Willenskraft, Genauigkeit und Organisationstalent entwickeln, die gute Ergänzung zum feurigen Ungestüm Ihrer Signatur.
Grün ist die Farbe des Ostens (❽/❸), der Ihnen auf der Gefühlsebene zu mehr Geduld und Sensibilität verhilft. Öfter in der Natur, in Parks spazieren gehen – damit könnten Sie einen guten Ausgleich zur eingebauten Ungeduld Ihrer Signatur schaffen.
Die Farbe Gelb würde die besonderen, erdigen und ausgleichenden Energien der Mitte (⓿/❺) herbeirufen und den Zugang zu Besonnenheit und Augenmaß erleichtern.

Damit der forschende und ideenreiche Norden nicht zu kurz kommt (❻/❶), sollten Sie mit den Farben Schwarz und/oder Blau großzügig umgehen – das hat für Sie eine heilende, ausgleichende Kraft. Auch wäre es von großem Vorteil, mit Partnern zusammenzuarbeiten, welche die in der eigenen Signatur fehlenden Stationen aufweisen.
Jede Signatur hat ihre Besonderheit und ihre Schwächen. In Ihrem Fall würde Sie das Einüben der Fähigkeit zur Teamarbeit einen großen Schritt nach vorn bringen, denn alle dazu nötigen Talente helfen Ihnen, die fehlenden Stationen Ihres Zahlenrads zu erobern.
Wir wünschen Ihnen viel Glück dabei!

Der Westen

Zum Erfolg verurteilt –
dankbar angenommenes Geschick

Denkst du, du kannst das Universum in die Hand nehmen
und es vollkommen machen?
Ich glaube nicht, dass sich dies tun lässt. Das Universum ist heilig.
Vollkommener machen kannst du es nicht.
Wenn du es verändern willst, wirst du es zugrunde richten.
Wenn du es festhalten willst, wird es dir entgleiten.
So sind die Dinge manchmal voraus, manchmal zurück;
Manchmal fällt das Atmen schwer, manchmal geschieht es mühelos;
manchmal ist Kraft da und manchmal Schwäche;
manchmal wird man nach oben getragen,
manchmal nach unten gedrückt.
Daher meidet der Weise Übertreibung,
Maßlosigkeit und Selbstzufriedenheit.

Lao Tse

In meinem Geburtsdatum finden sich nur die Zahlen

❾ und/oder ❹

4. April 1949 * 9. April 1944 * 4. September 1994 * 9. September 1949 * 4. April 1994 – was haben diese Geburtsdaten gemeinsam? Mit ihren Zahlen ist nicht nur die Signatur *Westen* verbunden, sie sind auch extrem selten. Die nächste Gelegenheit kommt erst wieder am 4. April 2044.

Diese Signatur und ihre Kräfte bringen eine große Herausforderung mit sich und erfordern einen sehr sorgfältigen und bewussten Umgang. Ein überdurchschnittliches Talent für erfolgreiches Führen und Abwickeln von Geschäften ist ebenso vorhanden wie eine streng erfolgsorientierte Auffassungsgabe und hohe Intelligenz. Weil Sie nur eine einzige Station besetzt halten, kommen eine Menge Einheiten zusammen, die Sie in Ihren Stärken unterstützen. Das bringt die Schwierigkeit mit sich, viel Energie auf einmal in sinnvolle Bahnen zu lenken. Ihnen steht gleichsam ein starkes, schnelles Pferd zur Verfügung, das viel Maß und Ziel bei seiner Zähmung braucht.
Bei Ihrer Signatur steht und fällt fast alles mit guter Dosierung und Kräfteeinteilung. Ein mögliches Problem ergibt sich aus der Tatsache, dass sich viele Menschen in Ihrer Umgebung überfordert fühlen: Wie gut sie auch sein mögen, wie sehr sie sich anstrengen, Ihnen kann man manchmal einfach nicht das Wasser reichen. Die Gefahr, die hier lauert, liegt in der Resignation, die sich in Ihrer Umgebung breit machen könnte. Mit Ihren Talenten können sich einerseits nur wenige schmücken, andererseits aber ist es durchaus möglich, dass Sie kein Verständnis dafür aufbringen, wenn andere Menschen nicht so geschäftstüchtig sind. Ihre Genialität zielt oftmals in eine bestimmte, gut erkennbare Richtung, und es wäre sehr sinnvoll, diese Richtung auch einzuschlagen und mit Leben zu erfüllen. Ein besonderer Trick für Ihr Lebensglück: Hoffen Sie niemals darauf, voll und ganz verstanden zu werden, denn

Ihrem Tempo kann fast niemand folgen. In dieser Zielgerichtetheit, mit der Sie Ihren Weg gehen, haben andere Fähigkeiten, die Sie nicht so gut verstehen oder schätzen, nicht viel Platz. »Nicht mehr lange!«, möchten wir Ihnen entgegenrufen. Denn in der Erweiterung Ihres Horizonts auf die übrigen Stationen mit ihren besonderen Talenten liegt der Schlüssel zu Ihrem echten Lebensglück – allen Erfolgen zum Trotz, die Sie aufgrund Ihrer speziellen Talente ernten mögen. Ihr Geschick in handwerklichen Dingen beispielsweise ist vielleicht bereits legendär, kann Sie aber in einen Einzelgänger verwandeln, denn Sie brauchen ja niemanden. Niemand kann's besser als Sie. Manchmal haben Sie das Gefühl, dass Ihnen die Zeit davonläuft, weil Teamarbeit ja nicht unbedingt Ihr Thema ist. Oftmals fühlen Sie sich deshalb gebremst in Ihrer Kraft. Fast möchten wir sagen: Es muss Ihnen gelingen, das Lebenselixier Musik oder die lebensspendenden Energien eines Gartens zu verstehen. Leben Sie Ihre Genialität, aber lassen Sie in Zukunft etwas mehr Raum für das (noch) nicht Vorhandene. Versuchen Sie auch, Verständnis für andere Menschen zu entwickeln, die nicht mit solch ausgeprägten Fähigkeiten ausgestattet sind. Deren Schätze sind nur anders verteilt, kommen in anderen Formen und Farben zum Zug. Sicher: Wenn Sie Erfolg ausschließlich an Ihrem Bankkonto messen, wird Ihnen die gelungene Gründung eines Betriebskindergartens oder des Auftritts Ihrer Tochter in einem Schul-Musical eher untergeordnet erscheinen. Aber genau hier liegt Ihr Schlüssel! Die Zahl der Früchte an einem Baum mag groß sein, aber ohne Wurzeln, Äste, Blätter, Bienen, die Strahlen der Sonne und viele andere Elemente kommen keine Früchte zustande.

Weil Ihnen vier Stationen im Zahlenrad fehlen, kann es trotz aller Leistungen und Anerkennung geschehen, dass Ihnen dieses runde Gefühl tiefer Zufriedenheit unbekannt ist beziehungsweise allmählich verloren geht. Damit wären Sie nicht allein, denn was dieses echte Glück wirklich ausmacht – das bekommen wir alle an keiner Schule beigebracht, auch nicht in jedem Elternhaus geschweige denn in etablierten Kirchen, bei Psychotherapeuten und anderen »Hilfsorganen«. Wo wir das lernen können? Da müssen Sie sich keinen Zentimeter bewegen, und trotzdem ist es für die meisten von uns die längste Reise. Einfach weil es an Frieden und Selbstliebe fehlt, um ins eigene Herz zu schauen. Jede Weltreise beginnt mit einem einzigen Schritt. Mithilfe der zugeordneten Farben können Sie sich die fehlenden Stationen einverleiben. Auch wenn die Berufe des Westens oft von Menschen in weißen Hemden ausgeübt werden: Meiden Sie in Ihrer Kleidung die Farbe Weiß, so weit es geht. Weiß ist die Farbe des Westens und von deren Ausstrahlung haben Sie zum Verschenken. Wählen Sie als Arbeitsplatz zu Hause und in der Firma keinen Ort im Westen des Gebäudes! Auch westlich gelegene Urlaubsorte sollten Sie meiden. Als Ausgleich käme der Osten in Frage, in zweiter Linie der Süden und Norden. Sinnvoll wäre auch, in einem geografischen Zentrum zu wohnen, beispielsweise in einer Innenstadt. Versäumen Sie nicht, die heilende Wirkung von Farben in Ihr Leben einzubauen. Mit Ihrer Signatur profitieren Sie in erster Linie von der Farbe Grün in Kleidung, Haushalt, Ernährung und so weiter, aber auch von Blau, Schwarz, Gelb und/oder Rot. Auch Orange hat wohltuende Effekte. Bei Lebensmitteln ist »Bunt« angesagt! Essen Sie niemals über längere Zeit farblose bis weiße Speisen wie Nudeln, Reis, Knödel, weiße Saucen und so weiter. Alle Zahlen mit Ausnahme von ❾ und ❹ können Ihnen Ausgleich und Ergänzung liefern. Meiden Sie ❾ und ❹ wo es nur geht, in Autonummern, Hausnummern, Zimmernummern in Hotels, ganz besonders bei Telefonnummern! Die Zahlen ❽ und ❸ können bei Ihnen die positivste Wirkung ausüben. Menschen mit extremer Westen-Entwicklung können manchmal in tiefe Resignation verfallen und beispielsweise täglich viele Stunden tatenlos vor dem Fernseher sitzen. Die Anwendung der Farben und Zahlen kann hier viel Gutes bewirken. Experimentieren Sie spielerisch mit diesen Informationen, denn das Spielerische brauchen Sie am meisten in Ihrem Leben. Lesen Sie noch einmal im zweiten Kapitel ab Seite 55, was die fehlenden Stationen bedeuten. Wenn Sie es geschafft haben, einmal den einen oder anderen Tag gleichsam »ziellos« in fröhlicher Muße mit Freundinnen und Freunden zu verbringen, dann haben Sie viel erreicht auf dem Weg zur Vollständigkeit und zum echten Glück.

Die Mitte

Der geduldige Wanderer zwischen allen Welten – innen und außen daheim

Mit Glauben, Liebe und Gottvertrauen
lässt sich aus dem Nichts alles erschaffen.
Ohne Glauben und Liebe ist alles nichts und nichtig.
Schade nur, dass sich diese einfache Wahrheit
so sehr versteckt im »Alltag«.
Lassen Sie sich niemals die Freude an Ihrem eigenen Weg nehmen.
Halten Sie fest an Ihrem Urvertrauen.
Das Leben ergäbe sonst keinerlei Sinn.

Ron Fischer

In meinem Geburtsdatum finden sich nur die Zahlen

⓪ und/oder ⑤

5. Mai 1900 * 5. Mai 1905 * 5. Mai 1950 * 5. Mai 1955 * 5. Mai 2000 * 5. Mai 2005 – was haben alle diese Geburtsdaten gemeinsam? Mit diesen Zahlen ist nicht nur generell die Signatur Mitte verbunden, es sind sogar die einzigen Geburtsdaten mit reinen Mitte-Zahlen während des 20. und 21. Jahrhunderts, bis zur nächsten Signatur am 5. Mai 2050.

Die Menschen dieser Signatur sind auf ganz besondere Weise ausgerüstet, mit Extremsituationen fertig zu werden. Im Laufe des Lebens werden ihnen wohl so manche davon begegnen. Die Kräfte der Mitte im Zahlenrad (⑤/⓪) haben allerdings die tröstliche Eigenschaft, dass diese Signatur solche Situationen als gar nicht so extrem empfindet. In erster Linie deshalb, weil die Kraft der Mitte schnellen Zugang zu Lösungen gewährt. Das lässt schwierigen Situationen kaum Zeit, sich tief ins Gedächtnis einzugraben. Des einen Katastrophe ist des anderen spannende Herausforderung.

Natürlich hat auch diese Signatur mit ganz eigentümlichen Schwierigkeiten zu kämpfen. Das starke Überwiegen der Kräfte der Mitte und die große Zahl an Herausforderungen, die manchmal rasch hintereinander auf diese Signatur einstürmen, bergen die Gefahr, manchmal in eine blockierende Resignation zu verfallen – mit einem Seufzer und dem Gedanken: »Nicht schon wieder!« Der Zwang, sich immer wieder aufraffen und handeln zu müssen, kann als Zuviel empfunden werden.
In solchen Situationen sollten wir immer die tiefe Überzeugung parat haben, dass uns Gott niemals mehr auflädt, als wir tragen können.
Innerhalb dieser Signatur der Mitte begegnen sich interessanterweise die beiden Extreme der verwurzelten Häuslichkeit und des (scheinbar) ruhelosen Wanderers. Zweimal eine Zahl der Mitte (⓪ und/oder ⑤) genügen manchmal schon und man schlägt entweder an einem Ort

Wurzeln für den Rest des Lebens oder aber man zieht ein Leben lang umher, vielleicht sogar gleich im Wohnmobil. Manchmal geschieht es auch, dass man das Leben in Phasen einteilt, sich zwanzig Jahre lang nicht vom Fleck rührt und dann die nächsten Jahre an vielen verschiedenen Orten verbringt, ohne je die Koffer vollständig auszupacken.

Die Kraft der Mitte ist ja auch, wie Sie ab Seite 109 bereits erfahren haben, die Kraft, die alle anderen Himmelsrichtungen gleichsam in sich einschließt und auf sie ausstrahlt. Mit der Mitte im Geburtsdatum ist die Eroberung aller anderen Stationen und ihrer spezifischen Qualitäten keine allzu große Herausforderung mehr. Vielleicht fällt es so gesehen leichter, die beschriebene »Zerrissenheit« zu verstehen.
Die beiden Extreme Häuslichkeit und Fernweh können sich also sogar in einer Person vereinigen und ständig wechseln: Als Kind beispielsweise wollte man »immer« weg, als junger Erwachsener bleibt man dann »immer« zu Hause, ab den mittleren Jahren kehrt sich noch einmal alles um, und das Leben eines Vagabunden lockt (und wird oft auch gewählt). Nichts wie weg hier! Wenn Sie dieses Pendeln fühlen oder gefühlt haben: Jetzt wissen Sie, dass es Teil der Natur der Mitte ist und gar nichts so Ungewöhnliches.

Auch der Grad Ihres Einfühlungsvermögens in Menschen und Situationen pendelt oft zwischen höchster Sensibilität und kühler Gleichgültigkeit, Letzteres aber eher selten. Grundsätzlich sind die Träger dieser Signatur verständnisvolle Menschen, die sich in unterschiedlichste Rollen einfügen können. Auch ihre große Nachsicht zeichnet sie aus: Oft begegnet man der Kraft der ⓿ und ❺ in Berufen, die eine Engelsgeduld und viel Hingabe erfordern. Natürlich liegt auch hier die Energie der »anderen Seite« in der Luft, wie Sie vielleicht schon aus der Lektüre der vorherigen Signaturen erahnen, denn die Kraft der Mitte liegt geballt vor. Gehäufte Einheiten in einer Richtung bergen stets die Gefahr unerklärlicher Handlungen, überraschender Wutausbrüche und so weiter. Das Überraschende sollte Sie also auch hier nicht überraschen.

Wie wir schon angedeutet haben: Das Besondere an einer Signatur der Mitte mit der 0 ist die Fähigkeit, die Energien und Qualitäten aller anderen Zahlen zu empfinden. Das bedeutet, dass sie die Gaben aller anderen Zahlen in sich vereint, beziehungsweise mühelos Zugang zu ihnen gewinnt, wenn sie das möchte – und wenn sie es nicht aufgrund ihrer Erziehung oder anderem verlernt hat oder fürchtet.

Was die Wahl der Farben betrifft: Mit dieser Signatur sollten Sie generell die Farbe Gelb in der Kleidung, am Arbeitsplatz und in Ihrem Zuhause unbedingt meiden. Wagen Sie es, sich mit vielen Farben zu umgeben und zu kleiden. Besitzt eine Signatur ihren Schwerpunkt in der Mitte, speziell natürlich bei dieser Signatur, dann wäre es sehr sinnvoll, oft zu meditieren. Die dunkle »andere Seite« von Einsicht und Geduld ist nämlich Wut – und die schlägt sich unbearbeitet und unverarbeitet auf die inneren Organe.

Die entgiftenden Organe – Leber, Nieren, auch die Bauchspeicheldrüse, Lymphe, Milz, Magen und Darmbereich – verdienen bei uns allen viel Aufmerksamkeit und Pflege, aber bei dieser Signatur ganz besonders. Eine gute Vorsichtsmaßnahme ist es, bei abnehmendem Mond öfter Entschlackungstees zu trinken (beispielsweise aus Brennnesseln), besonders zwischen 15 und 19 Uhr. Auch sollten Sie bei zunehmendem Mond etwas disziplinierter essen. Passen Sie gut auf sich auf! Trotz der scheinbaren Einseitigkeit Ihrer Zahlen besitzen Sie alles Nötige, um ein gutes Leben für sich und Ihre Mitwelt zu gestalten.

Wenn wir unsere Körper verhüllen,
damit wir nicht frieren, kann ich das verstehen.
Warum aber verhüllen wir unsere Gefühle,
auch wenn wir spüren, dass es dadurch kälter wird?

Kristiane Allert-Wybranietz

Die zehn Zweier

Nord - Ost

Mit viel Gespür und mit dem scharfen Blick
hinter die Kulissen – die großen Zusammenhänge locken!

Wenn Ihr geliebt werden wollt, so beginnt damit,
andere zu lieben, die Eure Liebe brauchen.
Wenn Ihr Mitgefühl von anderen erwartet,
so zeigt zuerst anderen gegenüber Mitgefühl.
Wenn Ihr von anderen respektiert werden wollt,
so lernt zuerst, alle anderen Menschen,
ob jung oder alt, zu achten.
Vergesst nie, dass Ihr zuerst selbst jene Eigenschaften
besitzen müsst, die ihr von anderen erwartet.
Dann werdet Ihr feststellen,
dass sich andere gegenüber Euch ebenso verhalten.

Yogananda

In meinem Geburtsdatum finden sich nur die Zahlen

❻ und/oder ❶
❽ und/oder ❸

16. März 1968 * 13. Juni 1986 * 6. August 1938 * 13. März 1986 * 1. Juni 1913 – was verbindet alle diese Geburtsdaten? Mit diesen Zahlen ist die Signatur Nord-Ost bezeichnet, wobei es natürlich noch viele weitere Kombinationsmöglichkeiten gibt.

Würde man für jede Signatur ein eigenes Schlagwort erfinden, um sie griffig zu beschreiben, so wäre hier »Intelligentes Gespür« die beste Wahl. Tiefe Zusammenhänge schauen und gleichzeitig großes Einfühlungsvermögen – das ist eine seltene Begabung, aber hier in dieser Signatur ist sie ganz sicher lebendig! Vielleicht muss sie bei dem einen oder anderen Träger dieser Signatur erst geweckt werden, denn beide Fähigkeiten sind in der Jugend zarte Pflänzchen, die auf mangelnde Pflege manchmal mit Rückzug ins Schneckenhaus reagieren. Aber sie existieren und warten auf volle Entfaltung!

Menschen dieser Signatur tun sich mit dem Lernen leicht. Sie merken sich und begreifen die Dinge nicht nur schnell, sie behalten sie auch lange im Gedächtnis. Grundvoraussetzung aber ist, dass sie sich wirklich für das jeweilige Thema interessieren. Wenn nicht, dann beißen sich Eltern und Lehrer manchmal die Zähne aus, es können lange Nachhilfestunden nötig werden oder auch die intensive Suche nach Eselsbrücken, um das schlafende Interesse zu wecken. Generell aber muss man Kindern mit dieser Signatur nicht oft bei den Hausaufgaben helfen, denn Norden und Osten kombiniert in einer Signatur schenken eine große Palette an Interessensgebieten.

Die Hauptrichtung von Interesse, Neigung und Fähigkeit lässt sich hier mit den Begriffen »Natur« und »Weltgeschehen« zusammenfassen. Der

Norden steht für Intelligenz und Intellekt, der Osten für Einfühlungsvermögen und Ausdauer, für Musikalität und heilende Fähigkeiten. Diese Signatur hat nur einen »Nachteil«: Sie sorgt manchmal dafür, dass man »zu langsam schaut« und so tatsächlich manchmal zu spät kommt, zu spät handelt. Aufgeben und Resignation liegen dann dem Herzen etwas näher, denn der Norden (❻/❶) kann sehr unduldsam werden, wenn er seine Höhenflüge nicht unterstützt oder gewürdigt sieht. Und der Osten ist schon so etwas wie eine Heimat des Selbstmitleids, wenn die Dinge nicht nach Wunsch, Wille oder Traum laufen. In der Hitparade der Zeitverschwender nimmt Selbstmitleid einen vorderen Platz ein, also rechtzeitig die Notbremse der Selbstliebe und Selbstverantwortung ziehen, wenn ein Anfall von Resignation naht!

Die Träger dieser Signatur kommen im Allgemeinen gut mit dem Leben zurecht, besonders wenn sie gelernt haben, dass sie nicht alles allein können müssen. Die erfolgreichen Signatur-Stationen im Leben sollten um des erfüllten Lebenssinnes willen möglichst an andere weitergegeben werden, im besten Fall an die jeweils fehlende Station an nächster Stelle im Zahlenrad (siehe Seite 34). In diesem Fall also an Partner und Gegenüber im Geschäftsleben, aber auch privat, die den Süden, Westen und die Mitte im Zahlenrad aufweisen. Partner und Freunde sind hier für die verschiedensten Planverwirklichungen förderlich.

Natürlich hat jede Signatur ihre ganz besonderen Herausforderungen zu bewältigen. In Ihrem Fall wäre es sehr sinnvoll, nicht Ihrer Gutgläubigkeit allzu sehr auf den Leim zu gehen. Beispielsweise gegenüber einem sehr »westlichen« Partner, der mit viel ❾ und ❹ gesegnet ist. Solche Partner neigen manchmal dazu, jene Menschen um den verdienten Erfolg zu bringen, die keinen Westen aufweisen und deshalb in materiellen Dingen manchmal zu ungenau, allzu großzügig oder leichtgläubig sind. Solches Ausnützen muss nicht einmal aus böser Absicht geschehen, sondern einfach weil das Gegenüber allzu leichtes Spiel hatte und vielleicht sogar glaubte, das Ausbeuten einer Person wäre

»ganz in ihrem Sinne«. Oder man »habe es nicht so gemeint und wollte sicher irgendwann alles zurückzahlen ...«.

Der fehlende Süden löst manchmal einen Mangel an Selbstvertrauen aus, selbst dann, wenn dafür jeder sachliche Grund fehlt. Drastisch ausgedrückt: Ein Nobelpreisträger ohne 7 und 2 im Geburtsdatum fragt sich manchmal, ob er den Preis überhaupt verdient hat. Der fehlende Westen (9/4) macht sich wie gesagt in geschäftlichen Situationen als Lücke spürbar. Es fehlt dann in vielen Lebenslagen der »Schäferhund, der beißt«, wenn es nötig sein sollte. Die fehlende Mitte (0/5) ist hier nicht so bedeutsam, weil der Osten die Gefühlswelt schon stark besetzt hält, was für Ausgleich sorgt.

Sollten Sie diese Signatur besitzen und sich als eher unsicheren Menschen erleben, dann sollten Sie in Ihrem Leben viel mit der Farbe Rot arbeiten, sowohl in der Kleidung als auch in der Wohnung und am Arbeitsplatz. Öfter einmal rote Früchte, Beeren und Gemüse auf dem Speisezettel wären für Sie sehr belebend. Probieren Sie ruhig mal was Verrücktes: Angenommen Sie haben das Gefühl, Sie werden in der Öffentlichkeit neben Freund oder Freundin oft übersehen. Beim nächsten Ball oder Konzert tragen Sie Rot statt Schwarz. Genießen Sie die Aufmerksamkeit und stechen Sie Partnerin oder Partner einmal gehörig aus. Voraussetzung allerdings ist, dass Sie sich damit wohl fühlen und nicht »um jeden Preis« auffallen wollen, denn sonst ist es bloß peinlich und bedeutet keinen Fortschritt beim Erobern Ihres Zahlenrads. Bei geschäftlichen Terminen bevorzugen Sie Weiß zur Stärkung der Willens- und Durchsetzungskraft und zu Hause mehr Gelb. Grün, Schwarz und Blau sollten eher in den Hintergrund treten, diese Farben haben Sie genug in der Signatur.

Mit dieser Einsicht in die innere Dynamik Ihrer Signatur ausgestattet, können Sie sich ab jetzt auf einen guten Weg machen. Wir wünschen dabei viel Erfolg!

Ost - Süd

Fröhlich, hilfsbereit und mit viel Einfühlung,
eine höchst lebendige Signatur – wenn man sie pflegt

Die Wahrheit aber gleicht den Sternen:
Sie erscheint nur auf dem dunklen Hintergrund der Nacht.
Die Wahrheit ist wie alle schönen und guten Dinge in dieser Welt:
Ihre Wirkungen enthüllt sie nur dem, der die Unbarmherzigkeit der
Falschheit und Verstellung gespürt hat.
Die Wahrheit ist das verborgene Gefühl, das uns lehrt, uns zu erfreuen
und die Freude mit allen Menschen zu teilen.

Khalil Gibran

In meinem Geburtsdatum finden sich nur die Zahlen

❽ und/oder ❸
❼ und/oder ❷

3. August 1972 * 2. Juli 1978 * 8. Februar 1938 * 27. März 1987 * 7. August 1927 – was verbindet alle diese Geburtsdaten? Mit diesen Zahlen ist die Signatur Ost-Süd verbunden. Die Daten sind jedoch nur einige Beispiele für diese Kombination von Himmelsrichtungen.

Auf die Träger dieser Signatur wartet ein besonderes Abenteuer im Leben. Friedfertigkeit und naturverbundene Sensibilität gepaart mit Freiheitsdrang und Temperament – diese Energien wollen gebändigt und erfolgreich »unter ein Dach« gebracht werden. Wenn das gelingt, winkt ein erfülltes Leben. Meist begegnen uns mit dieser Signatur lustige, fröhliche, liebenswerte Menschen, die überall gern gesehen sind. Sie haben ein gesundes Maß an Selbstvertrauen und wissen meist, wann es genug ist. Unter ihnen wird man kaum langweiligen Witzerzählern begegnen, die kein Ende finden. Die Träger dieser Signatur sind im Gegenteil beliebte Partygäste: Sie sorgen für gute Stimmung und ein angenehmes Miteinander und sie helfen meist auch noch beim Aufräumen. Schon als Kinder, eingeladen bei Kindergeburtstagen, fallen sie angenehm auf. Wir alle würden diese Signatur vermissen, wenn es sie nicht gäbe.
Insgesamt zeichnet sich diese Signatur durch viele Variationsmöglichkeiten aus – ein buntes Leben wartet auf sie. Die Waage der Himmelsrichtungen kann sehr nach Osten ausschlagen oder stark nach Süden oder eher im Gleichgewicht verharren. Das feurige Temperament des Südens wird sich deutlicher bemerkbar machen, wenn nur eine ❽ oder ❸ im Osten sitzt. Umgekehrt kehrt etwas mehr Ruhe in die Seele ein, wenn beispielsweise nur eine einzelne ❼ den Süden besetzt (beispielsweise am 7. August 1983). Dann tritt die Gemütsebene stärker in den Vordergrund und lässt das südliche Temperament etwas zurücktreten.

Die Träger dieser Signatur sind meist sehr musikalisch und häufig findet sich ein Musikinstrument im Schrank, nicht als Staubfänger, sondern als oftmals hervorgeholtes Werkzeug für die gute Stimmung des Spielers und aller Zuhörer. Auch zum Singen muss man sie nicht erst ermutigen, man hört ihnen gerne zu. Das Einfühlungsvermögen ist auch ihr bevorzugtes Werkzeug als Arzt, Heilpraktiker, Heiler oder Tierarzt. Das ist ihr Milieu. Dass hier die Mitte fehlt, fällt nicht so ins Gewicht, denn der Osten gleicht vieles aus. Der fehlende Westen (❾/❹) dagegen hinterlässt eine spürbarere Lücke, sie sollte in späteren Jahren aktiv ergänzt werden. Geschäftliche Angelegenheiten – die Domäne des Westens – muss man einfach ein wenig in den Griff bekommen. Gerade die sehr guten Ärzte, die »Freunde der Menschen«, die nicht wegen der glänzenden materiellen Aussichten, sondern aus innerer Berufung Heiler geworden sind – diesen Ärzten tut es gut, Weiß zu tragen. Weiß als Farbe des Westens bringt Willenskraft und ein deutlicheres Gefühl für eine gute Balance von Geben und Nehmen. Den anfänglichen Mangel an Geschäftssinn kann diese Signatur mit kompetenten Partnern ausgleichen – oder sich entscheiden, bewusst dazuzulernen, was bei jeder Wissens- oder Verständnislücke funktioniert.

Der fehlende Westen (❾/❹) hindert die Menschen dieser Signatur manchmal daran, gute Ideen und Verbesserungen auch in die Tat umzusetzen. Doch eine Partnerin oder ein Partner mit dem Westen im Geburtsdatum könnte den zusätzlichen Kraftaufwand mittragen helfen und zum gegenseitigen Nutzen arbeiten.
Interessant ist, dass die besten Ärzte der Welt nicht selten diese Signatur tragen, obwohl sie nicht lange studiert haben. Das liegt ihnen nämlich gar nicht so, weil der ausdauernde Norden fehlt, der bei überlangen Studiengängen fast schon Voraussetzung ist. Es lohnt sich also für diese Signatur, das Studium durchzuhalten, wenn man die Absicht hat, Arzt oder Heilpraktiker zu werden. Solche Ärzte werden die Fähigkeit mitbringen, ihren Patienten tatsächlich zu helfen und Ursachen anzugehen, statt mit Pillen und Pulvern an Symptomen herumzubasteln.

Die Unlust am Pauken gilt auch für Musiker: Ohne Norden (❻/❶) geht man meist nur ungern länger zur Schule. Was gar nichts über das Können aussagt – es fehlt nur der unbedingte Wille. Man macht sich mit Freuden mit der Musik und ihren Geheimnissen vertraut, aber lernt nur ungern nach Noten. Nach einer gewissen Zeit entwickelt man dann Verständnis für die Notwendigkeit, aber das kann dauern. Hat man sich fürs Lernen im »Schultempo« mit allem Drum und Dran entschieden, gleichsam für den »langen Marsch durch die Lektionen«, dann wird sicherlich alle Kraft des Ostens und Südens dafür ausreichen, zum Erfolg zu kommen. Aber warum es sich schwer machen? Nützen Sie die Farben der intuitiven Mitte (Gelb) und des weisen Nordens (Schwarz oder Blau). Schwarz hilft, sich nach innen zu wenden und zu meditieren, bis die unfehlbare innere Stimme hörbar wird. Und Gelb vermittelt neue Ideen und Eingebungen. Verwenden Sie diese Farben in Ihrer Kleidung, in der Wohnung und am Arbeitsplatz oder als kleine Stückchen Papier, die Sie bei sich tragen. Sie werden nach und nach fühlen, wie sich die Grundstimmung ändert.

Bei einem Kind mit dieser Signatur ist es übrigens ratsam, keine rote Bettwäsche zu verwenden, weil ja der Süden schon vorhanden ist und somit das Rot zu unruhigem Schlaf führen würde. Wenn die Mutter selbst keine ❼ und/oder ❷ im Geburtsdatum hat, meint sie oft irrtümlich, ihrem Kind mit der Farbe Rot etwas Gutes zu tun. Weiß oder Gelb wäre die ideale Farbwahl. Das gilt natürlich auch für Erwachsene, aber die kaufen ja selbst ein, während Kinder oftmals nehmen müssen, was sie bekommen. Die fehlende Mitte (⓿/❺) wirkt sich hier insgesamt nicht so stark aus, weil der Osten die Gefühlswelt schon stark besetzt hält, was für Ausgleich sorgt. Wenn Sie allerdings ihr Fehlen selbst bemerken, könnten lange Spaziergänge in der Natur zusammen mit dem Einsatz der Farbe Gelb im Alltag die Lücke füllen helfen. Insgesamt sind wir hier einer sehr lebendigen Signatur begegnet, deren Talente ans Licht kommen sollten. Tun Sie sich und uns allen diesen Gefallen!

Süd - West

Mit Temperament und Ehrgeiz zum Ziel – auf guten Wegen

Wenn ein Mensch etwas vollbringt, das alle in Erstaunen versetzt,
dann sagt man, es ist wunderbar.
Aber wenn wir den Wechsel von Tag und Nacht beobachten,
die Sonne, den Mond und die Sterne am Himmel
und die Abfolge der Jahreszeiten auf der Erde verfolgen,
die die Früchte reifen lässt,
dann muss jedem klar werden,
dass dies das Werk eines Wesens ist,
das größer ist als der Mensch.

Chased-by-Bears

In meinem Geburtsdatum finden sich nur die Zahlen

❼ und/oder ❷
❾ und/oder ❹

2. Juli 1994 * 4. September 1972 * 9. Februar 1974 * 2. April 1929 * 27. Juli 1949 – was verbindet alle diese Geburtsdaten? Mit diesen Zahlen ist die Signatur Süd-West verbunden, allerdings nicht nur mit ihnen: Es gibt noch viele weitere Kombinationsmöglichkeiten für Süd-West.

Im Herzen dieser Signatur verbinden sich in erster Linie Temperament und Ehrgeiz zu einer durchgreifenden, oftmals genialen Kombination. Mit dieser Signatur können Sie in der Welt viel bewegen und ein gutes Vorbild sein – wenn Sie sich dafür bewusst entscheiden, das ist Bedingung! Alle nur denkbaren Lebensziele liegen in Reichweite. Ziele, die »Normalsterblichen« eher versagt bleiben, werden hier erreicht. Vom leidenschaftlichen Forscher bis zum erfolgreichen Maler, vom genialen Technikfreak bis zum schlauen Anwalt bietet diese Signatur eine breite Palette an Möglichkeiten, sich zu verwirklichen. Mit klugem Verstandeseinsatz und der notwendigen Durchsetzungskraft kommen Sie immer ans Ziel. Je nach Intensität der westlichen Einheiten (❾ und/oder ❹) kann der Weg dorthin auf die Umwelt auch manchmal wenig zimperlich bis rücksichtslos wirken. Eher auf Teamarbeit geeichte Partner und Kollegen mögen ebenfalls manchmal unter der Herrschsucht leiden, die sich in dieser Signatur breit machen kann. Das muss diese selbst nicht einmal als »notwendiges Übel« empfinden: Sie ist sich ihrer Wirkung nach außen oft gar nicht bewusst.

Der Süden verfolgt seine Absichten erfolgreich mit dem angeborenen Temperament. Ziele nicht zu erreichen – das ist es, woran sich diese Signatur nur schwer gewöhnen kann. Liegt der Schwerpunkt im Süden, fallen manchmal Selbstkritik und objektive Analyse der Geschehnisse schwer. Vielfach sind dann »automatisch« die anderen schuld und werden bekämpft. Dieser Kampf ist nur äußeres Symptom eines inneren Kampfes zwischen dem »Einsiedler«, der alles allein machen möchte und erkennt, dass das unmöglich ist, und dem »Machtmenschen«, der ja trotzdem Erfolg haben muss.

Die Menschen dieser Signatur entwickeln großes Geschick im Umgang mit eigenen und fremden Geldbeuteln, weil ihnen ein gesundes finanzielles Polster zu Hause und im eigenen Betrieb sehr wichtig ist. Trotzdem kommt es gar nicht so selten vor, dass sie in Summe mit zu wenig Geld dastehen. Das liegt nicht etwa daran, dass keines vorhanden wäre. Sie haben nur subjektiv »zu wenig«, und das als chronischer Zustand. Sie merken nämlich oftmals nicht, dass sie mehr ausgeben, als sie eigentlich zur Verfügung haben. Eine bestimmte Summe kann man ja nur für eine Sache ausgeben und nicht zweimal verwenden, nur weil das eine genauso viel kostet wie das andere. Jede Signatur hat ihre spezielle Herausforderung fürs Leben mitgebracht und diese gehört bei Süd-West dazu.

Für sich allein betrachtet wäre diese Neigung halb so wild und im Laufe der Zeit beherrschbar, aber eine weitere Herausforderung dieser Signatur addiert sich zu einem gravierenden Problem, wenn sie nicht bestanden wird – nämlich die Abneigung, etwas dazuzulernen. Für das lebendige Gefühl der Notwendigkeit, sich ein Leben lang die Neugier zu bewahren und sich nicht auf Glauben, Dogma und Überzeugung schlafen zu legen, dafür ist der Norden (❻/❶) zuständig – und der fehlt hier. Ausgleich ab sofort tut hier Not, sei es durch interessante Abendkurse, die geschickte Wahl der Farben des Nordens, Schwarz und Blau, in Kleidung und Wohnung und am Arbeitsplatz. Die Wahl der Farben kann Ihnen schon sehr weiterhelfen. Am allerbesten jedoch wirkt in Ihrem Fall das Erlernen der Kunst des Zuhörens! Sie würde Sie mit der Welt um Sie herum verbinden und neue Welten öffnen.
Die Kinder dieser Signatur zeichnen viel Temperament und ein gutes mathematisches Verständnis aus. Die Neigung zum Jähzorn sollte hier

nicht bestraft werden – reagieren Sie mit viel Liebe und Verständnis. Bestrafungsaktionen helfen hier gar nichts (das tun sie unserer Meinung nach ohnehin nie!). Das verschreckte Kind merkt sich das sein Leben lang und je nach späterer Entwicklung können sich chronisch rachsüchtige Gedanken formen. Arbeiten Sie lieber daran, selbst einen guten Weg zu gehen. Vorbild sein greift immer tiefer als Bestrafung, aber bei dieser Signatur ist es beinahe lebenswichtig. Sollten negative Energien die Oberhand gewinnen, wäre das sehr traurig. Was damit erreicht wird, macht niemanden glücklich, auch nicht den »Sieger«. Das materialistische Zeitalter, in dem wir uns noch befinden, macht es uns auch nicht gerade leichter. Eigentlich kennen wir das ja alle: Ein Sieg mit dem Kopf durch die Wand macht uns nicht zufrieden. Angesagt ist, das Talent dieser Signatur liebevoll zu gebrauchen und nicht die Schwächen anderer auszunützen.

Je früher hier die fehlenden Stationen – Norden, Osten und die Mitte – ergänzt werden, desto besser und gesünder kann sich diese Signatur entwickeln und einen guten Weg einschlagen. Das Ergänzen kann sich dabei vieler Wege bedienen – Farben, Meditation, Zuhören und so weiter. Ein sehr sinnvoller Weg wäre es, bei der Ernährung auf die Farbe Grün zu achten. Grün hilft, die Einfühlungskraft des Ostens gleichsam in die eigene Seele einzuladen. Es können also gar nicht genug Gemüse und Salate auf den Tisch kommen. Mögliche Schwachstellen bei dieser Signatur sind Leber, Kopf und Herz. Eine dem angemessene Lebensweise mit regelmäßigem Entgiften durch gesunde Bewegung, Entschlackungstees, Frühjahrskuren und so weiter wäre hier von großem Vorteil. Beginnen Sie sofort damit! Wenn Sie Kinder mit dieser Signatur haben, dann haben Sie ja noch genug Zeit dafür. Kinder mit dieser Signatur und einer ❾ im Geburtsdatum brauchen fast keine Erziehung, hier ist das gute Vorbild das Entscheidende. Diese Kinder, aber auch später die Erwachsenen mit diesen Zahlen lieben das Gefühl, alles aus eigener Kraft erworben zu haben – auch die Vervollständigung ihres Wesens.

Nord - West

Willensstärke und Weitblick – auch Großes ist machbar

Was keiner wagt, das sollt ihr wagen,
was keiner sagt, das sagt heraus,
was keiner denkt, das wagt zu denken,
was keiner anfängt, das führt aus.

Johann Wolfgang Goethe

In meinem Geburtsdatum finden sich nur die Zahlen

❻ und/oder ❶
❾ und/oder ❹

4. September 1961 * 9. April 1991 * 16. Juni 1964 * 1. Januar 1949 * 19. September 1916 – was verbindet alle diese Geburtsdaten miteinander? Diese Zahlen bilden gemeinsam die Signatur Nord-West, wobei es natürlich noch viele weitere Geburtsdaten mit dieser Signatur gibt.

Der Norden und der Westen, kombiniert in einem Geburtsdatum, das ist eine kraftvolle Verbindung, was Durchsetzungsfähigkeit, Disziplin und Willensstärke betrifft. ❻er und/oder ❶er vermitteln eine grenzüberschreitende Energie, die Kraft zur Überwindung aller nur denkbaren Hindernisse. Dasselbe gilt auch für die ❾ und die ❹. Aufnahmefähig, tiefgründig, entschlossen, kreativ, erfolgsorientiert – so sind die Menschen dieser Signatur. Im Prinzip steht ihnen jede Tür offen. Vom Erfinder bis zum Politiker, vom Journalisten über den geschickten Handwerker bis zum Schriftsteller und Forscher – die Palette der geeigneten Berufe in dieser Signatur ist breit angelegt. Ein kleiner Wermutstropfen: Das tiefe Einfühlungsvermögen in Freunde, Partner, Wegbegleiter bleibt manchmal auf der Strecke wegen des fehlenden Ostens (❽/❸), es sei denn, das Erlernen von Intuition und Mitgefühl bringt den Menschen ein Stück weiter auf dem Weg zum Erfolg. Das ist keineswegs abwertend gemeint, diese Signatur »tickt« einfach so. Besonders wenn der Schwerpunkt bei den Zahlen des Westens liegt, heiligt der Zweck die Mittel. Nach außen mag das rücksichtslos und egoistisch wirken, besonders dann, wenn die Kräfte des Nordens (❻ und/oder ❶) keine Chance bekommen, ihre Spezialität auszuleben: Ideenreichtum und Weitsicht. Dann entwickelt sich manchmal ein sturer, unleidlicher Charakter, was gerade bei dieser Signatur mit einer solchen Talentvielfalt traurig wäre. Nur sehr selten ist das aber ausgesprochen böse gemeint, die Umwelt empfindet es einfach so. Der Weg zur Besserung führt hier

über ein wenig tägliche Meditation und das Erlernen der Fähigkeit, zuzuhören – ein Schlüssel zum Lebensglück dieser Signatur.
Kinder mit dieser Signatur befinden sich oft im Dauerkampf mit »allen anderen«, was sich erst im Erwachsenenleben bessert. Sie sind nicht leicht zu erziehen, weil sie schon sehr früh wissen, was sie wollen. Die Kunst ist hier, sie einfach zu lassen. Nicht links liegen lassen oder im Stich lassen, sondern ihre Selbstständigkeit schon früh akzeptieren. Kinderreiche Eltern beziehungsweise Schwestern und Pfleger auf Kinderstationen wissen genau, dass schon Babys einen ausgeprägten eigenen Willen haben können und sehr viel früher weit reichende Entscheidungen treffen, als uns das manchmal eingeredet wird. Eltern (und sogar Psychologen!) mögen annehmen, dass die Kleinen ja noch gar nicht wissen, was sie tun. Dem ist nichts entgegenzuhalten, mit Ausnahme vielleicht Ihrer eigenen Erfahrung und jener Umfrage, bei der sich zeigte, dass weltweit die bestbezahlten Manager 80 Prozent aller Entscheidungen nach Gefühl treffen. Zeigen Sie den selbstständigen und in die Unabhängigkeit strebenden Kindern dieser Signatur nur sanft die altersgerechten Grenzen und Pflichten, bleiben Sie ansonsten großzügig. Unsere Kinder sind nicht unser Eigentum. Sie gehören sich selbst und einer anderen Kraft. Eine »Glucke« ist so ziemlich das Nervigste, was diesen Kindern passieren kann. Auch im Erwachsenenalter lässt sich diese Signatur nicht bevormunden und hat es auch gar nicht nötig. Geradlinigkeit und Festigkeit lassen sie hier und da übers Ziel hinausschießen, manchmal ohne sich dessen bewusst zu sein. Umso mehr bekommen wir anderen es zu spüren. Das Thema »Unverbesserlichkeit« ist durchaus aktuell in dieser Signatur. Manchmal hilft hier nur, aus Schaden klug zu werden. Schulische Probleme liegen bei Kindern dieser Signatur so gut wie nie daran, dass sie nicht lernen können, sondern dass sich diese meist überintelligenten Kids zu Tode langweilen. Auch in puncto Körperbeherrschung haben sie oft die Nase vorn. Viele Altersgenossen sind angesichts einer solchen Ballung von Talenten manchmal neidisch, was eine Außenseiterrolle vorprogrammiert. Mitfühlende Erwachsene in der Umgebung und Bezugspersonen

fühlen sich dann manchmal verpflichtet, diese scheinbare »Ungerechtigkeit« mit besonderer Zuwendung ausgleichen zu müssen, und verwöhnen sie dann zum Trost. Überrascht erleben sie aber, dass solche Zuwendung nur die Aggressionen verstärkt, weil diese Signatur nicht Mitleid, sondern Anerkennung und Achtung braucht. Wenn Sie als Elternteil eines solchen Kindes diese Zusammenhänge erst einmal durchschaut haben, winkt allen Seiten ein entspannteres Familienleben. Schwarz und Weiß sind die Farben dieser Signatur und so sieht sie auch oftmals die Welt: »Wer mich nicht liebt, der hasst mich!« Nicht jeder Mensch kann mit dieser Einstellung entspannt umgehen, deshalb kommt es hier öfter zu Trennungen. Die fehlende Mitte (⓿/❺) macht sich schmerzlich bemerkbar, Kompromisse fallen eher schwer. Ebenso fehlt das Mitgefühl des Ostens (❽/❸) und man vermisst das fröhliche Temperament und die Leichtigkeit des Südens (❼/❷). Wenn diese Signatur ein »kleines Missfallen« zum Ausdruck bringt, wirkt das wie »großer Zorn«. Freundschaften fürs Leben werden hier seltener geknüpft als gute, tragfähige Geschäftsbeziehungen.
Die Verwendung der Farben der fehlenden Stationen – Gelb, Grün und Rot – kann sich als wahrer Segen erweisen! Denn der unerschöpfliche Erfindungsreichtum des Nordens blüht auf, wenn die speziellen Eigenschaften von Osten, Süden und Mitte langsam Verständnis finden und zumindest teilweise in die eigene Werkzeugkiste aufgenommen werden. Für zu Hause empfehlen wir die Farbe Gelb – beispielsweise als Vorhang- oder Wandfarbe, als Tischdecke oder Bettbezug; für den Auftritt in der Öffentlichkeit rote Elemente (etwa ein feiner roter Faden ums Handgelenk) und die Farbe Grün, beispielsweise in der Ernährung oder als Zimmerpflanzen. Der fehlende Süden hat trotz allen Erfolgen manchmal ein mangelndes Selbstwertgefühl zur Folge. Auch hier hilft viel Rot in der Kleidung als »Medizin« für den eingebildeten Mangel. Wer mit dieser Signatur ausgestattet ist, sollte sie nützen und hoch hinaus streben, seine großen Fähigkeiten an den Osten und den Süden weitergeben – in dem Gefühl, dass die Welt in Ordnung kommt, wenn eine Hand die andere wäscht.

Nord - Mitte

Mit Weitblick und der geduldigen Kraft aus der Mitte – ein großer Wissensschatz zur Weitergabe

Lebenskunst ist es, wenn Ihr arbeitet,
als würdet Ihr kein Geld brauchen,
liebt, als hätte Euch noch nie jemand verletzt,
tanzt, als würde keiner hinschauen,
singt, als würde keiner zuhören,
lebt, als wäre das Paradies auf Erden zu finden.

Aus Indien

In meinem Geburtsdatum finden sich nur die Zahlen

❻ und/oder ❶
⓪ und/oder ❺

1. Juni 1950 * 5. Januar 1961 * 16. Mai 1955 * 5. Oktober 1966 * 10. Januar 2005 – was verbindet alle diese Geburtsdaten? Mit diesen Zahlen ist die Signatur Nord-Mitte verbunden – wobei natürlich noch viele weitere Zahlenkombinationen zu genau dieser Signatur führen.

Bei jeder Signatur sollte man sich genauer betrachten, aus welchen Zahlen sie zusammengesetzt ist. Wo liegt ihr Schwerpunkt? Die beiden Geburtsdaten 1. Mai 1966 und 10. Mai 1955 haben zwar die gleiche Signatur Nord-Mitte, dennoch wird sich daraus ein anderer Charakter herausbilden, ein anderes Schatzkästchen steht zur Verfügung – einmal abgesehen von Unterschieden durch Umweltprägung und Vererbung. Eine grobe Richtung ist jedoch durch die Signatur vorgegeben. Die Bildung unterschiedlicher Schwerpunkte innerhalb einer Signatur kommt stärker zum Tragen, wenn für die vier bis sechs möglichen Zahlen nur zwei Stationen zur Verfügung stehen, wie es hier der Fall ist. ❻ und/oder ❶ kombiniert mit ⓪ und/oder ❺ im Geburtsdatum – diese Zahlen bedeuten für ihren Träger eine lebensnotwendige Weitsicht, wenn er dieses besondere Talent zum Leben erweckt. Die Zahlen des Nordens stehen immer für klare Verhältnisse, für Zielstrebigkeit, Intellekt und Intelligenz, für Entschlossenheit und Wissensdrang. Die Zahlen der Mitte bringen schöpferisches Denken, Opferbereitschaft, Sympathie, Vernunft, Geduld. Diese Kombination ist einfach ideal, um die verschiedensten Vorhaben und Ideen in die Tat umzusetzen, besonders auch in jegliche Form von Öffentlichkeit hinein. Die Mitte des Zahlenrads bringt dem Norden die erdverbundene Stabilität und dient als Startrampe, Tankstelle und Rastplatz bei Exkursionen ins Unbekannte – eine Glück verheißende Kombination, aus der nur trostlose, die Seele austrocknende Kindheitserlebnisse einen Misserfolg machen können.

Der fehlende Westen macht sich bei dieser Signatur manchmal bemerkbar, wenn sich große Ideen nach einiger Zeit offenbar als Luftschlösser erweisen. Das muss nichts mit der inneren, »echten« Qualität der Idee zu tun haben, es ist nur manchmal ein weiter Weg zwischen Konzept und Verwirklichung. Hier versteckt sich eine gewisse Ungeduld, trotz der ausgleichenden Mitte, weil man nicht einsieht, dass eine Idee »in der heutigen Zeit« nicht machbar sein soll. Wenn Nord-Mitte Ihre persönliche Signatur ist, dann kümmern Sie sich rechtzeitig um Geschäftspartner und Kollegen mit Zahlen des Westens (❾/❹) in der Signatur, denen Sie Ihr Wissen zur »Fertigstellung« überreichen. Jedoch nicht aus den Augen lassen und gut absichern, denn manchmal verselbstständigt sich der Westen und dann gehört Ihre Idee nicht mehr Ihnen. Ein Misstrauensvorschuss ist jedoch nicht angebracht, korrekte Absicherung und Verträge von Anfang an genügen.

An Einfühlungsvermögen fehlt es in dieser Signatur nicht, denn die Mitte wirkt wie immer ausgleichend und füllt die Lücke im Osten meist recht wirksam. Der fehlende Süden (❼/❷) macht sich eher bemerkbar, in erster Linie durch das nagende Gefühl, nicht ernst genommen, übersehen, übergangen zu werden, selbst wenn das gar nicht den Tatsachen entspricht. Manche Menschen mit dieser Signatur können Applaus bekommen und im gleichen Augenblick denken: »Die meinen gar nicht mich, ich hab das gar nicht verdient…«. Obwohl das meist nur ein subjektives Gefühl ist, würde es hier nicht schaden, sich bei seiner Umgebung öfter in Erinnerung zu bringen, damit es im Leben vorwärts geht. Bei Kindern mit dieser Signatur finden sich überdurchschnittlich viele Leseratten, die nicht erst durch »Harry Potter« zu diesem Hobby inspiriert worden sind. Sie vertiefen sich bisweilen so sehr in ihre Lektüre, dass die Umwelt versinkt, gleichgültig, wer neben ihnen steht und was um sie herum geschieht. Wenn gute Kumpel dieser Signatur selbst keinen Norden haben, dann werden sie wohl nicht Freunde auf ewig bleiben, denn sie erleben diesen scheinbaren Rückzug von der Welt oft als abweisend und gleichgültig. Noch problematischer wird es, wenn man die Leseratte als eingebildet abstempelt, weil ja das Lesen ihr auch mehr Wissen vermittelt. Das Etikett »Langweiler« ist dann schnell vergeben. Auch hier erkennt man deutlich, wie nahe Genialität und das Vorurteil anderer Menschen beieinander liegen können. Aufklärung und Einsicht aller Beteiligten in die Zusammenhänge wären hier der Schlüssel zum Verständnis. Manchen Politikern würde das gut tun, wir hätten sehr viel weniger Probleme in der Welt. Aber »Staatsdiener« verfolgen meist Interessen, die sich erst lange nach ihrer Abwahl herausstellen, wenn überhaupt. Dabei wäre es im Grunde doch so einfach: »An ihren Früchten sollt Ihr sie erkennen.«

Was können Sie tun, um die fehlenden Himmelsrichtungen auszugleichen? Die Eroberung des Westens verdient unbedingt Aufmerksamkeit, denn sonst bleiben Ihre genialen Eingebungen allzu oft nur Tagtraum und Wunschdenken. Das Verständnis für den Westen lässt sich meist ausreichend in Abendkursen zu Ihren Spezialthemen nachholen. Tragen Sie anfangs viel Weiß zu Meetings. Etwas Rot in der Palette ist ebenfalls nützlich. Bei Männern genügt ein unscheinbares, dünnes rotes Armband aus Wolle oder Leder. Klug gewählte Farben sind ungemein wirksam für Ausgleich und Ergänzung des Fehlenden.

Wie kann so etwas Einfaches funktionieren? Damit haben viele Menschen Probleme, aber wir vertrauen darauf, dass Sie nicht dazugehören. Sie wissen, dass Winzigkeiten die Welt bewegen können, zum Guten wie zum Schlechten. Schwarz ist jedenfalls die Farbe, die es hier zu meiden gilt, besonders wenn der Schwerpunkt der Signatur im Norden liegt. Gelb als Farbe der Mitte ist nur selten unnütz oder belastend, es sei denn, Sie tragen nur eine Zahl des Nordens und alle anderen in der Mitte (beispielsweise *6. 5. 1950). In diesem Fall sollten Sie mit der Farbe Gelb in Ihrem Alltag eher sparsam umgehen. Mit solchen einfachen Tricks und einem gesunden Quantum an Selbstliebe lässt sich aus Ihrer Signatur etwas Schönes bauen – zu Ihrem und unser aller Wohl.

Ost-Mitte

Mit Mitgefühl und der Harmonie aus der Mitte – unterwegs auf guten Wegen

So wie die Biene den Duft und die Farbe der Blume
nicht im Geringsten schädigt
und nur ein wenig vom Honig nippt,
so wandle der Weise in der Welt.

Gautama Buddha

In meinem Geburtsdatum finden sich nur die Zahlen

❽ und/oder ❸
⓿ und/oder ❺

8. März 1950 * 3. August 1985 * 5. März 1958 * 8. März 1908 * 3. März 1980 – was verbindet alle diese Geburtsdaten? Mit diesen Zahlen ist die Signatur Ost-Mitte verbunden – wobei noch einige weitere Zahlenkombinationen zu genau dieser Signatur führen, jedoch nicht mehr viele. Eine eher seltene Kombination unter den Signaturen.

Kann man im Leben zu viel des Guten haben? Dieser Gedanke liegt nahe, wenn man die Kräfte betrachtet, die diese Signatur ihrem Träger mit auf den Weg gibt. Heiler, Ärzte, Musiker, Landwirte, Gärtner – alle helfenden Berufe sind in dieser Signatur gleichsam zu Hause und werden oftmals auch jeweils als Traumberuf angestrebt. Alle Eigenschaften dafür sind vorhanden: Musikalität, Mitgefühl, Geduld, Kreativität, Selbstlosigkeit, Beharrlichkeit, Fürsorglichkeit, Vernunft.
Auf den ersten Blick also ein reich gefülltes Startpaket für eine interessante Reise durchs Leben. Aber Einfühlungsvermögen und Verständnis für das Gegenüber können manchmal so stark entwickelt sein, dass die eigenen Bedürfnisse, der gesunde Egoismus zu kurz kommen. Das kann im nächsten Schritt bedeuten, dass man die Entscheidung trifft, gar keinen eigenen Weg zu gehen oder ihn nicht gehen zu »können«. Besonders häufig geschieht das, wenn die Herkunftsfamilie das Zugehen auf den Traumberuf verhindert, diesen schlechtmacht, ausredet oder verbietet. Das kann die Träger dieser Signatur regelrecht krank machen, denn Begabungen, Sehnsüchte und Wünsche sind nicht zufällig gegeben, sie wollen gelebt werden. Wenn sich diese Signatur dafür entschieden hat, in die mathematisch berechnende Kühle einer erfolgsorientierten Familie hineingeboren zu werden, dann droht bisweilen das Schicksal eines Außenseiters, wenn diese besondere Herausforderung nicht bestanden wird. Nicht verstanden zu werden ist sehr

schmerzhaft und ein harmonisches Miteinander ist nicht jedem Menschen gleich wichtig, hier aber wird es oftmals als lebensnotwendig empfunden.

Das Wunderbare am Tiroler Zahlenrad: Es zeigt uns, dass es niemals zu spät ist, weil das Zahlenrad ein Kunstwerk in Bewegung ist. Mit dieser Einsicht lässt es sich ab sofort nicht nur leichter leben, sondern auch umdenken. Probleme haben wir ja nicht, weil uns irgendwelche Situationen unter Druck setzen, sondern weil wir immer in gleicher Weise reagieren. Nicht die Probleme schaffen die Probleme, sondern die Art und Weise des Umgangs mit ihnen. Unsere Reaktion, unser Denken und Fühlen müssen sich ändern, nicht die Situation. Das uralte Beispiel stellvertretend für alle anderen: Habe ich ein »Problem«, weil das Glas halb leer ist, oder bin ich glücklich und zufrieden, weil das Glas halb voll ist? Situationen ändern sich automatisch, wenn wir anders reagieren.
Wenn Sie also Schwierigkeiten haben, zu äußern und zu verwirklichen, was Ihnen persönlich am Herzen liegt, dann gehen Sie einfach einmal andere Wege. Wie sieht's bei Ihnen aus? Handeln Sie auch einmal ohne den Segen Ihrer Umwelt, Ihrer Freunde, Eltern, Verwandten, Partner, Kinder? Schaffen Sie Tatsachen, ohne erst auf Erlaubnis zu warten, wenn Sie sich Ihrer guten Absichten sicher sind? Nein? Dann wird es Zeit für diesen Schritt ins Leben. Sicher, Ihre Lieben, Ihre Kollegen und andere Menschen fühlen sich damit anfangs vor den Kopf gestoßen. Sie sind anderes von Ihnen gewohnt. Aber hat alle Welt nicht genau das mit Ihnen getan, nämlich Sie immer vor vollendete Tatsachen gestellt? Tatsachen, die sicherlich oftmals nicht auf Ihrem Herzensweg lagen. Sie haben es in der Hand, einen neuen Weg zu gehen. Einen Weg, für den Sie gedacht sind. Er ist eigentlich ganz einfach zu finden, denn es ist immer der Weg, der Sie mit Freude erfüllt.

Dass Sie so manches in vielen Situationen als grob und »unhöflich« empfinden (beispielsweise ohne Hintertürchen Nein zu sagen), spricht eine ständige Einladung an Ihre Umwelt aus, alles von Ihnen zu verlangen. Lernen Sie, sich zu wehren, ohne andere vor den Kopf zu stoßen. Es wäre nämlich ein kleines Verbrechen Ihnen selbst und der ganzen Natur gegenüber, diese Fähigkeit nicht zu erwerben. Denn gute Anlagen und Talente verkümmern zu lassen ist eine große Verschwendung und ein sicherer Weg in Krankheit und Unglück. Ihre Blockaden sollten ab jetzt der Vergangenheit angehören. Wenn Sie das Gefühl kennen, allzu oft übergangen zu werden, dann verwenden Sie ab jetzt mehr Rot in Ihrer Kleidung, auch als Mann! Bei geschäftlichen Terminen strahlen Sie ab jetzt viel öfter in Weiß, versprochen? Auch Schwarz und Blau sollten Sie ab jetzt täglich bewusst in Ihren Alltag einbeziehen. Rot, Weiß und Schwarz sind der ideale Ausgleich für Sie – für Ihre fehlenden Himmelsrichtungen. Im Büro, in der Wohnung, sogar für Ihr Auto können Sie in diesen Farben schwelgen. Grün und Gelb sind eher nicht eingeladen, mit diesen Farben Ihrer Signatur können Sie sparsamer umgehen, wenn Sie wollen. Nicht vergessen: Auch bei Ihren Lebensmitteln haben die Farben eine Wirkung, die Sie gezielt einsetzen können. Vielleicht verstehen Sie nun besser, dass Geburtstage oder Ereignistage mit Daten wie 8. Mai 1988, 5. August 1988 oder 8. Mai 1955 zwar leicht zu merken sind, dass aber für viel Ausgleich dieser überstarken Energien gesorgt werden muss. Auch ein kleines Sensibelchen wird aggressiv, wenn man zu viele Erwartungen an das »brave Kind« hegt. Mit aktiver Selbsterkenntnis und mithilfe der klug gewählten Farben und Farbkombinationen können Sie viele Unsicherheiten abstellen – beispielsweise Ängste, die in Zusammenhang mit Vorträgen auftreten, bei größeren Auftritten, beim Elternabend, in der Gemeinderatssitzung und dergleichen. Es gibt viele Menschen, die sehr viel weniger zu sagen haben als Sie, und es wäre schade, wenn Sie Ihr Wort den vorübergehenden Begrenzungen Ihrer Zahlenrad-Signatur opfern würden. Jetzt ist Ihre Zeit gekommen, lassen Sie alle an Ihrer Herzensbildung teilnehmen. Lesen Sie in Ruhe noch einmal im zweiten Kapitel die Zahlen der Mitte und des Ostens durch und anschließend Ihre fehlenden Himmelsrichtungen. Dann beginnen Sie, den Kreis im Tiroler Zahlenrad zu schließen – und die Welt dreht sich richtig.

Süd - Mitte

Fröhliches Temperament verbindet sich mit dem Willen zur Harmonie – ein glücklicher Weg

Was du bist, hängt von drei Faktoren ab:
Was du geerbt hast,
was deine Umgebung aus dir machte
und was du in freier Entscheidung
aus deiner Umgebung und deinem Erbe gemacht hast.

Aldous Huxley

In meinem Geburtsdatum finden sich nur die Zahlen

❼ und/oder ❷
⓪ und/oder ❺

27. Mai 1950 * 2. Februar 1972 * 5. Juli 1952 * 7. Mai 1902 * 5. Februar 2000 – was verbindet alle diese Geburtsdaten? Mit diesen Zahlen ist die Signatur Süd-Mitte verbunden. Noch einige weitere Zahlenkombinationen verhelfen zur dieser Signatur, aber es sind nicht mehr viele im Vergleich zu den meisten anderen Signaturen.

Richtig spannend zu »lesen« ist ja eigentlich jede Signatur, aber Süd-Mitte bringt eine Herausforderung der besonderen Art für ihren Besitzer. Zuerst kommt es sehr darauf an, wo sie ihren Schwerpunkt hat. Überwiegt der Süden, herrscht Gleichgewicht oder ist die Mitte stark besetzt (etwa wenn Jahreszahl oder Jahrzehnt eine ⓪ aufweisen)? Bei einem Schwerpunkt im Süden (❼/❷) haben wir ein Temperamentsbündel vor uns. Ihm Bremsen oder gar Fesseln anzulegen ist sinnlos, denn es ist sein Weg und sein Leben, mit Feuer an die Dinge heranzugehen. In dieser Signatur findet man Menschen, die in der Öffentlichkeit wahrgenommen werden. Sie leisten fast immer Besonderes – Kunststücke, die uns Zuschauern aus dem Rest der Welt vielleicht zu viel Zeit abverlangen würden oder schlicht zu knifflig wären. Für das Lebensglück dieser Signatur und damit uns ihre Großtaten auch in harmonischer Reihenfolge erfreuen können, ist es besonders wichtig, dass das innere Lebensgefühl mit dem jeweils gewählten Beruf übereinstimmt. Glücklicherweise ist es heute nicht mehr so schwer, umzuschulen und andere Wege zu gehen, wenn man in eine Sackgasse geraten ist. Früher war das nicht so einfach und besonders in ländlichen Regionen gab es ein viel geringeres Angebot. Die künstlerische Ader in dieser Signatur kann sich heute besser behaupten und eine Nische finden als früher. Im Computerzeitalter finden »Exoten« leichter ihren Platz. Suchen Sie ihn, wenn Sie ganz aufblühen wollen!

Für das fruchtbare Umsetzen aller Fähigkeiten mit langfristigem Erfolg braucht diese Signatur Kollegen, Mitarbeiter, Anwälte, Berater oder auch nur gute Vertraute, die den Westen (❾/❹) im Geburtsdatum besitzen. Das hängt damit zusammen, dass ihnen zumindest anfangs das präzise, kaufmännische Denken eher fremd ist und sie nicht »kleinlich« planen und kalkulieren wollen, bevor sie ihre Risikofreude in die Tat umsetzen. Andererseits, es heißt nicht umsonst: »Gelernt ist gelernt.« Selbst wenn Sie nicht den kühlen Kopf des Westens besitzen, können Sie sich selbst aus eigener Kraft alles Nötige beibringen – was den Vorteil hat, dass Sie keinen »Manager« brauchen. Wahrscheinlicher ist jedoch, dass Sie sich mit solchen Dingen gar nicht erst aufhalten wollen und sich nach geeigneten Partnern umsehen, die ausgleichen können, wo es Ihnen an kühlem Geschäftssinn mangelt.
Die Kräfte der Mitte in Ihrer Signatur sorgen übrigens dafür, dass fehlende Himmelsrichtungen nicht allzu sehr als Mangel empfunden werden, weil Ihnen das Erobern der Himmelsrichtung durch Verständnis leichter fällt. In vielen Fällen genügt das schon als Ausgleich und zur Herstellung der Harmonie im Zahlenrad. Wenn nicht, dann wäre es bei Ihrer speziellen Signatur sehr sinnvoll, als ersten Schritt noch einmal bei »Ihre Zahlen« Süden und Mitte auf Seite 81 und 109 nachzulesen. Anschließend widmen Sie sich in Ruhe den fehlenden Himmelsrichtungen Westen (❾/❹), Norden (❻/❶) und Osten (❽/❸). Das bringt Klarheit in Ihr Leben und die nächsten Schritte werden viel, viel leichter. Nach der Lektüre wird Ihnen wahrscheinlich bewusst, dass Sie nicht jede der drei abwesenden Himmelsrichtungen gleich stark vermissen. Wo Sie eine besondere Lücke zu spüren glauben, wo Ihnen die beschriebenen Charaktereigenschaften zutiefst fremd sind, integrieren Sie zuerst die zugeordnete Farbe stärker in Ihr Leben – eine einfache und hochwirksame Maßnahme. Sie haben beispielsweise Schwierigkeiten, sich in Ihre Kinder und deren Handlungsweisen einzufühlen? Da stehen Sie zu keinem Zeitpunkt in der Menschheitsgeschichte allein, doch wenn Sie beispielsweise die Farbe Grün stärker in Ihr Leben einbauen, kann sich das langsam, aber sicher ändern. Mehr Zuhören ohne die

eigene Meinung in den Vordergrund zu drängen ist ein weiterer wichtiger Schlüssel zum Herzen der Kinder (und aller anderen Menschen)!
Kinder mit dieser Signatur haben es nicht leicht. Wenn ihr Temperament ständig unterdrückt wird, beugen sie sich irgendwann dem Druck und verfehlen womöglich später ihre Bestimmung. Vorsicht also mit dem Zügeln dieses Temperaments! Viel besser wäre es, die großen Kräfte in gesunde Bahnen zu lenken.
Kinder mit der Signatur Süd-Mitte brauchen viel »Auslauf«. Nicht selten finden sich in dieser Kombination Spitzensportler; ihre Ausdauer scheint grenzenlos, nichts dauert ihnen zu lange, nichts ist ihnen zu steil, zu tief, zu schwer. Mit Lust an Grenzen gehen, Agilität und Körperbeherrschung, das ist ihnen oft angeboren. Profitänzer, Akrobaten, Zirkusmenschen, Zauberer, Tiefseetaucher – nur einige der Extreme, die sie leichter erreichen als andere. Leider gibt es die lustigen und fröhlichen Kinder dieser Signatur heute kaum noch beziehungsweise noch nicht wieder. Der Jahrgang 1977 gehörte als Letzter dazu. Aber seit dem Jahr 2000 sind sie wieder unter uns und gehen zum Teil schon in die Schule! Wenn Sie unbedingt »Beweise« für die wunderbare Arbeit des Zahlenrads brauchen: Haben Sie den Unterschied bemerkt, wenn Sie mal in Kindergärten vorbeischauten? Die Kinder mit Süd-Mitte werden uns viel Freude machen mit ihrem Zahlenschatz! Viele sturköpfige, habgierige, arrogante und selbstsüchtige Politiker, Wissenschaftler, Ärzte und Schulleiter des ❶❾. Jahrhunderts haben dann ausgedient. Weitsichtige, intelligente Studenten werden nachkommen und ordentlich aufräumen – natürlich nicht nur die Besitzer dieser speziellen Signatur. Eine nicht sehr lernwillige Männerwelt, die oftmals von heißer Luft und falschem Stolz regiert wird, wird dann abdanken (wenn sie nicht schnell noch in ihrer Lebensenttäuschung alles zerstört). Die heutigen Kinder mit viel Liebe zu erziehen sollte deshalb Gebot Nummer eins sein, damit sie ihre Aufgabe erfüllen können, des »Kaisers neue Kleider« zu enttarnen und für ein echtes Miteinander unter Nachbarn und Völkern zu arbeiten. Sie werden aufbauen, was wir noch in den Verfall hineinfuhrwerkten, ob absichtlich oder nicht.

West - Mitte

Aus eigener Kraft und mit Geduld zum Erfolg – auch Grenzen zum Unbekannten können überschritten werden

Wenn dein Alltag dir armselig scheint, klage ihn nicht an;
klage dich an, dass du nicht stark genug bist,
seine Reichtümer zu rufen;
denn für den Schaffenden gibt es keine Armut
und keinen armen, gleichgültigen Ort.

Rainer Maria Rilke

In meinem Geburtsdatum finden sich nur die Zahlen

❾ und/oder ❹
⓪ und/oder ❺

5. April 1940 * 4. September 1950 * 9. April 1945 * 5. Mai 1994 * 4. September 2005 – was haben alle diese Geburtsdaten gemeinsam? Mit diesen Zahlen ist die Signatur West-Mitte verbunden, eine eher seltene Signatur.

Die Signatur West-Mitte verspricht ein stark erfolgsorientiertes Leben. Erfolg im sichtbaren, materiellen Sinne steht dabei nicht selten ganz im Vordergrund. Diesen Menschen ist es wichtig, »alles« zu haben. Das klingt vielleicht beim ersten Hinhören egoistisch, ist aber keineswegs zwangsläufig so gemeint. Diese Signatur bringt keine Jammerlappen und Heulsusen hervor, diese Menschen schaffen sich im Laufe der Zeit und ohne viel Theater an, was sie brauchen. Pflegeleicht und selbstbewusst gehen sie ihren Weg. Sie wissen sich fast überall zu helfen und gehen ihren Mitmenschen nur selten auf die Nerven. Männer und Frauen der Tat! Sind viele Gefühle an der gegenwärtigen Situation beteiligt? Damit muss man als Gegenüber eines Menschen mit dieser Signatur hin und wieder rechnen: Sie empfinden das oftmals als überflüssige »Gefühlsduselei«, sie fühlen sich dann nicht ernst genommen in dem, was ihnen im Leben wichtig ist.
Auch längere Phasen des Rückzugs sind Menschen dieser Signatur sehr wichtig, sie sollten nicht falsch verstanden werden als Ablehnung oder Gleichgültigkeit, sondern als notwendig für die seelische Gesundheit erkannt werden. Meistens tüfteln diese Menschen dann an etwas Neuem, an irgendeinem Fortschritt für die Familie oder die Gesellschaft. Erfinder gehören ebenso sehr zu dieser Signatur wie Extremsportler in Zusammenhang mit der Beherrschung von Geräten, von Motorrädern, Drachen, Autos und so weiter. Mit gefährlich wirkenden Geräten scheinen sie zu verschmelzen, diese werden zum verlängerten Körperteil.

Anerkennung vor aller Augen liegt dieser Signatur nicht so am Herzen, deshalb taucht sie als Erfinder auch nur selten persönlich auf. Öffentlichkeit kann ihr sogar richtig unangenehm werden. Sie besitzen diese Signatur und genießen Öffentlichkeit? Dann haben Sie schon früh damit begonnen, den fehlenden Norden und Süden Ihrer Signatur zu erobern, denn zur Welt gekommen sind Sie damit sicherlich nicht. Das kann beispielsweise in der Schule passiert sein, wenn Ihre Lehrer großen Wert auf Vorträge und Präsentationen vor der Klasse gelegt haben. Die Mitte sorgt in dieser Signatur dafür, dass Sie mit sich zufrieden sind. Oftmals im Alleingang richten Sie sich Ihr Leben ein. Sie kennen Ihre Prioritäten und Vorlieben und beschaffen sich das Nötige, jedoch fast nie auf Kosten anderer Menschen. Wenn doch einmal jemand unter dieser »Einzelgänger-Mentalität« zu leiden hat, dann nur selten so, dass es Ihnen selbst und Ihrem Gegenüber so richtig bewusst wird.

Eine sehr lohnende Aufgabe für die Signatur bestünde darin, den fehlenden Norden (❻/❶) auszugleichen, weil es bedauerlich wäre, wenn sie nur im Verborgenen werkelt. Auf den Osten dagegen könnte sie nach ihrer Meinung getrost verzichten. Zumindest pflegt sie diese Überzeugung, oftmals mit Hingabe, denn über Gefühle sprechen zu können und die ganze Gefühlsskala des Menschlichen kennenzulernen, das gehört nicht zu ihren Stärken.

An dieser Stelle die Lektüre kurz zu unterbrechen und das Kapitel über den Osten (❽/❸) ab Seite 63 zu lesen, das wäre ein feiner Anfang. Die Informationen ablehnen können Sie ja dann immer noch. Mit dem fehlenden Süden (❼/❷) ist das so eine Sache: Was, wenn man etwas überhaupt nicht vermisst? Viele Signaturen ohne Süden leiden darunter, übersehen zu werden, jedoch nicht unbedingt die Signatur West-Mitte. Der starke Westen holt sich meist, was er braucht, und entwickelt dann auch keine weiteren Wünsche mehr. Selbstgenügsamkeit ist in dieser Signatur kein Fremdwort. Sollten Sie persönlich jedoch erkennen oder fühlen, dass Aufmerksamkeit doch was Schönes sein kann, dann ist die Verwendung der Farbe Rot ein guter erster Schritt. Nicht nur das naturgemäß Auffällige der Farbe Rot wirkt hier: Die innere Energie als Repräsentantin der Himmelsrichtung Süden im Zahlenrad weckt die dort beheimateten Kräfte. Sie spricht gleichsam eine »kosmische Einladung« an Temperament und Begeisterungsfähigkeit aus. Leider ist die Farbe Rot für Männer immer noch ein wenig tabu, was die Kleiderordnung im Alltag betrifft, aber es gibt zahlreiche Alternativen: vom kleinen Teppich über Handtücher, Vasen, Blumen, Gläser, Bettwäsche, Bilder bis hin zum roten Wollfaden oder Lederstreifen ums Handgelenk. Auch ein rotes Auto wirkt anders auf Ihren Seelenbauplan als ein weißes. Wer Rot zu seiner Lieblingsfarbe erklärt, findet bestimmt viele Möglichkeiten, für Frauen sind die Alternativen fast grenzenlos. Aber auch die Farbe Grün würde viel Gutes bescheren, denn mit Verständnis für das Gegenüber und Einfühlung in Menschen und Situationen kommt gerade diese Signatur viel weiter im Leben. Vielleicht legen Sie sich einen grünen Stein zu, den Sie immer bei sich tragen? Mineralien und Halbedelsteine in allen Farben sind nicht zuletzt deshalb so beliebt, weil sie Energien ausgleichen, die uns fehlen. Oftmals ganz unbewusst holen wir ins Haus, was wir brauchen. Dieser inneren Stimme sollten wir alle ein wenig mehr Gehör schenken. Wenn jemand äußerlich »pflegeleichte« Zufriedenheit ausstrahlt, wie viele Menschen mit dieser Signatur, dann bedeutet das nicht, dass er oder sie auch tief drinnen mit sich selbst voll zufrieden ist. »Aber wie's drinnen aussieht, das weiß keiner« – mit der Aussage dieses Satzes sind viele Menschen mit West-Mitte-Signatur vertraut. Manchmal sucht man eben vergeblich den Schlüssel für einen tief greifenden Wandel zum Besseren und verharrt deshalb in einer unbefriedigenden Situation.

Sie erkennen sich selbst? Spätestens ab morgen sollten Sie sich der Arbeit mit Farben zuwenden und Sie werden sehen: Alles geht auf einmal viel einfacher, Türen öffnen sich in Räume, die Ihrer Signatur bisher unbekannt waren – aber das Abenteuer ist es wert.

Nord - Süd

Freude am Entdecken, Freude an der Weitergabe – das Abenteuer leben!

So vielfältig sind die Wunder der Schöpfung,
dass diese Schönheit niemals enden wird.
Die Schöpfung ist hier.
Sie ist genau jetzt in Dir,
ist es immer schon gewesen.
Die Welt ist ein Wunder.
Die Welt ist Magie.
Die Welt ist Liebe.
Und sie ist hier, jetzt.

Dankgebet der Irokesen

In meinem Geburtsdatum finden sich nur die Zahlen

❻ und/oder ❶
❼ und/oder ❷

16. Juni 1972 * 17. Januar 1961 * 26. Februar 1927 * 1. Juli 1971 * 6. Januar 1967 – was haben alle diese Geburtsdaten gemeinsam? Mit diesen Zahlen ist die Signatur Nord-Süd verbunden, eine besonders energiegeladene Signatur.

Pioniere in vielen Lebensbereichen, Schriftsteller, Politiker, Richter, Architekten, Philosophen – in zahlreichen Berufen ist die spezielle Energiekombination des Nordens und Südens im Zahlenrad zu finden und sorgt für den nötigen Schwung. Wenn Schulanfänger zu Hause ihre Schultüte auspacken, dann hoffen wir für sie, dass sie noch einen weiteren Grund zur Freude haben: eine Lehrerin oder einen Lehrer mit der Signatur Nord-Süd. Warum? Weil wir fast alle dem ersten Schultag entgegenfieberten, wissensdurstig, eroberungsbereit, abenteuerlustig und gespannt, was das Leben für uns bereithält. Was geschah dann?

Johanna erzählt:

Ich hatte dieses Glück, nämlich eine Lehrerin, der die Weitergabe von Wissen Freude machte, die das Lehrersein nicht als Feigenblatt für Machtspiele und mangelndes Selbstbewusstsein missbrauchte. Meine älteren Geschwister hatten da weniger Glück und mussten sich mit alten, verbissenen und rechthaberischen Paukern herumschlagen.

Unser aller Traumlehrerin und Lieblingslehrer, mit dieser Signatur hätten sie zumindest eine große Chance, es zu werden! Intelligent, mutig, sensibel, sanftmütig, entschlossen, verbunden mit Leidenschaft für ihren Beruf, mit Neugier und Freude an Veränderungen. Mit dieser Signatur ist ihr Träger ausgerüstet für Menschen, die etwas von ihm oder ihr wissen wollen. Sie strahlen Freude aus und wenn sie einen Raum betreten, wird es heller. Zwei Extreme, der Norden und der Süden, sind hier glücklich unter einem Dach vereint.

Aufnahmefähig und aufnahmebereit gehen solche Menschen durchs Leben. Fast nichts erscheint ihnen zu schwierig, und auf irgendeine Weise entwickeln sie Verständnis für alles. Sie sind nicht die geborenen Geschäftsleute, aber durch den Norden (❻/❶) gleichen sie vieles aus. Was uns an diesen Menschen so gut tut, ist die Bereitschaft zur Weitergabe ihres Wissens, ohne daraus einen verborgenen Handel zu machen! Allzu oft ergreift ein Mensch einen bestimmten Beruf, nur um einen Fingerhut voll Macht auszuüben. Nicht so diese Signatur: Diese Menschen lassen uns die Freude spüren, wenn die Weitergabe von Wissen geklappt hat, wenn wir etwas begriffen haben. Sicher können Sie sich an einen solchen Lehrer erinnern, auch wenn ihre Art dünn gesät ist. Die anderen Lehrer, die arrogant auf uns herabblickten und froh waren, dass wir nichts lernten, weil dann nur sie »gut« sind, mussten wir alle zu gewissen Zeiten ertragen. Zumindest etwas Gutes konnten sie uns tun: Sie weckten unsere Entschlossenheit, nicht so zu werden wie sie!

Zu höchsten Positionen reicht es bei dieser Signatur nicht immer, weil das Durchsetzungsvermögen des Westens (❾/❹) fehlt. Als Kinder verstanden wir diese Zusammenhänge noch nicht und hofften auf eine gerechte Welt. Diese Hoffnung sollten wir niemals aufgeben, aber als Erwachsene sehen wir das Berufsleben etwas realistischer. Vielleicht schafft es diese Signatur doch einmal bis zum Direktor. Oder ins Bildungsministerium? Unsere Zukunft sähe anders aus, und wir bekämen vielleicht endlich ein so wichtiges Schulfach wie »Gesunde Ernährung«. Auch Spitzensportler gehen aus dieser Signatur hervor. Sportler mit Ausstrahlung, Menschen, an die man sich ein Leben lang erinnert. Wo auch immer ein gesunder Ehrgeiz notwendig ist, in dieser Signatur ist er zu Hause. Piloten, Ärzte ohne Grenzen – auch solche extremen Berufe finden Sie hier. Diese Menschen trauen sich »Filmreifes« zu!

Natürlich stoßen auch sie an ihre Grenzen. Norden und Süden bringen viel Temperament in den Charakter. Wenn sich aber im Geburtsdatum ausschließlich Norden und Süden finden, werden manchmal spektakuläre Luftschlösser gebaut. Es sei denn, der mäßigende und erdverbundene Einfluss guter Anwälte, Manager oder Sekretäre bringt uns früh genug zur Erde zurück. Macht sich ein Mensch mit der Zweier-Signatur Nord-Süd selbstständig, dann kommt er überall gut an, versteht aber die Welt nicht, wenn am Ende des Monats kein Geld in der Kasse ist. Solche Menschen müssen manchmal in die Welt hinausgehen, um (zurück) zu ihrer wahren Bestimmung zu finden.

Unter dem Strich fehlt dieser Signatur ein wenig das Verständnis für Dinge, die nicht in ihrem Interessenkreis liegen. Für sie spielt es beispielsweise keinerlei Rolle, wie sehr wir in der heutigen Zeit überall mit Musik zugedröhnt werden (eine Tatsache, die in ihrer zerstörerischen Kraft noch kaum erkannt ist). Das hat sein Gutes, denn diese Signatur macht nicht alles mit, was gerade modern ist.

Im Alltag macht sich manchmal bemerkbar, dass Westen, Osten und Mitte fehlen. Die Farben Weiß, Grün und Gelb können hier vieles ausgleichen und harmonisieren. Am besten sollten Sie in Kleidung, Ernährung und in der Wohn- und Arbeitsumgebung darauf achten, dass diese Farben vermehrt zum Zug kommen. Das Verständnis für den Westen lässt sich beispielsweise in Abendkursen nachholen. Tragen Sie anfangs viel Weiß zu Meetings, etwas Grün und Gelb in der Palette wären auch von Vorteil. Bei Männern genügt oft ein dünnes grünes, gelbes oder weißes Armband aus Wolle oder Leder (muss ja niemand sehen!).
Klug gewählte Farben sind ungemein wirksam für Ausgleich und Ergänzung des Fehlenden, gleichzeitig aber nicht aufdringlich.
Aus dieser Signatur kommen insgesamt liebenswerte, interessante und temperamentvolle Menschen, die wir alle gerne um uns haben.

Ost - West

Kreative Tüchtigkeit und einfühlende Harmonie – ein Erfolgsmodell in Aktion

Die Weißen sind zu unruhig!
Unablässig eilen sie umher und sorgen sich,
wie man sich noch mehr sorgen und beeilen kann.
Sie rennen so hastig durchs Leben, dass sie keine Zeit haben,
seine Schönheit zu bewundern oder tiefe Gedanken zu empfinden.
Ich bin glücklicher als die Weißen,
weil ich mir über all diese Dinge nicht den Kopf zerbrechen muss.
Und wenn mir meine Habseligkeiten Sorge machen,
verschenke ich sie.

Hosteen Klah, Navajo-Häuptling

In meinem Geburtsdatum finden sich nur die Zahlen

❽ und/oder ❸
❾ und/oder ❹

3. September 1983 * 4. August 1949 * 8. April 1993 * 9. März 1934 * 3. September 1984 – was verbindet alle diese Geburtsdaten? Mit diesen Zahlen ist die Signatur Ost-West verbunden, eine seltene Signatur, die erst wieder am 3. März 2034 auftauchen wird.

Tatsächlich, hier stoßen Welten aufeinander! Tüchtigkeit, Erfolgsorientiertheit, Kreativität, Scharfsinn verbinden sich mit Genügsamkeit, Naturverbundenheit und Harmonie. Jede Himmelsrichtung für sich wäre eine Art Extrem, gemeinsam aber spielen sie ein Lied, das es in der Hitparade weit bringen könnte. Die Menschen dieser Signatur werden überall gebraucht und sind auch fast überall einsetzbar. Der Erfolg ist gleichsam vorprogrammiert. Natürlich muss dazu einiges getan werden und geschehen. Der sanftmütige Osten muss beispielsweise daran arbeiten, dass der Erfolg nicht zu Kopf steigt und übermütig macht. Denn der Ehrgeiz des Westens kann schon mal überschießen und dabei den einen oder anderen Freund vergraulen. Als Kollege wird ein Mensch mit dieser Signatur in der Regel akzeptiert und durchaus mehr oder weniger insgeheim beneidet. Denn im Miteinander am Arbeitsplatz liegen die Karten bald auf dem Tisch und nur wenig Spielraum verbleibt für Zweifel an Können und Absichten.

Je nach Schwerpunkt im Osten oder Westen kann sich Ihre Signatur auch in großer Musikalität und in heilenden Fähigkeiten äußern oder aber in handwerklichem Geschick, jedoch ohne irgendwelche schwärmerisch-romantischen Züge, sondern durchaus kombiniert mit der Fähigkeit der Selbstvermarktung. Kinder mit dieser Signatur wissen schon sehr früh im Leben, was sie wollen, und brauchen sicher keine »Glucke« und keinen Übervater zu Hause, die ihrem Elan und Drang zu Freiheit und Selbstständigkeit Fesseln anlegen. Im Alltag kommen sie mit den meisten Situationen zurecht, aber würde man sie mehr oder weniger ohne Schranken aufwachsen lassen, könnten sie manchmal sehr anstrengend sein und ihrer Umwelt auf die Nerven gehen. Sie meinen es dabei gar nicht böse, sondern sind im Gegenteil davon überzeugt, dass ihre Aufdringlichkeit nichts anderes ist als »erwünschte Aufmerksamkeit« zu schenken. Den Unterschied lernen sie aber im Laufe der Zeit durch Erfahrung.

Das Privatleben kann in dieser Signatur manchmal zu kurz kommen. Für ein Leben mit viel Party und Lebenslust im Vordergrund fehlt das Verständnis, auch was die äußere Erscheinung betrifft. Der Kleidungsstil und die aktuelle Mode sind außer in ganz jungen Jahren kein Thema. Man macht sich's einfach: Das Zeitlose und Beste wird gekauft und das ist gerade mal gut genug.

Liegt der Schwerpunkt dieser Signatur im Westen, sollten Sie frühzeitig ein wachsames Auge auf eine bestimmte Neigung werfen und dafür sorgen, dass niemand in Ihrer Umgebung materiell ausgebeutet und »übers Ohr gehauen« wird. Die Fähigkeit dazu wäre durchaus vorhanden und lässt sich bei dieser Signatur nicht selten im Alltag beobachten. Überwiegt andererseits der Osten, besteht die Gefahr, dass übergroße Rücksichtnahme die Fähigkeiten des Westens unterdrückt und zu wenig schätzt und einsetzt. Wenn Sie diese Seiten an sich erkennen, können Sie Schwächen jetzt besser beheben und früh genug eingreifen. Als ersten Schritt meiden Sie bei überbetontem Westen die Farbe Weiß, bei zu starkem Osten die Farbe Grün.

Die fehlende Mitte (⓿/❺) in dieser Signatur sorgt manchmal für eine unerklärliche innere Unruhe, deren Herkunft schwer zu lokalisieren ist – ähnlich wie die Gefühle, die einen während der Pubertät heimgesucht haben. Hier könnte die Farbe Gelb viel Gutes bewirken und für Ausgleich sorgen. Der abwesende Norden (❻/❶) mit seinem Enthusiasmus für Schritte in eine neue Welt könnte durch die Farben Blau oder Schwarz eingeladen und lebendig werden. Wenn der Norden fehlt, hat man in der Regel gewisse Probleme mit dem Dazulernen und der Erweiterung des geistigen Horizonts, aber diesen Mangel macht ein gesund entwickelter Westen meistens wett. Manchmal werden bestimmte Themenbereiche ausgeklammert beziehungsweise gar nicht erst angedacht und fehlen dann in machen Lebenssituationen, weil man nicht auf eine komplette Werkzeugkiste für alle Lebenslagen zurückgreifen kann.

Wenn der Süden (❼/❷) fehlt, kommt ganz leicht das Gefühl auf, dass man im Leben zu kurz kommt beziehungsweise dass man übersehen wird und nicht genügend Würdigung findet. Solche Gefühle fördern ein ungesundes Konkurrenzdenken, das sich auf lange Sicht zerstörerisch auswirkt. Mit der Farbe Rot lässt sich diese Tendenz mildern, sowohl in der Kleidung als auch in Lebensmitteln oder als Schmuck. Öffentlichkeitsarbeit gehört normalerweise nicht zu den Lebenszielen dieser Signatur, ihre gute Arbeit leistet sie oft im Verborgenen. Dabei ist sie für Lob und Anerkennung durchaus dankbar, aber nicht unbedingt öffentlich. So richtig zufrieden sind die Träger dieser Signatur oftmals dann, wenn sich ein erfolgreiches Geschäftsleben menschlich harmonisch und finanziell lohnend gestaltet. Neuerungen im Betrieb sind ebenfalls willkommen. Eine besondere Eigenschaft dieser Signatur zeigt sich im Wert, den man auf die eigenen vier Wände legt: Sie sind hier fast lebensnotwendig. Diese Signatur baut sich nämlich gerne im wahrsten Sinne ein »Nest«. Sie braucht es zu ihrem Glück. Eine schön eingerichtete Wohnung tut es auch – Hauptsache, sie fühlt sich darin wirklich geborgen und zu Hause.

Alles in allem ist dies eine Signatur, die für einen guten Weg im Leben bestens gerüstet ist. Leben Sie das Gute an ihr und erobern Sie das Fehlende, dann stehen Ihnen fast alle Türen im Leben offen.

Die zehn Dreier

Nord-Ost-Süd

*Entschlossenheit, Temperament, Mitgefühl –
ein erfolgreicher Dreiklang*

*Wir klagen manchmal über schlechte Zeiten.
Aber die Zeiten sind nur schlecht,
wenn die Menschen schlecht sind.
Gute Zeiten fallen nicht vom Himmel.
Gute Zeiten können wir selbst machen,
nicht mit Geld und Technik, sondern mit Güte und Herz.
Nur gute Menschen machen gute Zeiten:
wenn Wohlwollen herrscht; wenn Gewalt schweigt;
wenn Wohlstand geteilt wird; wenn Menschen sich mögen;
wenn Platz da ist für eine Blume
und Zeit für ein freundliches Wort.*

Phil Bosmans

In meinem Geburtsdatum finden sich nur die Zahlen

❻ und/oder ❶
❽ und/oder ❸
❼ und/oder ❷

2. Juli 1963 * 13. März 1972 * 16. August 1973 * 18. Juli 1961 * 7. Juni 1937 – was verbindet alle diese Geburtsdaten? Neben vielen anderen Kombinationsmöglichkeiten ist mit diesen Zahlen die Signatur Nord-Ost-Süd verbunden.

Ob freundlicher Ratschlag oder strenge Ermahnung – jedes Kind auf der Welt bekommt irgendwann zu hören: »Mach was aus deinem Leben!« Sie tragen diese Signatur? Schätzen Sie sich glücklich, denn dieser Signatur scheint das mühelos zu gelingen! Nur selten findet man so ausgeprägte und vielfarbige Charaktere wie bei den Menschen mit dieser Zahlenkombination. Ob als Sänger, Schauspieler, Politiker, Arzt oder Freiheitskämpfer – Frauen wie Männer mit diesen Zahlen sind bestens gerüstet, unbeirrt und letztlich erfolgreich einen eigenen Weg zu gehen. Sie besitzen von Anfang an das Werkzeug zu den farbenfrohesten und interessantesten Lebensentwürfen. Natürlich soll aber nicht verschwiegen werden, dass hier, wie bei allen anderen Signaturen auch, eine gute Unterstützung und Förderung sehr viel besser ist als nur »gute Voraussetzungen«. Denn das gute Werkzeug erwacht erst in kundigen Händen zum Leben. Aber die Schatzkiste dieser Signatur hat es in sich: Der Osten (❽/❸) mit seiner Geduld, dem Mitgefühl und dem langen Atem lässt schier unerreichbare Ziele erreichen, kühne Träume Wirklichkeit werden. Das Temperament und die Ausstrahlung des Südens (❼/❷) überzeugen auch andere Menschen, dass Ihr Weg gangbar und lohnend ist. Dazu gesellt sich die Kraft des Nordens (❻/❶) mit seiner tiefgründigen Aufnahmefähigkeit und Entschlossenheit. Das Schicksal müsste Ihnen schon sehr arg mitgespielt haben, wenn Sie daraus nicht etwas Besonderes gezaubert hätten.

Musik liegt Ihnen im Blut und gleichgültig, ob Sie singen oder ein Instrument spielen, man wird Ihnen zuhören. Auch als Tänzer, als Tänzerin haben Sie eine Begabung, an der Sie Ihre Umwelt in der einen oder anderen Form teilhaben lassen sollten. Für alle Berufsrichtungen und Signaturen gilt: Lernen lässt sich im Prinzip alles, so wie man auch Tanzen und Singen mit mehr oder weniger Zeit und Aufwand lernen kann. Hier jedoch haben wir es mit einem Menschen zu tun, der das Können schon mitbringt, fast als ob ein Meister doch manchmal vom Himmel fällt. Natürlich greift auch hier ein weiteres Naturgesetz: Sie müssen das Wagnis eingehen und die (vielleicht noch schlummernde) Begabung hervorholen, ausfeilen und pflegen.

Sie sind vielleicht mit Filmaufnahmen vertraut, die zeigen, wie Kinder Radfahren lernen, oder Skifahren, Tanzen, Eislaufen. Der eine übt ein wenig, und schon macht er eine gute Figur bis ans Lebensende. Der andere wird sich auch noch als Erwachsener »anstellen« und den Dreh nicht finden. Das ist der entscheidende Unterschied. Sie können ein Kind zehn Jahre lang zum Klavierunterricht schicken und dann beherrscht es die Technik des Klavierspielens. Sie können ein Kind mit dieser Signatur schicken und nach nur zwei Jahren werden Sie Tönen lauschen, die zum Träumen einladen. Sie sind verzaubert. Zwölfjährige »Ski-Babys« gibt es, die beherrschen den Berg, wie sie es an keiner Schule gelehrt bekommen. Beispiele gäbe es noch in Hülle und Fülle, aber wir fassen zusammen: Wer diese Signatur besitzt, der kann sich ins Zeug legen, weil ihm die Welt offen steht!

Und die nicht so gute Nachricht bei all den guten Nachrichten? Nun, es fehlen zwei Stationen, nämlich die ausgleichenden Kräfte der Mitte (⓪/❺) und der Westen (❾/❹), der immer kühlen Kopf bewahrt. Das bedeutet im Wesentlichen, dass Sie schon mal übers Ziel hinausschießen können, im kleinen wie im großen Maßstab. In jeder Beziehung kosten sie alles aus – und vielleicht ist dann am Schluss einfach nichts mehr da. Dann reiben Sie sich manchmal die Augen, denn trotz der

intuitiven Kräfte des Ostens haben Sie es nicht kommen sehen. Gut informiert ist halb gewonnen: Mit diesem Wissen ausgerüstet, können Sie den selbst gebauten Fallen jetzt leichter ausweichen. Zu den vielen Talenten dieser Signatur gehört nämlich die Lernfähigkeit, die hier auch nur selten durch falschen Stolz oder Trägheit blockiert wird.
Und wie wirkt sich der fehlende Westen aus? Im Klartext: Sie sind zwar meist sehr gut in dem, was Sie tun, aber kassieren tut manchmal ein anderer. Hier ist wirklich Vorsicht geboten, so viel ist sicher! Diese Lücke sollten Sie unbedingt aktiv und bewusst füllen, denn sonst werden Sie immer wieder übers Ohr gehauen. Der großzügige Osten verschenkt sich manchmal so sehr, dass ein unvernünftiger Raubbau an Leib und Konto die Folge ist. Tragen Sie deshalb bei wichtigen beruflichen Terminen immer viel Weiß. Dieser einfache Trick hilft, wachsam zu bleiben. Und nehmen Sie sich einen guten Berater, der die Zahlen des Westens im Geburtsdatum trägt.

Sehr viel mehr Gefahren lauern bei Ihnen nicht. Nehmen Sie also die wenigen Hürden in Angriff und genießen Sie Ihr Leben. Lassen Sie uns alle an Ihren Erfolgen teilhaben, was ja in der heutigen Zeit Film und Fernsehen mühelos ermöglichen. So manche Film- und Sportgröße mit dieser Signatur verschönert uns den Feierabend.

Freiheit wird nicht mit dem Streben nach Freiheit,
sondern mit dem Streben nach Wahrheit erlangt.
Freiheit ist kein Ziel, sondern eine Folge.
Wenn Du Dich unfrei fühlst, so suche die Ursache in Dir.

Leo Tolstoi

Ost - Süd - West

Die Freude am Lebendigwerden von Träumen
im guten Gleichgewicht von Gefühl und Verstand

Ein berühmter Bildhauer
arbeitete gerade an einem Marmorlöwen.
Voll Bewunderung fragte ihn ein Besucher,
worin das Geheimnis seiner Kunst bestehe.
Der Meister antwortete:
»Das ist gar nicht so schwierig.
Ich schlage einfach alles weg,
was nicht nach Löwe aussieht.«

In meinem Geburtsdatum finden sich nur die Zahlen

❽ und/oder ❸
❼ und/oder ❷
❾ und/oder ❹

8. September 1973 * 3. Juli 1994 * 22. April 1983 * 9. August 1982 * 23. Februar 1944 – was verbindet alle diese Geburtsdaten? Alle diese Geburtsdaten entsprechen der Signatur Ost-Süd-West. Eine besondere Signatur mit vielen Talenten.

Es gibt keine Signatur, der man ein Etikett aufkleben und sagen kann: »Diese Signatur ist typisch für den und den Beruf, den und den Menschentyp.« Denn eine solche Schablone würde niemals dem bunten Wechselspiel gerecht von Prägung und Förderung, von Blockade und freier Willensentscheidung. Zahllose Einflüsse sind im Spiel, Erziehung, Vorbilder, Möglichkeiten, Verführungen. So vieles beeinflusst uns nachhaltig, manchmal scheinbar winzige Kleinigkeiten. Und dennoch, bei Ost-Süd-West liegt die Versuchung sehr nahe, einfach auszurufen: »Na, kein Wunder bei den Zahlen!« Und zwar immer dann, wenn man einem Schauspieler mit dieser Signatur begegnet.

Wenn Sie diese Signatur tragen und schon immer mehr oder weniger bewusst den Wunsch hatten, Schauspieler zu werden, dann erfüllen Sie sich diesen Wunsch, auf welchem Weg auch immer! Sie sind nicht mehr ganz jung und haben einen ganz anderen Weg gewählt? Es werden auch ältere Schauspieler gebraucht! Aber keine Angst, die Schauspielerei ist bei weitem nicht das einzige Talent, das Sie vorzuweisen haben. Sie besitzen auch sonst eine Menge Qualitäten, wie Sie erkennen konnten, wenn Sie Kapitel zwei mit der Beschreibung »Ihrer« Zahlen gelesen haben. Der Süden (❼/❷) beispielsweise sorgt dafür, dass Sie überall beliebt sind und Sonne in den Tag bringen. Ihre Begeisterungsfähigkeit steckt an und das Glas ist daher nicht nur bei Ihnen immer halb voll, auch Ihre Umgebung lernt allmählich, die Dinge nicht immer grau in grau zu sehen. Es macht Spaß, mit Ihnen als Kollege zu arbeiten, und nach Feierabend fängt der Tag für Sie oft erst an. Eine Party, bei der Sie absagen müssen (freiwillig tun Sie dies eher selten), verläuft meist nur halb so lustig.

Weil der Osten (❽/❸) viel Einfühlungsvermögen bringt, wissen Sie meist auch, wann es genug ist. Fehlentscheidungen treffen Sie nur selten. Die meist vorhandene Fähigkeit, nach klarem Gefühl zu unterscheiden, wo Sie gebraucht werden, wo nicht und wie lange, erleichtert Ihnen den Alltag und das Berufsleben sehr. Nur wenn Sie einen ausgesprochenen Schwerpunkt im Osten besitzen (etwa mit einer ❽ und einer ❸), müssen Sie etwas mehr Umsicht walten lassen. Das stets gut Gemeinte kann dann in zu viel des Guten ausarten und dieses alte Sprichwort mit neuem Sinn erfüllen: »Der Pfad zur Hölle ist gepflastert mit guten Absichten.« Manchmal ist Ihr Haus und/oder Ihr Herz dann ein offenes Tor für eine Flut von Eindrücken und Einflüssen, weil Sie nicht gelernt haben, Nein zu sagen. Diese Fähigkeit kann durch prägende Einflüsse in der Kindheit zurückgedrängt worden sein und muss dann neu entdeckt werden. Dabei hilft Ihnen aber die Kraft des Westens.

Der Westen mit ❾ und/oder ❹ schärft den Geschäftssinn. Zur Erinnerung: Die ❾ vermittelt noch ausgeprägter die Meisterschaft in Geldangelegenheiten als die ❹. Die ❹ dagegen fördert das mechanische, handwerkliche Talent. Sollten Sie tatsächlich Ihre schauspielerischen Qualitäten zum Beruf gemacht haben, läge die Vermutung nahe, dass Sie sich nur bei extremen Kunststückchen auf Stuntmänner oder -frauen verlassen müssen, die in den gefährlichsten Szenen für Sie einspringen.

Die fehlende Mitte (⓿/❺) lässt Sie manchmal das Gleichgewicht verlieren, die vorhandenen Kräfte werden das eine oder andere Mal falsch eingeschätzt. »Die Mitte finden« – das gehört ein wenig zu Ihren

Lebensthemen. Es passiert Ihnen beispielsweise manchmal, dass Sie in den Spiegel sehen und vor Ihren eigenen Augen nicht bestehen – allen Erfolgen zum Trotz. Bitte nehmen Sie es von uns an: Solche Selbstzweifel haben Sie gar nicht nötig!

Der Norden (❻/❶) fehlt in Ihrer Signatur ebenfalls, aber Ihre spezielle Dreier-Kombination macht diese Lücke eigentlich meist erfolgreich wett. Der fehlende Norden macht sich zum Beispiel manchmal bemerkbar, wenn Ausdauer beim schulischen Lernen nicht gerade zu Ihren Stärken zählt. Sie hatten und haben andere Methoden, sich Wissen anzueignen. Ihre Lehrer hatten es wohl nicht immer leicht mit Ihnen, zumindest eine bestimmte »Sorte« unter den Paukern. Denn viele Menschen bringen kein Verständnis auf, wenn jemand ohne Büffeln dennoch viel lernt und ihm oder ihr scheinbar alles in den Schoß fällt. Ignorieren Sie ab jetzt getrost solche Neider. Jedenfalls wäre Lehrer auch eine gute Berufswahl für Sie – besonders, wenn Sie die ehrliche Freude am Weitergeben von Wissen entdeckt haben. Wenn nicht, dann forschen Sie danach und lernen Sie es! Denn die Neigung und die Freude an Alleingängen stehen nicht in Ihrer Signatur geschrieben. Ein gutes Team kann oftmals viel mehr erreichen und die Fairness, die zum gemeinsamen Erfolg im Team führt, bringen Sie von Anfang an mit, auch wenn sie vielleicht (noch) unter der einen oder anderen Enttäuschung vergraben liegt.

Wenn Sie einmal in die Situation kommen, dass in Ihren Augen so »gar nichts weitergeht«, dann versuchen Sie es mit den Farben Schwarz oder Blau. Treten Sie auf in Schwarz, erscheinen Sie in Blau – eine kleine Änderung mit auf Dauer großer Wirkung. Vieles im Leben muss erst geweckt und genützt werden, dazu sind wir hier. Die »glücklichen Zufälle im Leben« sind bei genauem Hinsehen und einiger Zeit der Meditation nichts anderes als Ernten dessen, was man gesät hat. Nützen Sie Ihre starke Persönlichkeit! Sie fühlen sie nicht? Noch nicht – das könnten wir Ihnen versprechen! Es ist alles da, was Sie brauchen!

Nord - Süd - West

Mit Ausdauer und Klugheit zum zählbaren Erfolg – und darüber hinaus

Um leben zu können, musst Du genießen können.
Ich meine nicht die Genusssucht, die so viele Menschen
krank und zu Sklaven macht, die so viele Menschen
ins Unglück stürzt.
Um genießen zu können, musst Du frei sein.
Frei von Gier, frei von Neid, frei von einer Leidenschaft,
die Dich zerreißt und zerstört.
Wenn Du genießen kannst, kannst Du lachen.
Du freust Dich. Du bist dankbar, dass jeden Morgen die
Sonne für Dich aufgeht. Du kannst selig sein über ein weiches Bett
und über eine warme Wohnung. Du triffst freundliche Menschen.
Die Freundschaft Gottes kommt Dir entgegen in jedem Lächeln,
in jeder Blume, in jedem guten Wort, in jeder Hand, in jeder Umarmung.
Wenn Du kleine Dinge in aller Ruhe genießen kannst,
dann wohnst Du in einem Garten voller Seligkeit.

Phil Bosmans

In meinem Geburtsdatum finden sich nur die Zahlen

❻ und/oder ❶
❼ und/oder ❷
❾ und/oder ❹

16. September 1972 * 4. Januar 1967 * 2. Juli 1991 * 7. Februar 1941 * 9. Juni 1962 – was verbindet alle diese Geburtsdaten? Neben vielen weiteren Kombinationsmöglichkeiten ist mit diesen Zahlen die Signatur Nord-Süd-West verbunden.

Was ist Erfolg? – Dafür gibt es seit Anfang der Zeiten zwar einige Standard-Antworten, aber wenn man genauer hinsieht, ist doch Erfolg in den Augen jedes Menschen etwas anderes. Es liegt eben nicht nur die Schönheit im Auge des Betrachters. Die Menschen dieser Signatur haben jedoch fast immer eines gemeinsam – Erfolg darf ruhig etwas mit den Händen Greifbares sein. Oft im Leben heißt es, Geld sei nicht das Wichtigste. Aber auch das Sprichwort »Geld ist keine Schande« ist absolut wahr. Kurz und gut: Diese Signatur hält sich weder mit dem einen noch dem anderen Sprichwort auf. »Über Geld spricht man nicht, das hat man« – für diese Signatur trifft das den Nagel auf den Kopf. Nur selten begegnet man Trägern der Signatur Nord-Süd-West, die von chronischen Geldsorgen geplagt sind. Man hat es, man braucht es und man liebt es – und aus!

Diese Signatur fällt meistens auf die Füße, wenn sie fällt. Wie oft sie das tut, ist von außen oft nicht erkennbar, weil sie sehr diskret sein kann, wenn sie will, aber man sieht die erfolgreiche Landung. Dabei gewinnt man oft den Eindruck, als ob sie das notwendige Talent für den erfolgreichen Umgang mit Problemen einfach so aus dem Ärmel schüttelt. Die Menschen dieser Signatur sind erfinderisch, schlagfertig, geschäftstüchtig und bewegen sich gewandt auf beinahe jedem Parkett. Sie empfinden das nicht so, wenn Sie in den Spiegel blicken, oder Ihre Vergangenheit Revue passieren lassen? Sie haben es in den Knochen, seien Sie versichert! Diese Fähigkeit wartet nur auf die Neubelebung!

Gleichzeitig sind Sie meist risikobereit in einem Maße, das für viele andere Menschen jenseits ihrer Möglichkeiten wäre. Abenteuer! – das ist kein Fremdwort für Sie. Aber stets mit kalkuliertem Risiko: Mit kühler Berechnung erreichen Sie fast jedes Ziel. Und hier liegt auch schon eine Gefahr verborgen, eines der Lebensthemen dieser Signatur. Denn »kühle Berechnung« kann sich vereisen zu »kaltem Kalkül«. Erfolg kann zu Kopf steigen und arrogant machen – und weil ja diese Signatur (fast) immer auf den Füßen landet, braucht sie aus Fehlern nicht zu lernen. Ein gewisses Maß an Überheblichkeit wird dann gleichsam öffentlich (»Mir kann keiner!«) und stößt die Menschen vor den Kopf. Wenn der Westen im Vergleich zu den anderen beiden Himmelsrichtungen auch noch ein Übergewicht trägt (etwa mit ❹ und ❾ in einem Geburtsdatum), dann bleibt so manches Kopfschütteln bei Ihren Mitmenschen nicht die einzige ablehnende Reaktion.
Mit dem Ausgleich der fehlenden Himmelsrichtungen Mitte und Osten haben Sie vielleicht so Ihre Schwierigkeiten – oder besser: Die Menschen in Ihrer Umgebung bekommen die Schwierigkeit mit Ihnen. Sie haben nämlich manchmal gar nicht das Gefühl, etwas in Ihrem Leben zu vermissen oder besser machen zu müssen. Wenn Erfolg für Sie bedeutet, das Bankkonto wachsen zu sehen, sind Sie ja in unserer Zeit so gut aufgehoben, dass Sie vielleicht gar nicht mehr fühlen, was echter Erfolg bedeutet. Wahrer Erfolg hat nichts mit Geld zu tun, so viel ist gewiss. Geld ist notwendig, aber auf die Menge kommt es nicht an – der weise Umgang damit ist entscheidend.
Leben Sie Ihre Fähigkeiten, aber sorgen Sie sich auch um die Kräfte der Mitte und des Ostens, um Ihr inneres Gefüge zu vervollständigen und ganz zu werden. Sie machen es den Menschen manchmal nicht leicht, Ihnen gegenüber Gefühle zu zeigen. Mit Ihrer Signatur werden Gefühle manchmal mit »Schwäche« verwechselt und deshalb versteckt.

Wie auch immer, man kann ja dazulernen und begreifen, dass das Verdrängen oder Verstecken von Gefühlen dasselbe ist wie sich selbst die Luft abzudrehen. Mit den Farben Gelb und Grün könnten Sie für mehr Harmonie und Ausgleich eines Zuviel oder Zuwenig in Ihrem Leben sorgen. Mit der klugen Auswahl der Farben in Kleidung und Wohnung sowie beim Essen lässt sich vieles sehr schnell und wirkungsvoll beeinflussen. Gefühle zurückdrängen und dann neu entdecken und ausleben – das ist ein spezielles Abenteuer, sehr lohnend und erfreulich, für alle Beteiligten.

Mit dieser Signatur haben Sie viel Überzeugungskraft und Ausdauer. Sie können die Dinge auch ruhen lassen, wenn nötig, und dann im richtigen Augenblick »zuschlagen«. Würde man jeder Signatur ein Sinnbild aus dem Tierreich zuschreiben, dann wäre der Löwe hier sicher die richtige Wahl. Der kämpferische Geist aus Ihrer Signatur sollte nicht eingesperrt werden. Wird ein Kind mit dieser Signatur unterdrückt und klein gehalten, dann reagiert es später im Leben meist entweder mit schwer stillbaren Rachegefühlen oder mit völliger Resignation. Eine »Glucke« kann für ein solches Kind zur Katastrophe werden. Da Kinder mit dieser Signatur selbst keine Mitte haben (die 0/5 steht ja für die mütterliche Energie), wiegt es sich manchmal viel zu lange in der Überzeugung, von der Mutter abhängig zu sein, und entwickelt dann nicht selten eine Wut auf sich selbst und auf die Umwelt. Es ist immer traurig, wenn Eltern ihre Kinder überhaupt nicht verstehen, nur weil solche Kleinigkeiten unberücksichtigt bleiben. Deshalb ist es von großer Bedeutung, dass jeder sein Leben (seine Signatur!) lebt und aus eigener Kraft für den harmonischen Ausgleich im Gesamtbild sorgt. Wir können uns von anderen Menschen stets etwas abschauen und nichts spricht gegen das Nacheifern von Idolen und Vorbildern. Aber wir sollten andere nur bewundern, niemals beneiden! Ein Siegeszug in der Welt ist dieser Signatur vorgezeichnet, aber leben und gehen muss diesen Weg jeder und jede für sich allein. Freuen Sie sich an der Erfolg versprechenden Starthilfe in Ihren Zahlen und nützen Sie den Tag! Jeden Tag!

Nord - Ost - West

Geschick in allen Dingen, Beharrlichkeit und Gefühl – die Mischung für einen guten Weg

Die drei schwierigsten Dinge für einen Menschen
sind nicht körperliche Höchstleistungen
oder geistige Glanzstücke,
sondern erstens: Hass mit Liebe zu vergelten;
zweitens: das Ausgeschlossene mit einzuschließen;
drittens: zuzugeben, dass man unrecht hatte.
Meistert er diese drei Dinge, hat er das Leben gemeistert.

Anthony de Mello

In meinem Geburtsdatum finden sich nur die Zahlen

❻ und/oder ❶
❽ und/oder ❸
❾ und/oder ❹

14. August 1961 * 9. März 1961 * 8. Juni 1994 * 3. Januar 1949 * 6. April 1983 – was verbindet alle diese Geburtsdaten? Mit diesen Zahlen ist die Signatur Nord-Ost-West verbunden, die »Dach-Signatur«.

Diese Signatur verspricht eine stabilisierende Kraft in Ihr Leben zu tragen. Was auch immer Sie sich vornehmen, Sie kommen fast immer ans Ziel. Für Außenstehende ist nicht immer nachvollziehbar, warum, aber den Menschen dieser Signatur gelingt meist, was sie anfassen. Ausgerüstet mit scharfem Verstand, verbunden mit dem nötigen Einfühlungsvermögen und dem gesunden Geschäftssinn – hier ist eine glückliche Mischung von Talenten am Werk. Meistens wählen die Träger und Trägerinnen dieser Signatur Berufe, die in enger Verbindung zur Öffentlichkeit stehen. Nicht wenige Politiker sind hier zu finden. Wobei sie in den Vordergrund öffentlicher Aufmerksamkeit rückten, weil man sie an positiven Taten messen konnte, nicht wegen Medien-Schaumschlägerei oder der Verführkünste einer Werbeagentur.

Der Norden (❻/❶) rüstet diese Signatur bestens dafür aus, auch längere Studienzeiten durchzuhalten (Architektur, Medizin und so weiter). Oftmals befriedigt das Gelernte nicht gänzlich und ein zweiter Beruf wird erlernt, einer zweiten Berufung gefolgt. Der Osten sorgt hier für authentische Menschlichkeit, denn gerade als Person der Öffentlichkeit beziehungsweise im »großflächigen« Kontakt mit Menschen ist viel Fingerspitzengefühl nötig. Jeder Mensch ist anders – und die Bedürfnisse einer ganzen Nation zu erfüllen, braucht nicht nur Verstand und Geschick, sondern auch Weitblick und Mut. Gerade die schnellen und oftmals leeren Versprechungen vor Wahlen beweisen uns doch immer wieder überdeutlich, wohin uns die kurzfristige Verführung bringt. Das Schauspiel wiederholt sich pausenlos und hat zur Folge, dass sich Demokratie in eine Diktatur des Mittelmaßes wandelt. Die Zusagen für den »kleinen Mann« sind groß, die Wahlen dadurch beeinflusst, und hinterher ist es sowieso jedem gleichgültig, was versprochen worden ist. Warum? Ganz einfach. Jene Politiker, die dem »kleinen Mann« das Blaue vom Himmel herunter versprechen, haben nicht das allergeringste Interesse daran, wie es dem »kleinen Mann« wirklich geht. Damit nicht genug, diese Leute sorgen auch dafür, dass der »kleine Mann« weiterhin nichts zu sagen hat. Auf zwei Wegen: einerseits durch offensichtliche Einflusslosigkeit, andererseits durch unrichtige Information, die dann die Entscheidungen des Wählers verfälschen.

Die Konsequenz für uns? Niemals auf Zusagen und Versprechungen warten und bauen, sondern sich stets aus eigener Kraft und Verantwortung fortbilden! »Dir gehört, was bei einem Schiffbruch übrig bleibt«, sagt ein altes arabisches Sprichwort aus besseren Zeiten. Man besitzt immer nur das wirklich, wozu man Herz und Verstand herangebildet hat. Und wir sind immer auch selbst verantwortlich für diesen Besitz oder Nicht-Besitz. Natürlich greifen vielfältige äußere Einflüsse lenkend in unser Leben ein. Aber mit der Schatzkiste dieser Signatur versehen können Sie ein wunderbarer, kluger Kapitän in den Flauten, den lauen Brisen und den Stürmen des Lebens werden.

Die fehlende Mitte (0/5) bewirkt manchmal, dass Sie eine nebelhafte Unzufriedenheit empfinden, die ihre Ursache in tatsächlich existierenden, noch nicht erkannten Problemen haben kann, öfter aber nur eingebildet ist und sich trotz aller Erfolge in Ihr Leben schleicht.
Da empfehlen wir wieder das einfache, aber wirkungsvolle Mittel: Bringen Sie verstärkt die Farbe Gelb in Ihren Alltag, in der Kleidung, an Wohnungswänden, Vorhängen, mit gelben Blumen, in der Bettwäsche und so weiter. Das wirkt in Ihrem Fall ausgleichend und kann diese seltsamen Gefühle aus der Magengrube vertreiben. Auch Meditationen

für einige Minuten am Tag oder beruhigende Musik können hilfreich in Ihr Leben eingreifen.
Auch die Farbe Rot würde sich in vielfältiger Hinsicht in Ihrem Leben sehr gut machen, denn sie repräsentiert den Süden (❼/❷) und würde mithelfen, die dort beheimateten Kräfte zu wecken. Das bedeutet nicht unbedingt, dass es Ihnen am nötigen Temperament für Ihre Aufgaben und Ihre Absichten fehlt. Der fehlende Süden könnte nur manchmal dafür sorgen, dass Sie sich übersehen oder übergangen fühlen. Auch diese Empfindung muss keineswegs den Tatsachen entsprechen. Ein fehlender Süden macht sich einfach nur manchmal genau mit solchen Anwandlungen bemerkbar. Natürlich kann man sie nicht einfach wegstecken, nur weil wir hier andeuten, dass sie meist nur eingebildet sind. Bringen Sie die Farbe Rot in Ihr Leben und diese Lücke füllt sich langsam. Jedoch nicht übertreiben, denn für Ihren speziellen Weg ins Leben sind Sie gut gerüstet. Wir brauchen nicht immer alles und schon gar nicht zu jeder Zeit. Zum Beispiel Erdbeeren im Winter zu verlangen richtet in der Welt viel mehr Schaden an, als die nicht jahreszeitgemäßen Früchte in unserem Körper Gutes tun.
Ob als Musiker, Politiker, als Journalist, als Kindergärtnerin oder Erzieher, als Geschäftsmann und Geschäftsfrau – Sie finden in dieser Signatur ein Schatzkästchen vor, um etwas Besonderes aus sich und Ihrem Leben zu machen. Auch großes handwerkliches Geschick ist erkennbar! Wer weiß, was Sie noch alles auf die Beine stellen!

Der Weg durch die Wüste ist kein Umweg.
Wer nicht das Leere erlitt,
bändigt auch nicht die Fülle;
wer nie die Straße verlor,
würdigt den Wegweiser nicht.

Friedrich Schwanecke

Nord - Ost - Mitte

Überzeugend und charismatisch ins Rampenlicht, mit sensibler Einfühlung und der Kraft aus der Mitte

Es gibt mehr als eine Straße,
die zum Leben nach dem Leben führt,
es gibt mehr als eine Art zu lieben,
es gibt mehr als einen Weg,
die andere Hälfte seines Selbst
in einem anderen Menschen zu finden,
es gibt mehr als eine Art, den Feind zu bekämpfen.
Wer sein Selbst nicht lieben kann,
kann niemanden lieben.
Wer die schon vor der Geburt erhaltenen Gaben
nicht respektieren kann,
kann nie etwas richtig respektieren.

aus dem Indianischen

In meinem Geburtsdatum finden sich nur die Zahlen

❻ und/oder ❶
❽ und/oder ❸
⓿ und/oder ❺

8. Oktober 1961 * 30. Juni 1988 * 5. März 1960 * 11. Mai 1938 * 13. November 1950 – was verbindet alle diese Geburtsdaten? Neben vielen weiteren Kombinationsmöglichkeiten ist mit diesen Zahlen die Signatur Nord-Ost-Mitte verbunden.

Der Norden verleiht dieser Signatur Zielstrebigkeit, Neugier, Weitblick und Standhaftigkeit. Kombiniert mit der Kraft der Mitte verspricht das schon viel Beharrlichkeit und Verantwortungsgefühl. Hinzu kommen die speziellen Energien des Ostens, und das bedeutet eine Menge Einfühlungsvermögen zu all der Erfolg versprechenden Energie. Eigentlich eine gute Basis für Zufriedenheit rundum, wären da nicht die kleinen Lücken, die man mit dieser Signatur sehr wohl zu spüren bekommt. Das klare Gefühl, dass »etwas zu meinem Glück fehlt«, lässt Sie unter Umständen in Ihrem Leben nicht so schnell zur Ruhe kommen. In verhältnismäßig jungen Jahren werden Sie sich auf die Suche nach dem fehlenden Etwas machen, vielleicht sogar schon in der Kindheit, wenn Umwelt und Eltern »mitspielen«. Keine Sorge, für eine erfolgreiche Suche sind Sie in jedem Alter in höchstem Maße ausgerüstet!
Aber Vorsicht: Ihre besonderen Kräfte können manchmal eine Grenze überschreiten und Sie dann die Überzeugung gewinnen lassen, Sie müssten die Lücken im Süden und Westen ohne Hilfe von außen füllen. Hier besteht dann manchmal die Neigung, sich völlig zu verausgaben, weil man dem Irrtum unterliegt, alles allein schaffen zu müssen. Je nach Kraftverteilung und Schwerpunktbildung in den drei Himmelsrichtungen Ihrer Signatur kann das bis zur Selbstaufopferung, ja, Selbstaufgabe gehen. Ein Schwerpunkt im Osten beispielsweise (etwa, wenn dort

eine ❽ und eine ❸ sitzen) kann zur Folge haben, dass Sie alles »im stillen Kämmerlein« lernen wollen. Weil Sie nämlich tatsächlich der Überzeugung sind, alles von Anfang an können zu müssen, ohne sich die nötige Zeit fürs Lernen und Üben zu gönnen. Den Meister, der vom Himmel fällt, gibt es in Ihren Augen doch! Setzen Sie die zum geduldigen Arbeiten mitgebrachte Fähigkeit entschlossen auch für sich selbst ein! Kinder mit dieser Signatur und mit vielen Einheiten im Osten sollten niemals ohne ihr Wissen allein gelassen werden, weil später Misstrauen, Unsicherheit und Verlustängste die Folge sein könnten. Überwiegt in dieser Signatur der Norden (❻ und/oder ❶), entsteht eine Lebensorientierung mit starker Betonung auf Öffentlichkeitsarbeit. Das nötige Einfühlungsvermögen dafür (aus den Zahlen ❽ und/oder ❸) käme in vielen Organisationen und Unternehmungen sehr vorteilhaft zur Geltung. Andererseits heißt es hier auch, wachsam zu sein: Bewegt man sich in der Öffentlichkeit und besitzt gleichzeitig viele Einheiten im Osten beziehungsweise eine überstarke Sensibilität, dann bricht sich manchmal die angeborene Fähigkeit zum Mitleiden so sehr Bahn, dass diese starken Gefühle zum Hindernis für erfolgreiche Arbeit werden. Im Selbstmitleid versinkende Menschen im Arbeits- oder Familienumfeld werden dann unter Umständen zu lange ertragen. Das verursacht Stress und Zorn, die sich eher nach innen wenden. Oftmals fehlt die Kraft, die Situation zu ändern, weil ein künstlich geschürtes »schlechtes Gewissen« blockierend wirkt: Nicht selten verharrt man in einer belastenden Umgebung oder Situation, obwohl man sich innerlich gern und völlig zu Recht abwenden möchte. Das erzeugt Aggressionen am falschen Platz. Hier sind die richtige Mischung aus kühler Vernunft des Nordens und Geduld und Einfühlungsvermögen des Ostens gefragt, um mit dem Übergewicht innerhalb einer Himmelsrichtung zurechtzukommen. Hilfreich mag auch das Meditieren über eine allzu selten bedachte Tatsache sein: dass das allzu lange Ertragen unglücklicher Situationen beziehungsweise unbelehrbarer Menschen automatisch dazu führt, dass man das Lernen und Reifen des Gegenübers verhindert! Der oder die andere erfahren dann nicht (oder erst viel später) am eigenen Leib, dass

man normalerweise erntet, was man sät. Sie haben alles Werkzeug dabei, um den richtigen Weg zu gehen: Bei allen Kombinationsmöglichkeiten und Signaturen arbeitet die Mitte mit den Zahlen 0 und 5 und ihren speziellen Energien stets erfolgreich für Ausgleich und Harmonie. Diese spezielle Signatur beherbergt keine zur Aggressivität tendierenden Zahlen, es sollte daher ein Leichtes sein, mit ihren Trägern auszukommen. Die Genauigkeit, das Interesse, die Entschlossenheit, die Liebe zur Musik machen diese Menschen interessant (wenn auch durchaus manchmal anstrengend). Diesen Menschen gehört die Welt draußen! Hinter Schalter oder Schreibtisch auf Lebenszeit haben sie nichts verloren.
Die »Finanzen« genießen bei dieser Signatur geringere Priorität und sie übersieht dann schon einmal, dass Geld in vielen Situationen schlichte Notwendigkeit ist. Für Menschen, die sich im Leben nur »wegen des Geldes« aufraffen, hat diese Signatur wenig Verständnis. Das mag sehr edel klingen, aber Menschen mit stark betontem Westen (9/4) können neben solchen Menschen auch verzweifeln, weil ihnen diese »lockere« Denkweise eher fremd ist. Materieller Verlust wird in dieser Signatur nur selten als echter Verlust empfunden, sondern in erster Linie als Chance zu Reinigung und Neuanfang.
Der fehlende Süden mit 7 und/oder 2 kann durchaus auch in Ermüdung und Farblosigkeit münden. Wenn es Menschen mit dieser Signatur verwehrt ist, ihren eigenen Weg zu gehen, können sich Resignation und Depression einschleichen, aus der sie sich nur schwer wieder aus eigener Kraft befreien. Da diese Signatur meist davon überzeugt ist, alles allein schaffen zu können und zu müssen, kommt sie manchmal eher langsam aus einem seelischen »Loch«. Diese Neigung lässt sich aber mit kluger Farbgestaltung in Kleidung und Wohnung ausgleichen – Weiß und Rot sollten nicht fehlen! Ihre Hausaufgabe ist jetzt, die Himmelsrichtungen Nord, Ost und Mitte im zweiten Kapitel noch einmal zu studieren, also Ihren großen Werkzeugkasten. Danach lesen Sie den Westen und den Süden in Ruhe, um Verständnis für das Fehlende zu gewinnen. Dann kann sich der Kreis schließen – zu Ihrem Besten und zum Wohle aller Menschen in Ihrer Umgebung.

Ost - Süd - Mitte

Mit Temperament und Redegewandtheit im geduldigen Einsatz für die gute Sache

Die wichtigste Stunde ist immer die Gegenwart,
der bedeutendste Mensch immer der,
der dir gerade gegenübersteht
und das notwendigste Wohl ist immer die Liebe.

Meister Eckhart

In meinem Geburtsdatum finden sich nur die Zahlen

❽ und/oder ❸
❼ und/oder ❷
⓿ und/oder ❺

5. März 1972 * 23. August 2005 * 8. Februar 1970 * 3. Juli 1955 * 27. August 1903 – was ist diesen Geburtsdaten gemeinsam? Sie alle und noch sehr viele mehr besitzen die Signatur Ost-Süd-Mitte.

Die Zahlen der Mitte, die ⓿ und die ❺, verleihen jeder Signatur eine besondere Kraft, die ausgleichend, vermittelnd, beruhigend und erdend wirkt. Wo immer eine Signatur auch in der Mitte besetzt ist, orientieren sich die Kräfte aller anderen Stationen stärker in Richtung Maß und Ziel und Gleichgewicht. Schwerpunkte an äußeren Stationen oder das Fehlen einer Himmelsrichtung sollten hier niemanden beunruhigen: Die Mitte kommt stets zu Hilfe, wenn man es ihr erlaubt. Die Fähigkeit, Konflikte zu schlichten, haben Sie mit dieser Signatur in die Wiege gelegt bekommen.
Die Mitte ist die ideale »Urlaubsvertretung« für fehlende Stationen. Mit ⓿ und/oder ❺ im Geburtsdatum fällt zudem das Verständnis dafür leichter, was in den fehlenden Himmelsrichtungen passiert. Die Mitte ist der große »Brückenbauer«. Es kommt ja nicht darauf an, fehlende Stationen so zu erobern, als ob man mit ihnen geboren wäre. Es kommt darauf an, sie zu verstehen – und zu erkennen, wie arm das Ganze ohne dieses »Fremde« wäre. Auf diese Weise kann das Tiroler Zahlenrad ein Schlüssel zur Lösung vieler Probleme in der Welt sein.
Auch wenn ein Mensch mit einem sehr starken Süden ausgerüstet ist, beispielsweise am ❷❷. März 200❼ geboren wurde, verliert er oder sie nicht so schnell die Beherrschung, denn die Mitte kann stets schützend und ausgleichend eingreifen. Bei starkem Süden ohne den Einfluss der Mitte könnte sich der Temperamentsausbruch in Abständen als »fixes« Element des Charakters etablieren. Auch wenn Sie eine starke Mitte Ihr

Eigen nennen, ist aber das Unterdrücken Ihres Temperaments keine gute Idee. Temperament gehört zu Ihrem Weg und zu Ihrer guten Ausrüstung.
Auch der Osten sorgt in dieser Signatur für Beruhigung, für Maß und Verständnis. Wenn allerdings der Osten (mit vielen Einheiten ❽ und ❸) die Oberhand gewinnt, kommt es manchmal zu einer Umkehrreaktion. Wer sich tagein, tagaus um andere kümmert, was bei dieser Signatur nicht selten vorkommt, macht möglicherweise irgendwann die Erfahrung, dass die eigenen Bedürfnisse unter die Räder kommen. Kurzfristig ist das in Ihrer Signatur normal, aber als Dauerzustand nicht gesund. Sie können dann auch mal so richtig spektakulär auf die Pauke hauen, und alle reagieren entsetzt: »So kenn ich dich gar nicht!« Spätestens wenn Sie mit solchen Reaktionen konfrontiert werden, sollten Sie zu lernen versuchen, Ihr wahres Ich verstärkt nach außen zu bringen. Nichts und niemand ist es wert, dass wir unseren Wesenskern verleugnen. Wenn man Sie im Alltag nicht akzeptiert, wie Sie sind, ist Aufwachen angesagt! »Liebe Deinen Nächsten wie Dich selbst« – die zweite Hälfte dieses weisen Rates muss auch zu ihrem Recht kommen. Ein Stimmungsumschwung nach langer Selbstverleugnung kann sich auch still vollziehen: Nach außen bleibt der Mensch verständnisvoll und opferbereit, wandelt sich aber innerhalb der eigenen Familie in Richtung Überempfindlichkeit und nimmt sich dort alle Freiheiten. Solchen zerstörerischen Neigungen können Sie jetzt befreiter begegnen.
Jede Signatur mit besetztem Osten zeigt viel Einfühlungsvermögen und Fähigkeit zum Mitgefühl. Soziale Einrichtungen, Hilfsorganisationen und -projekte wären ohne Beteiligung zahlreicher Menschen mit Osten zum Scheitern verurteilt. Soziale Einrichtungen aller Art müssen eine Mindestanzahl solcher Menschen beschäftigen, sonst halten sie nicht durch. Wer beispielsweise in einem Jugendheim oder im Jugendamt arbeitet, ohne ❽ und/oder ❸ im Geburtsdatum zu haben, verfügt oftmals über fundiertes theoretisches Wissen und vielleicht auch praktische Vernunft, kann sich aber nur schwer oder gar nicht in die Jugendlichen einfühlen. Verbissene, abgestumpfte Menschen in sozialen

Berufen haben meistens ebenfalls keinen Osten im Geburtsdatum, oder sie haben ihn betäubt.
Die Signatur Ost-Süd-Mitte bildet einen temperamentvollen und einfühlenden Menschen ab, der auch weiß, was er will. In vielen Lebensbereichen ist das große Redetalent dieser Signatur – die Überzeugungskraft des Südens – bereichernd. Denn was nützt das beste Produkt, wenn niemand von seiner Existenz weiß? Leider kann sich die ❼ und/oder ❷ in eine Redegewandtheit hineinsteigern, die sich an der eigenen Wirkung weidet, ohne echten Nutzen für den Zuhörer – ein Instrument für versteckte Machtgier. Die Zahlen des Geburtsdatums repräsentieren Werkzeuge – wie diese geführt werden, ist ihrem Träger überlassen.
Der abwesende Norden (❻/❶) kann für Startschwierigkeiten bei Unternehmungen sorgen, weil ein wenig das Gefühl für die richtige Reihenfolge fehlt. Auch schulische Ausbildungen aller Art können die Geduld auf harte Proben stellen. Was keineswegs heißen soll, dass diese Signatur nicht lernfähig ist – sie packt die Dinge nur anders an als andere.
Der fehlende Westen (❾/❹) hindert die Menschen dieser Signatur manchmal daran, gute Ideen und Verbesserungen (die oftmals genial sind) in die Tat umzusetzen. Doch Partnerin, Partner oder KollegInnen mit dem Westen im Geburtsdatum könnten die zusätzliche Belastung auffangen und in gegenseitigen Nutzen verwandeln.
Auch bei dieser Signatur besteht die Herausforderung darin, die fehlenden Stationen zu ergänzen. Für den Anfang wirkt der Einsatz von Farben am schnellsten und einfachsten. Dabei sollten Sie an Weiß für den fehlenden Westen und Blau und/oder Schwarz für den fehlenden Norden denken. Ob Sie die Farben in Ihrer Garderobe einsetzen oder in Ihrem Mobiliar, ist Ihrem Gespür überlassen, davon haben Sie ja genug. Wenn ein Kind mit dieser Signatur in Ihrer Familie lebt und immer Schwarz trägt, drücken Sie beide Augen zu und versuchen Sie, diese natürliche, lebensnotwendige Ausgleichsbewegung zu akzeptieren.
Jede Signatur hat ihre Besonderheiten und ihre Schwachstellen. Aber es sind hier alle nötigen Fähigkeiten vorhanden, die fehlenden Stationen Ihres Zahlenrads zu erobern. Viel Glück dabei!

Süd-West-Mitte

Guten Dingen den Start erleichtern –
mit Hingabe und Gefühl für den richtigen Zeitpunkt

Probleme, Schwierigkeiten, Prüfungen gehören zum Leben
wie Sonne und Mond.
Wozu wäre sonst der freie Wille in unserem Gepäck?
Prüfungen – seien Sie gewiss – besteht nur der,
der aus ihnen mit mehr Lebensfreude
und mehr Liebe zu sich selbst und zu den Menschen hervorgeht.
Jeder andere hat nicht bestanden. Noch nicht!
Denn der große Trost ist:
Die nächste Prüfung kommt bestimmt.
Und die nächste Chance, sich an die Lebensfreude
und die Liebe zu erinnern.

Ron Fischer

In meinem Geburtsdatum finden sich nur die Zahlen

❼ und/oder ❷
❾ und/oder ❹
⓿ und/oder ❺

4. Mai 1992 * 2. Mai 1949 * 5. Februar 1994 * 7. September 2005 * 5. Februar 1974 – was verbindet alle diese Geburtsdaten? Mit diesen Zahlen ist die Signatur Süd-West-Mitte verbunden, wobei natürlich noch viele weitere Kombinationen zu dieser Signatur führen.

Praktisch denkend, handwerklich interessiert, geschäftstüchtig, temperamentvoll, zielstrebig – diese Eigenschaften könnte man in Kurzform diesem Dreier-Gespann zuschreiben. Wie immer, wenn die Mitte (⓿/❺) im Spiel ist, verleiht sie eine besondere innere Kraft, die bei dieser Signatur zum Tragen kommt. Hier sind nicht nur die wagemutigen Erfinder zu Hause, die gleich alles selbst ausprobieren, sondern auch die abenteuerlustigen Eroberer.
Süden, Westen und Mitte, das ist eine faszinierende Kombination, die auch regelrechte Helden hervorbringen kann. Die Menschheit als Ganzes wäre schon viele Schritte weiter in einem guten Sinne, wenn wir alle den Mut hätten, unsere guten Ideen an die Öffentlichkeit zu bringen. Sicher kennen Sie das merkwürdige Phänomen: Es gibt irgendwo eine Weltneuheit und Ihr erster Gedanke ist: »Das hätte man schon längst erfinden müssen.« Und hier liegt der Unterschied: Die einen belassen es beim guten Gedanken, während die anderen (beispielsweise die Menschen mit dieser Signatur!) solche Ideen zu Ende denken und dann noch in die Wirklichkeit umsetzen. Bis ein Produkt verkaufsfähig wird, ist es ein langer, steiniger Weg. Viele hätten zwar die Idee, aber wissen dann nicht, wo beginnen, wie den Mut dazu aufbringen – und das Geld, um solche Dinge bis zur Marktreife zu führen. Die Menschen dieser Signatur bringen die Fähigkeit mit, die Sache durchzuziehen!

Der Westen hat schon so manches Produkt ans Licht der Welt gebracht. Die Menschen mit dieser Signatur sind einfach wie dafür geschaffen. Bei einer Schwerpunktbildung im Westen im Vergleich zu den anderen beiden Himmelsrichtungen kann es allerdings schon mal geschehen, dass die sprichwörtlichen Dollarzeichen in den Augen leuchten und egoistische, habgierige Neigungen den Erfolg sabotieren. Der Westen braucht eben immer Geld und meist hat er es auch zur Verfügung. Er kann sich nur schwer vorstellen, dass es Menschen gibt, denen dieses Interesse weitgehend fehlt.

Der Süden verleiht dieser Signatur die nötige Wachheit, die man auf der Jagd nach Neuerscheinungen jeglicher Art braucht. Menschen mit dieser Signatur erfühlen Notwendigkeiten und Trends und können dann auf den fahrenden Zug mühelos aufspringen. Mal ehrlich: Was nützt das allerbeste Produkt, beispielsweise ein zu hundert Prozent biologisches Super-Waschmittel, wenn niemand davon erfährt?

Der Aufmerksamkeit des Südens kann man sich nur schwer entziehen. Wenn jemand überzeugend vorträgt und beleuchtet, dann tun wir uns einfach leichter mit der Entscheidung für oder gegen das, was er empfiehlt. Natürlich kann sich das auch ins Extrem auswachsen und die Gefahr von nervtötendem Geplapper ist gegeben, wenn der Schwerpunkt im Süden liegt. Aber bei dieser Signatur kommt fast immer die Mitte zu Hilfe und sorgt dafür, dass alles in geregelten Bahnen verläuft, wenn man sich aktiv darum bemüht. Die Mitte fügt sich hier in ein fast unschlagbares Trio von Himmelsrichtungen. Ohne die Mitte kann sich dagegen eine Zweier-Signatur Süd-West durchaus auch einmal als sicherer Hafen für Egoisten erweisen.

Fehlt bei einer beliebigen Signatur der Osten (❸/❸), dann muss sie mit so manchem Fettnäpfchen unangenehme Bekanntschaft schließen, bevor bestimmte Lektionen dauerhaft sitzen. Mitgefühl und tiefere Wahrnehmungen sind dann nämlich nicht unbedingt von Haus aus im

Marschgepäck zu finden. Mit der Farbe Grün in Kleidung, Haus und Wohnung lässt sich hier vieles zum Positiven ausgleichen. Ganz besonders Aufenthalte in der Natur gewinnen hier große Bedeutung als Kraftspender und »Erkenntnisvermittler«. Die Energien der Mitte greifen auch hier hilfreich ein und verhelfen dem Abenteuer, vollständig zu werden, zum Erfolg.

Der nicht vorhandene Norden (❻/❶) ist manchmal geneigt, dieser Signatur die Laune zu verderben. Denn dass es Menschen gibt, die eventuell noch klüger sind als sie, ist ihr manchmal schwer erträglich. Und wie üblich passiert das auch hier meist dann, wenn man gerade selbst eine Delle im Selbstvertrauen erfahren hat. Der Norden allein macht den Menschen nicht klüger, aber im Vergleich mit so manch anderen Zahlen ist er durchaus in der Lage, mitzuhalten oder tatsächlich »besser« zu sein. Während anderen das vielleicht gar nicht auffällt, weil ihnen Konkurrenzdenken fremd ist, kann die Signatur Süd-West-Mitte schon zu knabbern bekommen. Aber so haben wir eben alle unsere Ecken und Kanten, und der Sinn ist es, sie nach und nach abzuschleifen und dadurch die Dinge und das Leben in Fluss zu bringen. Nur mit Geduld wird aus Kohle ein Diamant.

Sollte Ihr Lebenstraum, Journalist zu werden, einen Dämpfer erfahren, weil Sie nun wissen, dass der Norden für diesen Beruf sehr wichtig wäre, dann sei noch angemerkt, dass das Tierkreiszeichen der Geburt auch eine gewisse Rolle spielt: Wer in einem Luftzeichen geboren ist (Zwillinge, Waage, Wassermann), findet zu den speziellen Anforderungen dieses Berufes leichter Zugang.
Jugendliche mit dieser Signatur, aber auch Erwachsene haben mit Schwarz oftmals genau die richtige Kleidungsfarbe gewählt. Diese Information ist vielleicht für viele Eltern hilfreich, die das Schwarz (oder Jeans-Blau) an ihrem Nachwuchs schon nicht mehr sehen können. Grün, Schwarz und Blau sind jedenfalls die Farben, mit deren Hilfe sich diese Signatur fortbewegen kann in Richtung Lebensglück.

Nord - West - Mitte

Mit langem Atem zum Erfolg aller Unternehmungen – unterstützt von der besonnenen Kraft der Mitte

Achte gut auf diesen Tag, denn er ist das Leben –
das Leben allen Lebens.
In seinem kurzen Ablauf liegt alle Wirklichkeit
und Wahrheit des Daseins, die Wonne des Wachsens,
die Größe der Tat, die Herrlichkeit der Kraft.
Denn das Gestern ist nichts als ein Traum
und das Morgen nur eine Vision.
Das Heute jedoch, recht gelebt,
macht jedes Gestern zu einem Traum voller Glück
und jeden Morgen zu einer Vision voller Hoffnung.
Darum achte gut auf diesen Tag.

Rumi

In meinem Geburtsdatum finden sich nur die Zahlen

❻ und/oder ❶
❾ und/oder ❹
⓿ und/oder ❺

15. Juni 1949 * 14. Januar 2005 * 5. September 1961 * 11. Mai 1994 * 13. November 1950 – was verbindet alle diese Geburtsdaten? Diese und viele weitere Kombinationen halten die Signatur Nord-West-Mitte besetzt.

Diese Signatur verspricht ein gut entwickeltes Gespür für Geschäfte aller Art, verbunden mit der nötigen Kraft und dem langen Atem, selbstständige Unternehmungen auch erfolgreich durchzuziehen. Der scharfe Geist des Nordens kombiniert mit dem Durchsetzungsvermögen des Westens bringt so manchen Träger dieser Signatur bis zum Chefsessel. Söhne und Töchter mit dieser Signatur, die den elterlichen Betrieb übernehmen sollen, werden meist nicht nur einverstanden sein, sondern später den Betrieb auch vergrößern und erneuern. Die Begabung zum richtigen Zeitpunkt am richtigen Ort zu sein ist dieser Signatur fast in die Wiege gelegt.

Erfinder, Entdecker, Piloten und so weiter sind zu Hause in dieser Signatur und man sollte ihnen in jungen Jahren keine Steine in den Weg legen. Ist der Westen stärker besetzt, etwa mit den Zahlen ❾ und ❹ gemeinsam, dann wächst insgesamt die Neigung zu Alleingängen. Das kann für das notwendige Miteinander und die Teamarbeit in der Berufswelt durchaus zum Problem werden. Der angeboren gute Geschäftssinn könnte kippen und in Rücksichtslosigkeit münden, was die möglichen guten Ergebnisse zunichte macht. Es ist eine Gratwanderung: Diese Signatur gäbe keinen erfolgreichen Chef ab, wenn er oder sie sich um jedes Wehwehchen kümmerte und darüber das große Ziel und die langfristige Strategie aus den Augen verlöre. Das gute Gleichgewicht zwischen

menschlicher »Mitarbeiterpflege« und effizienter, konkurrenzfähiger Langzeitstrategie im Betrieb ist hier die Herausforderung.
Wie immer ist die harmonische Entfaltung aller Talente davon abhängig, ob man sich schon früh ausleben durfte beziehungsweise im besten Fall tatkräftig gefördert wurde. Wenn nicht, kann es durchaus geschehen, dass er oder sie tatsächlich oder bildlich gesprochen »zur Konkurrenz geht« und vielleicht sogar daran mitwirkt, dass sich das elterliche Unternehmen nicht mehr behaupten kann. Hier können auch durchaus aggressive Energien ins Spiel kommen. Jeder entwickelt andere Methoden und Wege, mit Frustrationen umzugehen. Selbstmitleid und Resignation sind bei dieser Signatur jedenfalls weniger wahrscheinlich.
So liegen das Geniale und der Abgrund selten weit voneinander entfernt und manchmal entscheiden nur kurze Augenblicke, ob ein Welterfolg ansteht oder ob eine Kleinigkeit alles zunichte macht. Bei dieser Signatur kommt es sehr darauf an, wie gut der Norden (❻/❶) besetzt ist, denn kluge Vorausschau ist hier manchmal alles. Ob eine geniale Erfindung auch tatsächlich den Sprung in die Welt schafft, hängt nicht selten vom Norden ab, sei es innerhalb einer Signatur, sei es im Team mit Partnern zur Verwirklichung der Ideen. Deshalb ist diese Signatur auch so gut dafür geeignet, Idee und Verwirklichung zu verbinden. Die Mitte mit ihrer ⓿ und/oder ❺ gleicht auch hier wieder manch negative Tendenz aus, wenn der Westen zu Extremen neigt. Erinnert man sich an die Kräfte der Mitte, die Geduld und das Erkennen von Zusammenhängen, sinkt die Gefahr von Übertreibungen und es wird gut überlegt und abgewogen. Mögliche Gefahrenbereiche können früh genug entdeckt und entsprechend im Auge behalten werden. Erfindungen allein sind also zu wenig, das Verwirklichen ist oftmals der Knackpunkt. In harmonischer Zusammenarbeit von West und Nord wird es auch geschehen.
In dieser Signatur fehlen nur zwei Stationen, der Süden und der Osten. Im Idealfall sind Mitarbeiter oder Partner zugegen oder werden geholt, damit sie diese Himmelsrichtungen besetzt halten und ihre Fähigkeiten

einbringen. Andernfalls fehlen im Miteinander, im Team, in der Firma oftmals die notwendige Wärme und das notwendige Temperament. SekretärInnen und AssistentInnen sollten unbedingt eine ❾ und/oder ❹ haben, aber auch den Norden mit ❻ und/oder ❶, denn sonst fällt es ihnen schwerer, vorausschauend für ihren Chef zu denken. Effizienz ist in diesen überaus wichtigen Funktionen oftmals zu wenig, es muss auch menschlich zugehen. Auch ohne den Osten besitzt diese Signatur dennoch genug wärmende Ausstrahlung, weil dafür die Mitte sorgt. Und es ist genug Power da, im geschäftlichen Sinne alles im Griff zu haben.

Das fehlende Temperament des Südens könnte gut durch rote Wände oder rote Tischwäsche, Kerzen, Teppiche und so weiter ausgeglichen werden. Auch in der Kleidung sollten Menschen mit dieser Signatur immer etwas Rotes mitführen. Schon ein rotes Armband könnte wirksam sein. Der nicht besetzte Osten kann mit der Farbe Grün Ausgleich finden, in der Kleidung oder in der Wohnungs- und Büroeinrichtung. Für den Einsatz von Grün eignen sich natürlich hervorragend Zimmerpflanzen. Sie sind überall willkommen und meistens pflegeleicht (einfach nach dem Mondkalender nur an Krebs-, Skorpion- und Fischetagen gießen, siehe Buchtipp Seite 304).
Ihre speziellen Zahlen und somit Ihre Stärken und Schwächen sollten Sie in Ruhe noch einmal im zweiten Kapitel nachlesen. Betrachtet man die Kombinationsmöglichkeiten, beispielsweise mit der unterschiedlichen Gewichtung der einzelnen Zahlen, dann geht dieses Gedankenspiel gegen unendlich, aber das ist nicht Sinn der Sache und im Augenblick wenig hilfreich. Es genügt, wenn Sie sich wiedererkennen und Anregung finden, mehr aus Ihrem Leben zu machen. Wenn Sie sich nicht erkennen, dann üben Sie ein wenig, mit dem Gelesenen und den darin vermittelten Gedanken zu spielen – und zu betrachten, was so alles in Ihnen (noch) versteckt ist und wovon Sie bisher nichts wussten. Ist das nicht wunderbar? Viel Freude mit diesem Abenteuer!

Nord-Mitte-Süd

Überzeugend und charismatisch – hinaus in die Öffentlichkeit, mit dem nötigen Temperament und der Kraft aus der Mitte

Wenn ich den Kindern zusehe und in dem kleinen Ding
die Keime aller Tugend, aller Kräfte sehe,
die sie einmal so nötig brauchen werden;
wenn ich in dem Eigensinn künftige Standhaftigkeit
und Festigkeit des Charakters,
in dem Mutwillen guten Humor und Leichtigkeit,
über die Gefahren der Welt hinzuschlüpfen, erblicke,
alles so unverdorben, so ganz! –
immer, immer wiederhol ich dann die goldenen Worte
des Lehrers der Menschen:
Wenn ihr nicht werdet wie eines von diesen ...

Johann Wolfgang Goethe

In meinem Geburtsdatum finden sich nur die Zahlen

❻ und/oder ❶
❼ und/oder ❷
⓪ und/oder ❺

11. Mai 1971 * 2. Juli 2001 * 27. Juni 1920 * 7. Mai 1961 * 5. Februar 1966 – was verbindet alle diese Geburtsdaten und noch viele weitere Kombinationen? Sie alle haben die Signatur Nord-Mitte-Süd. Sie waren oder sind auf ganz verschiedenen Straßen der Welt und der Seele unterwegs. Erziehung, Lebenschancen, Vorbilder, weise geführte oder fehlgeleitete Willenskraft spielen hier eine große Rolle und färben mit starker Prägung die Kinderseele.

Bei aller Verschiedenheit, bei allen unterschiedlichen Lebensläufen: Es gibt einen gemeinsamen roten Faden, den gemeinsamen Schatz im Zahlenrad. Hier ist die Generalrichtung die Öffentlichkeitsarbeit und die Medienwelt. Menschen der Signatur Nord-Süd-Mitte gehören ins Licht der öffentlichen Aufmerksamkeit, in welcher Funktion und Aufgabe auch immer – vom charismatischen Vortragenden bis zum Pressesprecher. Diese Kraft wirkt umso stärker auf Sie, je stärker der Norden mit ❻ und/oder ❶ ausgeprägt ist. Je mehr ❶er dabei vorhanden sind, desto erfolgreicher wird dieser Mensch von der Öffentlichkeit wahrgenommen. Wenn Sie sich selbst gar nicht so sehen, aber die Zahlen dafür haben, ist dies schon der erste Hinweis darauf, dass Sie sich im Leben noch viele Ziele stecken sollten.
Betrachten wir die Mitte mit ⓪ und/oder ❺: Diese Station repräsentiert tatsächlich die Mitte des Lebens. Sie bringen alle Anlagen mit, um »auf dem Teppich zu bleiben« und sich nicht durch die Ablenkungen des Alltags verführen zu lassen. Auch hier wirken sich natürlich Erziehung, Gewohnheit, Automatismen auf Ihre aktuelle Situation aus. Die gute Nachricht aber lautet: Trotz aller Schwierigkeiten, die Ihnen auf Ihrem Weg schon begegnet sind und sich in Ihr Leben eingemischt haben –

Sie besitzen die Fähigkeit, sich wieder herauszuarbeiten. Sie empfinden das nicht so? In diesem Fall haben Sie diese Fähigkeit sicherlich nur noch nicht erkannt! Gegenüber der 5 hat die 0 noch einen kleinen Vorteil: Wer die 0 im Geburtsdatum führt, besitzt ein wenig von allen Zahlen des Zahlenrads und damit von ihren Qualitäten! Deshalb erkennen Sie in der Darstellung des Zahlenrads auch eine leuchtende Ausstrahlung aus der Mitte. Die 0 hat insgesamt weniger Schwierigkeiten als andere, die Verstandes- und Gefühlskräfte, die sie repräsentiert, auf fehlende Himmelsrichtungen auszudehnen, wenn sie es nur wünscht!

Der temperamentvolle Süden mit 7 und/oder 2 gibt der Signatur Nord-Süd-Mitte eine insgesamt sehr strebsame Energie. Mit anderen Worten: Sie könnten nicht nur in der Medienwelt einiges bewegen, sondern sind grundsätzlich geeignet für Organisation, Regie, Management, Vorstand und so weiter. Da Ihnen aber in dieser Signatur der Westen fehlt, wäre ein Partner mit den Zahlen 9 und/oder 4 nicht zu verachten, der dann die geschäftlichen, finanziellen Aufgaben übernimmt. Müssten Sie sich selbst mit solchen Dingen befassen, könnten Sie Ihre wirklichen Fähigkeiten unter Umständen nicht so gut entfalten.

Hinzu kommt, dass Ihnen auch der Osten mit der 8 und/oder 3 fehlt. Auch hier könnten Partner, Kollegen, »Teamgeister« die Lücke füllen. Ohne die Fähigkeiten des Ostens kann es Ihnen passieren, dass Sie so manche Situation etwas zu unterkühlt einschätzen und dabei ungewollt immer wieder mal mit Äußerungen verletzend wirken. Hier haben die übersehenen »Fettnäpfchen« ihren Ursprung, in die Sie manchmal auf Ihrem Weg treten. Diese Gefahr besteht übrigens umso mehr, wenn Sie in einem Luftzeichen geboren sind (Zwillinge, Waage, Wassermann). Luftzeichen mit dieser Signatur gehören zu den Menschen, die einen Weg unbeirrt und meist frei von Selbstzweifeln gehen. Das ist ihre Bestimmung und man sollte sie diesen Weg gehen lassen.

Ihre grundsätzliche Lernaufgabe – wie auch die aller anderen Signaturen – ist es, Ihre Gabe zu entfalten und Ihre Lücken zu füllen, in Ihrem Fall den Westen und den Osten. Lesen Sie am besten jetzt bei Ihren persönlichen Zahlen im zweiten Kapitel nach: Schauen Sie sich den Norden, die Mitte und den Süden noch einmal in aller Ruhe an – und genießen Sie, was Sie da lesen! Das sind Sie, das sind Ihre Anlagen! Lassen Sie neue Erkenntnisse auf sich einströmen, versuchen Sie Erinnerungen an Zeiten wiederzubeleben, als sich das alles noch wahr und richtig anfühlte und Ihnen die Welt gehörte. Und fangen Sie das eine oder andere in Ihrem Leben ganz neu an – von jetzt ab mit dem Gefühl, dass Sie Ihrer Bestimmung folgen.

Und was bedeutet es für Sie, die »Lücken zu füllen«? Lesen Sie als zweiten Schritt in Kapitel zwei den Westen und den Osten noch einmal durch: Jetzt können Sie erkennen, welche Kräfte, Richtungen und Fähigkeiten bei Ihnen nicht so stark vertreten sind und Sie können gleichzeitig mehr Verständnis gewinnen. Niemand muss alles haben, es geht hier um das Verstehen. Der einfachste Weg zur »Eroberung« der fehlenden Himmelsrichtungen besteht darin, diese Stationen mit Farben zu besetzen – in Ihrem Fall also Weiß und Grün. Was Ihnen beispielsweise sehr gut tun würde, ist mehr Weiß und Grün in Ihrer Kleidung. Ein guter Weg zur Eroberung des Westens besteht auch darin, entweder ein wenig mehr manuelles Geschick zu üben, beispielsweise bei einem handwerklichen Hobby, oder zu versuchen, die Finanzen der Familie immer fest im Griff zu haben – und sei es nur dadurch, dass man einmal in der Woche einen Kassensturz macht.

Andersherum: Sollten Sie im Norden viele Zahlen haben, meiden Sie eher die Farben Blau und Schwarz, die das Übergewicht nur verstärken würden. Bei einem Übergewicht der Mitte, beispielsweise mit zweimal 5, sollten Sie der Farbe Gelb ausweichen und bei Übergewicht im Süden ist Rot die Farbe, die bei Ihnen nirgendwo allzu stark in den Vordergrund rücken sollte. In gleicher Weise wie in der Kleidung können Sie mit den Farben in Ihrer Wohnung, in der Ernährung, bei der Wahl von Steinen vorgehen. Ihrer Fantasie sind keine Grenzen gesetzt, um Ihr persönliches Zahlenrad in Schwung zu bringen und mit Leben zu erfüllen.

Ost - Mitte - West

Musisches Einfühlungsvermögen kombiniert mit Gefühl fürs Business, ausbalanciert durch eine starke Mitte – manchmal genial

Nimm dir Zeit, um zu arbeiten;
es ist der Preis des Erfolges.
Nimm dir Zeit, um nachzudenken;
es ist die Quelle der Kraft.
Nimm dir Zeit, um zu spielen;
es ist das Geheimnis der Jugend.
Nimm dir Zeit, um freundlich zu sein;
es ist das Tor zum Glücklichsein.
Nimm dir Zeit, um zu träumen;
es ist der Weg zu den Sternen.
Nimm dir Zeit, um froh zu sein;
es ist die Musik der Seele.
Nimm dir Zeit, um zu lieben;
es ist die wahre Lebensfreude.

Isländische Weisheit

In meinem Geburtsdatum finden sich nur die Zahlen

❽ und/oder ❸
❾ und/oder ❹
⓿ und/oder ❺

30. April 1948 * 5. September 1983 * 4. August 1950 * 3. April 2005 * 8. Mai 1994 – was verbindet alle diese Geburtsdaten? Diese Zahlen bilden allesamt die Signatur Ost-Mitte-West. Dies kommt nicht allzu häufig vor, weil ohne den Norden mit ❻ und ❶ und den Süden mit ❼ und ❷ sehr häufige Kombinationsmöglichkeiten wegfallen. Sie sind entweder an einem 3., 4., 5., 8., 9. oder 30. geboren. Nur fünf Monate kommen in Frage – und insgesamt nur 35 aller Jahre von 1900 bis 2008.

Diese Zahlen finden sich bei außergewöhnlichen Menschen, die auch für einen Alleingang im Leben die nötige Ausrüstung zur Verfügung hätten. Eine Begegnung mit ihnen bleibt meist im Gedächtnis haften, ihre Anwesenheit füllt den Raum. Nicht immer haben sie schon früh gelernt, damit angemessen und »gesund« umzugehen, deshalb brauchen sie immer wieder auch den Abstand von den Menschen. Oftmals wird ihnen das als Überheblichkeit ausgelegt – was es manchmal auch ist, aber meist »rettet« sie im Laufe des Lebens die Erfahrung und das Einfühlungsvermögen der ❽ und/oder ❸, der Zahlen im Osten. Mit dem Älterwerden hat diese Signatur öfter ihre Schwierigkeiten – ein viel jüngerer Lebenspartner als kleine Flucht vor der Wirklichkeit soll das dann manchmal vergessen machen, damit das Problem gar nicht ins Bewusstsein rückt. Bisweilen gelingt das auch recht gut und ohne die echte Entfaltung zu blockieren, für die wir alle gedacht sind. Dass die Flucht oft nicht den gewünschten Erfolg bringt, lässt sich täglich in den Tageszeitungen nachlesen. Durch die Fähigkeit zum Brückenschlag zur Jugend treffen die Träger dieser Signatur mit ihren Ansichten fast immer den »Nerv der Zeit« und sind beliebte Gesprächspartner. Durchhaltevermögen und Genauigkeit zeichnen sie aus, fast nichts wird mit dieser Signatur aus falsch verstandener »Lockerheit« dem Zufall überlassen. Der Westen (❾/❹) bringt das sorgfältig Durchdachte, die Mitte (⓿/❺) Verlässlichkeit und Treue und der Osten (❽/❸) Liebenswürdigkeit und Sensibilität für die echten Erfordernisse des Augenblicks. Eine geniale Mischung, nicht wahr? Wer jedoch diese Fähigkeiten nicht als Pflicht und Geschenk betrachtet, sondern missbraucht, für den gibt es früher oder später ein böses Erwachen.

In dieser Signatur findet sich eine große Anzahl genialer Musiker. Besonders wichtig bei Kindern mit dieser Signatur ist es, die mitgebrachten musikalischen Neigungen und Talente in jedem Fall zu fördern, auch wenn man aus einer »nicht musikalischen« Familie stammt. Irgendwann muss man ja einmal anfangen und es ist noch kein Meister vom Himmel gefallen. Diese Signatur kam mit einem großen Schatzkästchen von oben und Musik ist ein besonders großer Edelstein darin. Und dann das Händchen für Geschäfte aller Art: Es sollte ebenfalls nicht gebremst oder einem falschen Verständnis von »Kunst und Kultur« geopfert werden. Die Menschen mit dieser Signatur haben ein eingebautes Gespür für viele scheinbar gegensätzliche Dinge und vereinen Talente, die man normalerweise nicht bei ein und derselben Person vermuten würde.

Das fehlende Temperament des Südens (❼/❷) gleichen sie mit Können aus. Als es noch Schallplatten gab und keine Musik-Videos, hatten solche Musiker größere Chancen, weil äußere Erscheinung und Gehabe noch nicht so sehr den schrillen Ton angaben. Die Zeichen einer Wende mehren sich jedoch. Allmählich bekommt man die Nase voll von den Barbie-Modepüppchen und den »gutaussehenden« Männern. Die Menschen haben genug von den neuen und doch immer gleichen Stars, deren Singstimmen oftmals so kindisch und ohne Charakter aus den Lautsprechern der Pop-Sender schrillen. Echtes Können ist wieder gefragt und die entsprechende Unterscheidungskraft wächst.

Wenn Sie diese Signatur tragen und Ihre Kunst an die Öffentlichkeit bringen wollen, sollten Sie sich Partner oder Partnerin suchen, die mit dem Norden (❻/❶) im Geburtsdatum versehen ist. Geschäftliche

Verhandlungen dagegen können Sie durchaus ohne fremde Hilfe bewältigen. Bei Auftritten aller Art schadet es nicht, sich schwarz oder rot zu kleiden. Das gibt Ihnen Sicherheit auf allen Ebenen und so können Sie allmählich die fehlenden Himmelsrichtungen Nord und Süd »erobern«.

Trägt Ihre Signatur den Schwerpunkt im Westen, werden Sie zu einer Laufbahn als Banker, Erfinder, Politiker, Mechaniker, Pilot oder Forscher/Entdecker tendieren. Wenn die Mitte stärker vertreten ist (etwa mit ⓪ und ⑤), neigen Sie vielleicht eher dem sozialen Bereich zu, wo behütende und schützende Kräfte gesucht sind. Ein größeres Übergewicht im Osten kann zu einer gewissen inneren Unruhe führen, weil sich schnell ein Gefühl von nicht gelebten Energien bemerkbar macht, die Gefahr einer resignierenden Grundstimmung liegt in der Luft.

Aber dem lässt sich erfolgreich begegnen.

Generell sind Menschen mit dieser Signatur nicht nur musikalisch, sondern sogar überdurchschnittlich begabt für das Spielen von Instrumenten. Ihnen zuzuhören kann Genuss pur sein. Natürlich muss auch hier bedacht werden, dass alles Talent der Welt nutzlos ist, wenn man nicht die Chance bekommt oder sich nimmt, es zu entfalten. Ärzte, Heilpraktiker, Heiler und Psychologen sind ebenfalls stark im Osten vertreten. Das notwendige Einfühlungsvermögen ist den Menschen mit dieser Signatur in die Wiege gelegt. Nebenbei bemerkt: Ärzte ohne Osten im Geburtsdatum entwickeln sich nicht selten zu unnahbaren »Halbgöttern in Weiß«. Sie sitzen dann in Vorständen und leben von der Pharma-Industrie. Das ist vielleicht übertrieben dargestellt, aber es macht diese Gefahr ein wenig anschaulicher. Alles in allem: Leben Sie Ihre Talente aus und beginnen Sie gleich heute damit. Egal wie alt Sie sind – starten Sie durch! Mit dieser Signatur wartet allezeit eine tolle Herausforderung! Singen oder zumindest kräftig mitsingen kann man in jedem Alter. Und was glauben Sie, wie viele Jungunternehmer froh über guten Rat wären! Dabei ist es völlig unwichtig, wie alt Sie sind. Sie sehen also, es ist niemals zu spät – es sei denn, Sie nehmen das einfach so hin. Und das werden Sie ab jetzt nicht mehr tun, nicht wahr?

Die fünf Vierer

Nord - Ost - Süd - Mitte

Mit einer vielfarbigen Palette von Talenten – unbehelligt von materiellen Fesseln

Aus Geben entsteht Reichtum,
aus Disziplin entsteht Glück,
aus Geduld entstehen attraktive Formen,
aus Bemühen entsteht die Erfüllung von Wünschen,
aus Konzentration entsteht Frieden,
und aus Weisheit entsteht Freiheit von Behinderungen.

Nagarjuna

In meinem Geburtsdatum finden sich nur die Zahlen

❻ und/oder ❶
❽ und/oder ❸
❼ und/oder ❷
⓿ und/oder ❺

16. August 2007 * 12. Mai 1983 * 18. März 1952 * 11. Juli 1935 * 13. Dezember 1980 – was verbindet alle diese Geburtsdaten? Diese Zahlen bilden die Signatur Nord-Ost-Süd-Mitte, wobei natürlich noch viele weitere Zahlenkombinationen möglich sind, die allesamt zu dieser Signatur führen.

Würde man jeder Signatur ein einprägsames Etikett anheften wollen, dann würde auf dieser Signatur stehen: »Der ideenreiche Mensch.« Ihre Träger lernen nicht, sie wissen. Das wache Interesse, die unstillbare Neugier, die tiefgründige Sanftmut, die Leidenschaft für Veränderungen, all das und noch mehr macht diese Signatur so interessant. Die Spiritualität, den »direkten Draht« hinter die Kulissen des Weltlichen, den haben sie schon mitgebracht, von woher auch immer. Oberflächliche Gespräche wird es mit solchen Menschen nicht geben und Sie tun gut daran, viel Zeit mitzubringen, wenn Sie sich auf eine Unterhaltung mit ihnen einlassen. Nichts langweilt diese Signatur mehr als Zwangseinladungen, schlechte Filme und künstliches, unechtes Getue bei gesellschaftlichen Verpflichtungen. Die Fähigkeiten, die diese Menschen mitgebracht haben, sind so vielfältig, dass sie oft Schwierigkeiten haben, sich für etwas Bestimmtes zu entscheiden. Nicht selten sind sie deshalb Spätzünder im Leben. Und oftmals haben sie im Laufe der Zeit mehrere Berufe, gleichsam »Lebensabschnittsberufe«.
Fast möchte man sich bei so viel Talent weniger mit dem Guten aufhalten, was für Sie bereit liegt, und dafür mehr mit den wenigen Gefahren, die in dieser Signatur lauern.

So bedarf beispielsweise alles im Leben der Auffrischung und Pflege, gleichgültig welcher Herkunft, wenn man es behalten und bewahren will. Andernfalls verkommt es unweigerlich. Sei das ein Wissen, eine Einstellung, ein Gefühl. Dieser Signatur sitzen manchmal angelernte, um nicht zu sagen andressierte Gewohnheiten im Nacken, die sie in ganz jungen Jahren mehr oder weniger freiwillig übernommen hat. Hat sie die spezielle Herausforderung angenommen, sich davon frei zu schwimmen, dann steht ihr die Welt offen.
Weiter kann sich der fehlende Westen (❾/❹) durchaus gravierend auswirken. Sie besitzen diese Signatur? Dann ist Ihnen Geld in der Regel nicht besonders wichtig. Und so kann es vorkommen, dass all Ihre Genialität nichts Zählbares bringt, weil Sie nicht darauf achten, für getane Arbeit auch einen Vertrag zu machen, sprich Geld zu bekommen. Hinterher ist man klüger, möchte man meinen. Nicht unbedingt bei Ihnen als Träger dieser Signatur! Denn Ihr fast übergroßes, oftmals an Naivität grenzendes Vertrauen bringt Sie fast lebenslang immer wieder in die gleiche Gefahrenzone. Die unerschütterliche Hoffnung auf ehrliches Miteinander vergeht nicht – und deshalb müssen Sie fast wie ein ABC-Schütze das Einmaleins des korrekten Umgangs mit Geschäftsleuten lernen. Dass Ihnen die Gesetze des Geschäftslebens oftmals beinahe künstlich und peinlich vorkommen, fast wie ein Misstrauensvorschuss an die Partner, das gehört zu Ihrem Seelenbau. Doch Sie müssen es lernen! Denn dieser Schritt erst macht es Ihnen möglich, langfristig glücklich und in Harmonie zu leben, so wie es für Sie gedacht ist.

Es ist traurig, aber wir haben viel zu wenige Politiker mit dieser Signatur. Und jetzt ahnen Sie auch schon, warum. Man nützt sie schon so früh in ihrer Karriere aus bis auf die Knochen, dass sie es niemals bis ganz nach oben schaffen. Paradox, aber die Großzügigkeit selbst verhindert hier, dass sie allen zugute käme.
Gleichgültig ob Förster, Sportler, Schauspieler, Musiker, Heiler, Arzt, Geologe, Sänger oder Maler – für Mann oder Frau, alles ist hier machbar.

Wenn Sie wirklich dauerhaft großen Erfolg haben wollen, dann suchen Sie sich einen Menschen, dem Sie unbedingt vertrauen können, auch wenn Sie mal eine Durststrecke durchlaufen. Vergessen Sie dabei trotzdem nicht, sich abzusichern. Das wird Ihnen sicherlich schon wieder peinlich sein, denn wenn Vertrauen herrscht, ist Absicherung doch überflüssig, oder? Nein! Sie haben nur keinen Westen im Geburtsdatum, das ist alles. Also braucht es Ihnen auch nicht peinlich zu sein. Stärken Sie Ihren Westen, füllen Sie die Lücke, am besten anfangs mit der Farbe Weiß. Wann und wo auch immer es möglich ist, tragen Sie Weiß in der Kleidung. Auch Ihr Büro sollte irgendwo weiße Flecken haben, denn es herrscht sicherlich nicht gerade die peinlichste Ordnung dort. Sie finden ja alles und mit Nebensächlichkeiten wie der perfekten Lage aller Stifte wollen Sie sich nicht aufhalten. Mit Ihrer liebenswürdigen Art finden Sie immer genügend »Personal«, das diese Arbeit gerne übernimmt. Das ist auch in Ordnung so, denn Ihre Talente liegen woanders, Sie würden sich sonst nur verzetteln.

Ein guter Weg zur Eroberung des Westens besteht übrigens auch darin, sich ein wenig manuelles Geschick anzueignen, beispielsweise durch Basteln. Es gibt ganz wunderbare Bausätze, beispielsweise für schöne Oldtimer, die sich in jeder Vitrine gut machen und die auch für Anfänger geeignet sind. Sie könnten auch versuchen, die Finanzen der Familie immer fest im Griff zu haben, und einmal in der Woche einen Kassensturz machen. Das schärft alle Sinne, die die speziellen Kräfte des Westens freisetzen würden.

Wenn Ihr Leben einmal zu Ende geht, wird sich die Nachwelt über viel Gutes freuen, das Sie hinterlassen. Mit dem neuen Jahrtausend sind die Chancen für das Auftauchen dieser Signatur wieder erheblich gestiegen – und das ist ein Segen für uns alle.

Ost - Süd - West - Mitte

Mit Herz und Verstand –
alle Wege stehen offen, auch die stillen

Es liegt ein Stück Paradies in jedem Lächeln,
in jedem guten Wort, in der Zuneigung, die du verschenkst.
Gott hat seine Liebe in deine Hände gelegt
wie einen Schlüssel zum Paradies.

Phil Bosmans

In meinem Geburtsdatum finden sich nur die Zahlen

8 und/oder 3
7 und/oder 2
9 und/oder 4
0 und/oder 5

8. September 1975 * 23. April 2005 * 28. Mai 1994 * 25. März 1942 * 9. Juli 1958 – was verbindet alle diese Geburtsdaten? Neben vielen weiteren Kombinationsmöglichkeiten ist mit diesen Zahlen die Signatur Ost-Süd-West-Mitte verbunden.

Es gibt Signaturen, die sind schon fast »perfekt« in der Ausstattung des Schatzkästchens von Talenten und besonderen Fähigkeiten. Vielleicht lesen Sie noch einmal in Ruhe »Ihre« Zahlen im zweiten Kapitel: Osten und Süden, Westen und Mitte. Sie werden klar erkennen: Das ist schon ein besonderer Lebensentwurf, der sich mit all diesen Farben und Fähigkeiten zeichnen ließe – ein vielfarbiges und viel versprechendes Szenario. Bedingung ist jedoch, dass Sie sich aktiv entschließen, diesen Fähigkeiten auch das Spielfeld zur Verfügung zu stellen und aus sich etwas zu machen, das Ihrer Berufung entspricht. Manche Menschen machen aus wenigen Zahlen viel im Leben, sie verwandeln Kohle in Diamanten. Anderen nützt die ganze mitgebrachte »Talentshow« wenig. Das ist zwar bei dieser Signatur so gut wie nie der Fall, aber während der einen oder anderen, meist kurzen Phase im Leben könnte man schon auf die Idee kommen: »Hier wird doch verschwendet, oder?« Das liegt daran, dass hier Talente am Werk sind, die meist lieber im Verborgenen arbeiten. Wenn Sie diese Signatur haben, ist manchmal nicht genau zu sagen, ob Sie das Rampenlicht generell scheuen oder ob es Ihnen einfach so passiert, dass Sie im Hintergrund bleiben. Kaum ist ein Ziel erreicht, wenden Sie sich meist dem nächsten zu – ohne Blick zurück, ohne Atempause, um einen verdienten Lohn zu genießen. Der Weg ist Ihr Ziel. Vielleicht jagen Sie

in Wirklichkeit einem anderen, für andere unsichtbaren Ziel nach? Die Träger dieser Signatur sind oft Geheimniskrämer. Ganz ohne Grund eigentlich, denn meist haben sie viel größere Fähigkeiten, als sie sich selbst zuschreiben. Vielleicht liegt es daran, dass Schüchternheit und Ängste aus der Kindheit in dieser Signatur immer wieder mal zum Thema werden. Bei all Ihren Talenten neigen Sie zu blockierenden Gedankenkreisläufen und Selbstzweifeln: »Ich schaffe das nie, es kostet zu viel, es dauert zu lange, was sagen die anderen, so weit will ich nicht wegziehen« und so weiter. Wenn Sie sich in solchen Grübeleien gefangen finden, können Ihnen einige Minuten Meditation sehr helfen. Auch die Farben Blau und Schwarz in der Kleidung sind sehr hilfreich, weil sie die nötige Abschirmung bringen, um die mentalen Vorgänge zu verlangsamen und zu beruhigen.
Durch den Süden (❼/❷) und Osten (❽/❸) sind die Menschen dieser Signatur meist überall gern gesehen. Der kluge Umgang mit Finanzen ist oft eine ihrer Stärken, auch die überlegten Schritte mit Maß und Ziel. Man kann mit ihnen »Pferde stehlen« und weil auch die Mitte (⓿/❺) vorhanden ist, fehlt es ihnen nie an Vernunft. Glücklicherweise, denn nicht selten schlagen zwei Herzen in ihrer Brust und sie müssen die vernünftige Entscheidung treffen zwischen den romantischen Gedanken des Ostens und der manchmal allzu kühlen Berechnung des Westens.

Der fehlende Norden (❻/❶) macht Ihnen immer wieder einmal zu schaffen. Die vier Himmelsrichtungen Ihrer Signatur sorgen für tiefen Wissensdrang, aber weil die »reine« Kraft des Nordens erst entdeckt werden muss (als eine Lebensaufgabe dieser Signatur), kann das Gefühl für die richtigen Prioritäten abhanden kommen. Viele Menschen haben von so vielen Dingen, die das Leben ausmacht, keine Ahnung und kennen nur das, was sie unmittelbar vor ihrer Nase vorfinden. Bei dieser Signatur verhält es sich umgekehrt: Sie interessieren sich für so vieles im Leben, dass Sie sich manchmal von der unüberschaubaren Fülle erschlagen fühlen. Durch den abwesenden Norden (❻/❶) fehlt Ihnen

manchmal der tiefe Zugang zu bestimmten Themen und das stürzt Sie in Verzweiflung, weil Sie die zahllosen Alternativen spüren, den nächsten Schritt zu tun. Es gibt ja fast nichts, was Sie nicht könnten. Nur fehlt Ihnen manchmal die konsequente Entscheidung für oder gegen etwas. Die Entschlossenheit, die wieder aufs Hauptgleis führen würde, stellt sich nicht so bereitwillig zur Verfügung. Deshalb tun Sie oft Dinge, die anderen Menschen niemals in den Sinn kämen. Das ist aber auch positiv zu sehen und macht diese Signatur so genial und einmalig.
Die Arbeit mit den Farben Schwarz und Blau kann Sie einen großen Schritt weiter bringen. Diese Farben beruhigen, nehmen Tempo heraus, begünstigen Meditation und verschaffen Ihnen so die nötige Innenschau für tragfähige Entscheidungen. Es gibt viele Menschen, die Schwarz lieben, obwohl sie keine Teenager mehr sind, die diese Farbe oftmals dringend als Abgrenzung brauchen. Diese Menschen gleichen oftmals unbewusst aus, was ihnen im Zahlenrad fehlt.

Das Fehlen des Nordens bedeutet natürlich auch das Fehlen der negativen Seiten dieser Himmelsrichtung. Deshalb verfällt diese Signatur auch kaum in den Fanatismus und die nervöse Spannung, unter der viele heute leiden. Auch sind sie nicht so schnell gereizt und werden von ihrer Umgebung so gut wie nie als Belastung empfunden.
Auf dem Weg zur Ganzwerdung könnten Sie einen zusätzlichen Ausgleich schaffen, wenn Sie darauf achten, wo Ihr Zahlenschwerpunkt liegt. Das ist immer entweder die letzte Zahl Ihres Geburtsjahres oder er liegt dort, wo Sie die meisten Einheiten haben. Vielleicht weckt es Lebensgeister, wenn Sie dieser Zahl, diesen Zahlen nachgehen? Angenommen der Osten ist Ihr Schwerpunkt (weil Sie beispielsweise 198❸ geboren sind), dann ist vielleicht das langsame Erlernen eines Musikinstruments der richtige Weg. Sie kommen so leichter zur Ruhe und konzentrieren sich auf ein Ziel. Es gibt viele Menschen in dieser Signatur, die intuitiv gerade dadurch ihre Lücken füllen, dass sie Berufe erlernen, deren Zahlen sie nicht haben. Bei dieser Signatur ist eben alles möglich.

Nord-Süd-West-Mitte

Mit klarem Verstand, Leidenschaft und Genialität – für eine bessere Welt

Mögest du immer Arbeit haben, für deine Hände etwas zu tun.
Immer möge das Sonnenlicht auf deinem Fenstersims schimmern
und in deinem Herzen die Gewissheit wohnen,
dass ein Regenbogen auf den Regen folgt.
Die gute Hand eines Freundes möge dir immer nahe sein,
und Gott möge dir dein Herz mit Freude erfüllen
und deinen Geist ermuntern, dass du singst.

Irischer Segensspruch

In meinem Geburtsdatum finden sich nur die Zahlen

❻ und/oder ❶
❼ und/oder ❷
❾ und/oder ❹
⓪ und/oder ❺

5. Januar 1992 * 10. Mai 1974 * 16. Juli 1995 * 7. September 1965 * 17. April 2005 – was verbindet alle diese Geburtsdaten? Neben vielen weiteren Kombinationsmöglichkeiten ist mit diesen Zahlen die Signatur Nord-Süd-West-Mitte verbunden, eine Signatur mit einem reichen Zahlenschatz.

Wenn ein Mensch mit dieser Signatur auftritt, freut sich die ganze Welt. »Auftreten« ist das richtige Wort, denn diese Menschen sind nicht einfach nur anwesend. Wenn sie einen Raum betreten, dann erscheinen sie. Ihre starke Ausstrahlung lässt niemanden unbeeindruckt. Sie sind es gewohnt, im Mittelpunkt zu stehen, und können deshalb manchmal nicht tatenlos danebenstehen, wenn ein anderer Mensch mit Persönlichkeit zugegen ist. Das ist aber keineswegs Symptom von chronischer Eifersucht, sondern sie wollen einfach nur an allem teilhaben, was gerade passiert – ein entscheidender Unterschied! Mit Fähigkeiten ausgestattet, von denen viele nur träumen können, meistern sie fast jede Situation. Sie suchen Auswege und Lösungen, sie sind nie um eine Idee verlegen und sind immer bereit zu tun, was noch nie getan worden ist. An manueller Geschicklichkeit mangelt es ihnen ebenso wenig wie an Intelligenz für die Aufgabe, die getan werden muss. Selbst unter Zeitdruck leisten sie noch Großartiges.

Sie tragen diese Signatur und erkennen sich selbst nicht? Dann muss jemand ganze Arbeit geleistet haben, ein solches Paket an Talent und Kraft zu verschnüren. Wir können gar nicht genug bekräftigen: Es ist nie zu spät, diesen Schatz zu heben!

Im Alltag ist das Zusammenleben mit dieser Signatur nicht immer einfach, weil die Mitwelt die ständige Bereitschaft zur Anteilnahme, die große Neugier auf das Leben als des Guten zu viel empfinden kann. Denn kaum etwas entgeht Ihrer wachen Aufmerksamkeit und wenn die Anwesenden diesen »Röntgenblick« wahrnehmen, wird er nicht selten bewusst oder unbewusst als eine Form der Einmischung empfunden. Im Prinzip wollen Sie ja meist nur Ihre Hilfe anbieten, damit die anderen nicht immer wieder die gleichen Fehler machen. Was diese Signatur dann manchmal übersieht: dass wir gegenwärtig nicht damit beschäftigt sind, »Fehler zu machen«, sondern Lebenserfahrung zu sammeln, die wir alle brauchen, um selbstsicher und stabil zu werden. Innerlich gelassen zuschauen zu können, wenn andere, speziell Kinder, Erfahrungen sammeln, lernen und dabei Fehler machen – das ist eine Ihrer ganz besonderen Lernaufgaben im Leben.

Schauspieler, Politiker, aber auch geniale Musiker sind bei dieser Signatur keine Seltenheit. Sie können sich durchsetzen, werden gehört, haben ein gutes Händchen fürs Geschäft. Was ihnen fremd ist, wird einfach dazugelernt. Einzig das Fehlen des Ostens (❽/❸) macht sich in dieser Signatur manchmal etwas schmerzhaft bemerkbar. Weil im Osten die Gefühlswelt zu Hause ist, wirkt sich der fehlende Osten auf den zählbaren Erfolg im Berufsleben nicht so stark aus. Im privaten Bereich kann man sich allerdings schon manchmal wundern, was Partnerinnen und Partner dieser Signatur das eine oder andere Mal auszuhalten haben. Aber durch ihre sonst so liebenswerte und vor allem ehrliche Art drückt jeder gerne ein bis zwei Augen zu, solange aus der »Zumutung« kein Dauerzustand wird.

Wir alle erleben es, dass im Alltag manchmal das richtige Maß auf der Strecke bleibt, beispielsweise wenn bei einem wichtigen Projekt die Schlüsselfiguren montags blaumachen. Das ist etwas, was diese Signatur völlig aus der Ruhe bringen kann. Je nach Tagesverfassung und Biorhythmus kann sie sogar mit einem leichten hysterischen Anfall reagie-

ren. Wer sich eben wie diese Signatur schnell daran gewöhnt, für alles eine Lösung parat zu haben, dem kann so etwas schon einmal passieren. Wer Glück hat, muss es nicht ausbaden, weil er gerade ganz weit weg ist. Diese Signatur würde sehr viel von Spazierengehen, vom Aufenthalt im Grünen profitieren. Auch die Zahlen ❽ und ❸ können helfen, beispielsweise auf ein Stückchen Papier geschrieben, das man in der Hosentasche, der Hand- oder Schultasche dabeihat. Ideal ist ein grünes Stück Papier beziehungsweise ein grüner Stift zum Aufschreiben der Zahlen. Die Farbe Grün in all ihren Erscheinungsweisen (als Kleidungsstück, Zimmerpflanze, Schmuckstein und so weiter) hilft in unauffälliger Weise den Alltag dieser Signatur zu harmonisieren.
Die Kinder dieser Signatur, wie auch generell Kinder, denen der Osten im Zahlenrad fehlt, sollten niemals allein gelassen werden, zumindest nicht ohne ihr Wissen. Es ist auch wichtig, sie niemals anzulügen, auch auf Notlügen sollte man nicht zurückgreifen. Die Kinder dieser Signatur haben ohnehin für alles Verständnis und sie brauchen die Sicherheit, vertrauen zu können. Nebenbei bemerkt: Kinder anzulügen ist niemals »richtig«, es gibt keinen einzigen denkbaren guten Grund dafür. Im Gegenteil, es ist immer ein Zeichen von Schwäche. Und Kinder haben noch die feinen Antennen, die wir Erwachsenen später ignorieren und betäuben, deren Signale wir überhören. Kinder empfinden diese Schwäche sehr genau. Umgekehrt spüren sie die Stärke und Aufrichtigkeit der Wahrheit. Und lernen damit positiv umzugehen, selbst wenn ihnen nicht passt, was sie zu hören bekommen. Lügen aller Art verursachen später viel Arbeit und Ärger im Zusammenleben, und obendrein ist das Vertrauen futsch. Es zahlt sich einfach nie aus.

Wenn Sie diese Signatur haben und nicht das aus Ihrem Leben gemacht haben, was Sie sich erträumt haben für Ihr Glück, dann fangen Sie einfach heute damit an. Es lohnt sich und man ist niemals zu alt, um etwas Neues zu starten. Die Welt wartet auf Sie!

Nord-Ost-West-Mitte

Bereit, die Welt zu erobern und zu verbessern – und fähig dazu

Das lebhafteste Vergnügen,
das ein vernünftiger Mensch
in der Welt haben kann, ist,
neue Wahrheiten zu entdecken,
– das nächste nach diesem ist,
alle Vorurteile loszuwerden.

Friedrich II, genannt der Große

In meinem Geburtsdatum finden sich nur die Zahlen

❻ und/oder ❶
❽ und/oder ❸
❾ und/oder ❹
⓿ und/oder ❺

8. September 1951 * 13. Juni 1995 * 5. März 1991 * 9. Mai 1968 * 13. November 1945 – was verbindet alle diese Geburtsdaten? Diese Zahlen bilden die Signatur Nord-Ost-West-Mitte, eine Signatur, die ihrem Träger sehr viel Freude machen kann.

Je mehr verschiedene Zahlen sich in der Signatur eines Menschen finden, je breiter verteilt die Zahlen des Geburtsdatums also im Zahlenrad sind, desto schwieriger scheint es, den Zahlenschatz zu beschreiben. Diese Menschen sind mit so vielen Fähigkeiten ausgestattet, dass man einfach ausrufen möchte: »Toll!« Wären da nicht die Wermutstropfen, die kleinen Lücken, die meist auf eine kleine Schwäche hindeuten. Wer schon viel Erfahrung mit dem Zahlenrad gesammelt hat, der gewinnt den Eindruck, dass sich ein Mensch mit mehreren fehlenden Himmelsrichtungen allmählich daran gewöhnt hat, Ausbesserungsarbeit zu leisten. Erfolge schmecken ihm manchmal süßer als den anderen, die mit einem umfangreichen Zahlenschatz zur Welt kamen. Nur eine einzige Lücke im Zahlenrad fällt anfangs nicht sonderlich auf und so kann es geschehen, dass man sie einfach ignoriert. Sollten Sie diese Signatur tragen, dann wissen Sie jetzt sicherlich schon aus Ihren eigenen Erfahrungen, wie das gemeint ist. Aber die gute Nachricht ist: Auch noch die kleinste Lücke kann zum Vorteil aller gefüllt werden. Nehmen wir beispielsweise an, Sie haben trotz dieser tollen Signatur immer wieder Schwierigkeiten, bestimmte Ziele zu erreichen. Dann möchten wir Ihnen die einfachste Maßnahme empfehlen, die in Ihrem Fall möglicherweise die größte Wirkung hat: Widmen Sie sich ab jetzt mehr der Farbe Rot in Ihrem Leben. Typisch für einen fehlenden Süden

in der Signatur ist nämlich dieses Gefühl: »Wenn's darauf ankommt, dann komme ich immer zu kurz.« Ein solches Gefühl kann in richtige Herzschmerzen ausarten und sollte ernst genommen werden. Wenn Sie es gut kennen, dann sollten Sie daran arbeiten. Das Gefühl, nicht für wichtig oder nicht ernst genommen zu werden, ist manchmal furchtbar, auch wenn es wie in den meisten Fällen durch die tatsächlichen Gegebenheiten gar nicht gerechtfertigt ist. Verwenden Sie in Ihrem Leben die Farbe Rot, in der Kleidung, in der Wohnung, am Arbeitsplatz, dann werden Sie von diesem Gefühl nicht mehr so oft überfallen. Und beachten Sie ab jetzt auch den Verlauf Ihrer persönlichen Biorhythmen, denn wir alle laufen Gefahr, in solche Fallen zu tappen, nämlich regelmäßig in 14-tägigem Abstand am Wochentag unserer Geburt. (Mehr über den Biorhythmus des Menschen lesen Sie in unserem Buch »Aus eigener Kraft«, siehe Buchtipps Seite 304.)
Die Menschen dieser Signatur sind am reichsten mit Emotionen gesegnet und wissen oft gar nicht, wohin damit. Sie können es sehr schwer ertragen, betrogen zu werden, und vergessen solche Vorkommnisse meist auch ein Leben lang nicht. »Betrug« ist für sie ein weitläufiger Begriff – zu Recht, denn es ist ja auch schon Betrug, wenn Vertrauen missbraucht und wenn man im Stich gelassen wird. Vielleicht würde es Menschen mit dieser Signatur helfen, sich mehr auf die eigenen Ziele zu konzentrieren, denn wenn sie warten, bis alle anderen nachkommen, dann verzweifeln sie oft nur. Es hat eben wie gesagt nicht jeder die gleichen Voraussetzungen, und ihre hohen Ansprüche sind für viele Menschen sehr anstrengend, manchmal zu sehr. Nicht jeder verkraftet das Miteinander mit einem Menschen, der sein Leben in mancher Hinsicht perfektionistisch führt.

Ob Sie Autos verkaufen oder ein berühmter Schauspieler sind, ob Sie sich für Minderheiten einsetzen, ob Sie Spitzensportler, Erfinder, Politiker sind – es macht letztlich keinen großen Unterschied, denn Sie sind für all das gut gerüstet und wenn Sie einen Entschluss gefasst haben, ist Ihnen der Erfolg gewiss. Gefühle der Unzufriedenheit stammen also in der Regel nicht aus der Quelle des »Nichtkönnens«, sondern aus dem Gefühl, es könnte mehr gewesen sein. Vergessen Sie jedoch nicht, dass nicht alle Menschen gleich gut ausgestattet sind, und bemühen Sie sich um etwas mehr Nachsicht, sowohl mit sich selbst als auch mit Ihrer Umgebung. Teamarbeit kann eine Ihrer Stärken sein, muss es aber nicht. Wenn Teamarbeit gefragt ist, dann suchen Sie sich Mitarbeiter aus, die auch den Süden (❼/❷) in ihrer Signatur haben.

Der Süden allein wird dabei natürlich nicht genügen, die nötigen Fähigkeiten für die anstehenden Aufgaben müssen ebenfalls mitgebracht werden. Hier kann übrigens auch das Tierkreiszeichen der Geburt eine Rolle spielen: Wer in einem Feuerzeichen geboren ist (Widder, Löwe oder Schütze), der bemerkt das Fehlen des Südens in seinem Zahlenrad manchmal gar nicht, weil die Energien dieser Tierkreiszeichen ausgleichend wirken können.

Auf Partys, bei öffentlichen Veranstaltungen und anderen Zusammenkünften sind Sie nicht nur gern gesehen, das Ganze wird überhaupt erst durch Sie zur lebendigen Party oder Feierlichkeit, weil Sie hier Ihren Süden auftanken können. Da ist es dann wieder, das Gefühl, das Sie lange vermissen mussten, das Gefühl, dabeizusein und auch wichtig zu sein. Ist die Party dann zu Ende, kann es durchaus geschehen, dass Sie wieder in das »schwarze Loch« der Selbstzweifel zurückfallen. Ihre Ansprüche sind sehr hoch und lieber bleiben Sie allein, als faule Kompromisse einzugehen. Das ist auch richtig so. Sie sind warmherzig, ehrlich und haben einen scharfen Verstand – Ambitionen stehen Ihnen zu. Am besten, Sie lassen die Farbe Rot als »Medizin« in Ihrem Leben nie aus den Augen. Sie kann Ihnen helfen, alle Herausforderungen zu meistern und Ihren persönlichen einzigartigen Weg zu finden – worüber wir uns alle freuen würden!

Nord - Ost - Süd - West

Alle Wege stehen offen –
Träume können Wirklichkeit werden

Solange wir Träume haben, leben wir.
Solange wir leben, geben uns Träume Hoffnung.
Solange es Hoffnung gibt,
haben wir keine Angst vor der Zukunft.
Die Zukunft liegt in unseren Händen.
Träumen wir sie nicht nur, sondern erleben wir sie.

Petra Heierhoff

In meinem Geburtsdatum finden sich nur die Zahlen

❻ und/oder ❶
❽ und/oder ❸
❼ und/oder ❷
❾ und/oder ❹

8. Juli 1969 * 12. September 1988 * 8. April 1976 * 3. Juni 1992 * 13. Februar 1994 – was verbindet alle diese Geburtsdaten? Mit diesen Zahlen und vielen weiteren Kombinationsmöglichkeiten ist die Signatur Nord-Ost-Süd-West verbunden – die »ringförmige« Signatur.

Alle vier Himmelsrichtungen zieren Ihre Signatur! Eine wunderbare Sache, denn Sie sind damit ideal ausgestattet, um alle nur denkbaren Ziele im Leben zu erreichen. Wir wünschen Ihnen von Herzen, dass Sie dieses Geschenk auch so empfinden, ja, vielleicht sogar schon verwirklicht haben! Die Menschen mit dieser Signatur denken nach, sie prüfen, tüfteln, überlegen – und dann kann's losgehen. Ohne viel Aufhebens gelingen Ihnen die genialsten Dinge, für Sie fast selbstverständlich, für viele ein unerreichbares Ziel. Es ist so angenehm, mit Menschen zu arbeiten, die ein starkes Selbstbewusstsein haben, das sich auf Echtheit und Wesentliches gründet. Sie haben die besten Voraussetzungen, ein solches Fundament zu bauen.

Gut, dass es Sie gibt: Denn diese Signatur wird sich auch im 21. Jahrhundert gelassen die Zeit nehmen und dann glänzen mit den tollsten Erfindungen, mit Liedern, Veröffentlichungen, Literaturthemen, Neuerscheinungen und Verbesserungen aller nur denkbaren Dinge. Welche Berufe sind für diese Signatur geeignet? Wir brauchen erst gar nicht damit zu beginnen, sie aufzulisten. Wenn Sie wollen, können Sie alles! Bei so vielen guten Nachrichten gleich der kleine Wermutstropfen: »Wollen« bringt ein Stichwort ins Spiel – das ist nämlich so eine Sache bei Ihnen, das Wollen. Ihre hohen Ansprüche an sich selbst und an die

anderen verzögern gelegentlich die Entscheidung für oder gegen einen bestimmten Weg. Ihre Umwelt hat für das vermeintliche Bremsen manchmal kein Verständnis, weil ihre Geduld zu sehr auf die Probe gestellt wird.
Spontan können Sie dann sehr ärgerlich werden, weil wir mit Ermahnungen Ihre »konstruktiven Träumereien« stören. Der Ärger kann sogar in seltenen Fällen in ausgesprochene Bockigkeit und Sturheit umschlagen, bis hin zur Entwicklung von falschem Stolz.

Generell aber ist dieser Signatur eine liebenswürdige Art zu eigen, die diese Menschen zu angenehmen Zeitgenossen macht. Sie sind alles andere als Spielverderber, haben viel übrig für Spaß, hängen sich trotzdem bei wichtigen Dingen so rein, dass diese auch erfolgreich zu Ende gebracht werden. Zudem haben sie das Talent, ein klares Gefühl für Prioritäten zu entwickeln. Eine sehr seltene Kombination heutzutage. Bevor Sie erste Schritte unternehmen, können natürlich durchaus einige Tage des Träumens vergehen, in denen scheinbar nichts geschieht. Das ist aber nur äußerlich der Fall. In Wirklichkeit denken Sie lange und gut nach. Erst wenn alle Zusammenhänge und Verästelungen der anstehenden Aufgabe durchdacht sind, treten Sie in Aktion.

Genau hier begegnen wir einem kleinen Problem, mit dem diese Signatur manchmal zu kämpfen hat. Denn besonders Kinder mit dieser Zahlenkombination haben manchmal einen schweren Start im Leben. Der Grund ist schlicht, dass heute alles so schnell gehen muss. »Gut Ding braucht Weile«, dieser Spruch aus einer scheinbar verflossenen Zeit passt so gar nicht ins Computerzeitalter. Aber das ändert nichts an seinem großen Wahrheitsgehalt, den kaum jemand besser versteht als ein Kind dieser Signatur. Mit einer solchen Fülle bedacht, kann es geschehen, dass Sie Ihre vielen Talente gar nicht schätzen. Oder dass Sie sie nicht vollständig und Ihren Möglichkeiten entsprechend in lebendiges Handeln umsetzen.

Sie wissen oft nicht, wie es ist, etwas gar nicht zu können. Normalerweise werden geniale Menschen erst lange nach ihrem Tod so richtig gewürdigt. Hier ist es ein bisschen anders. Sie setzen sich schon zu Lebzeiten durch und werden gehört. Es dauert, aber Sie schaffen es.
Keine Signatur wird so verkannt wie diese. Warum? Weil Sie im Stillen arbeiten und erst auftauchen, wenn Sie wirklich etwas zu sagen haben. Sie arbeiten natürlich nicht nur im Stillen, aber zu Beginn verläuft Ihr Tätigwerden zunächst im Hintergrund. Etwas gleich zu Anfang an die große Glocke zu hängen ist nicht Ihr Stil. Vielleicht liegt das auch an der fehlenden Mitte (0/5). Dieses spezielle »Loch« in einer Signatur sorgt nicht nur bei Ihnen dafür, dass Sie immer wieder einmal mit sich unzufrieden sind. Das hat in den meisten Fällen keinen von außen erkennbaren Grund, aus Ihrer Sicht aber schon. Sie fühlen sich oftmals nicht verstanden und brauchen viel Zuwendung von zu Hause. Eine vorhandene Mitte sorgt für das häusliche Nestgefühl. Dieses Gefühl eines sicheren Hafens, eines vertrauten Zuhauses fehlt bei Ihnen immer wieder einmal. Die Verwendung der Farbe Gelb im Alltag könnte hier unkompliziert Abhilfe schaffen und die Lücke etwas schließen. Viel Gelb in der Kleidung und beim Essen sorgt für innere Ruhe. Manchmal hilft es auch, schnell etwas Süßes zu sich zu nehmen (Sie sollten dabei aber unbedingt auf Bio-Qualität achten!).

Was dieser Signatur auch helfen würde, die fehlende Mitte auszugleichen, ist ein häufiger Aufenthalt in der Natur – Spazierengehen, Pilze sammeln, Blumen fotografieren, was auch immer. Jede Tätigkeit, die irgendwie mit »Erde« verbunden ist, würde Sie im wahrsten Sinne des Wortes auch seelisch erden und die Mitte finden lassen. Viele Blumen in der Wohnung, ein kleiner Kräutergarten auf Balkon oder Fensterbrett – Hauptsache Natur, um das fehlende Zentrum auszugleichen.
Wir würden uns freuen, wenn es gelungen ist, Verständnis zu wecken für die Träumereien dieser Signatur. Sie wissen jetzt, warum das zu Ihrem Leben gehört. Es ist Teil Ihres Weges zum Glück.

Alle Stationen im Zahlenrad

Alle Wege stehen offen

Der Mensch ist für alle seine wahren Bedürfnisse
genügend ausgestattet, wenn er seinen Sinnen traut
und sie so entwickelt,
dass sie seines Vertrauens würdig bleiben.

Johann Wolfgang Goethe

In meinem Geburtsdatum finden sich die Zahlen

❻ und/oder ❶
❽ und/oder ❸
❼ und/oder ❷
❾ und/oder ❹
⓿ und/oder ❺

21. Mai 1998 * 17. September 1985 * 23. Oktober 1949 * 8. Dezember 1990 * 19. Mai 1978 – was verbindet alle diese Geburtsdaten? Diese Zahlen bilden die seltene Signatur, in der alle Stationen besetzt sind.

Fast möchte man sagen: Mit dieser Signatur haben Sie das große Los gezogen! Es gibt eigentlich kaum etwas, das Ihnen schwer fällt. Und wenn doch, dann ist es nur eine anerzogene »Schwäche«, die nicht der Wirklichkeit der Talente entspricht, mit denen Sie auf die Welt gekommen sind.

Wer mit einem solchen Zahlenschatz ausgestattet ist, hat eine große Auswahl, wenn es um die Entscheidung geht, welchen beruflichen Weg man wählen soll. In jungen Jahren kann das dazu führen, dass man sich innerlich angesichts der Fülle und Interessen in eine Blockade hineinmanövriert. Auch in dieser Signatur sind Spätzünder keine Seltenheit. Der allerbeste Weg wäre, zu wählen, was Ihnen zutiefst Freude macht, und finanzielle Überlegungen zurückzustellen. Ob Sie eine Firma übernehmen oder ganz neu aufbauen, ob Sie Häuser entwerfen oder Bücher schreiben, Sie werden Ihre Sache gut machen. Natürlich sind auch hier nicht alle Begabungen exakt gleich verteilt, deshalb geben wir auch die Empfehlung, unbedingt Ihrem Gefühl zu folgen. Und wenn das Gefühl noch zu undeutlich und chaotisch ist, dann sammeln Sie am besten so viele unterschiedliche Erfahrungen wie möglich. Die persönliche Berufung wird sich herauskristallisieren – in ihrer eigenen guten Zeit. Am besten Sie gehen bei der Entscheidung folgendermaßen vor:

Erstens sollten Sie bedenken, dass das Geburtsjahr immer am stärksten wirkt – also die letzte Zahl in Ihrem Geburtsdatum. Sind Sie beispielsweise 1962 geboren, ist bei Ihnen die ❷ am stärksten und Sie könnten sich die Berufe in der Tabelle am Ende des Buches einmal näher betrachten und auf sich wirken lassen. 1963 dagegen besetzt den Osten mit der ❸ stärker und die Musikalität, die Heiler-Fähigkeiten rücken ins Blickfeld.
Zweitens haben Sie aufgrund dieser speziellen Signatur immer nur höchstens eine Station doppelt besetzt. Das heißt, eine Schwerpunkt-Bildung ist fast unmöglich und damit auch die Überbelastung einer Station. Sie haben damit überall fast gleich große Chancen, wirklich Ihre Berufung zu finden und erfolgreich zu sein.
Sie kennen das wahrscheinlich aus Ihrer Schulzeit: Es gibt Kinder, denen fällt irgendwie alles einfach so zu, ohne dass sie sich dafür besonders anstrengen müssten. Gemeint sind hier nicht die »vorbildlichen« Streber, die alles für sich behalten, keine Teamarbeit kennen und später kleine Tyrannen oder unterwürfige Jasager werden. Nein, gemeint sind jene Kinder, die scheinbar nie büffeln und trotzdem immer durchkommen – manchmal nur mit Hängen und Würgen. Genau hier verbirgt sich auch eines ihrer Probleme: Die Tatsache, dass ihnen alles leichter fällt, führt nicht selten dazu, dass sie gelangweilt herumsitzen und auf nichts mehr aufpassen. Dann kann es nicht selten geschehen, dass plötzlich der Zug abgefahren ist und sie nur noch als schwierige Störenfriede, als »Problemkinder« gelten. Alles in allem markiert das jedoch meist nur den Beginn einer schwierigen Phase in ihrem Leben, denn in der Regel sind ihre Talente ausreichend, um Versäumtes wieder aufzuholen.

In einem anderen Fall strengen sich diese Kinder nie an, fahren dennoch beste Resultate ein – und wenn dann irgendwann doch einmal Durchbeißen und Pauken angesagt ist, fehlt ihnen gleichsam die Praxis aus den Niederungen der Normalität. Später im Leben, wenn der Erwerb von Spezialwissen ansteht und gleichzeitig ein dicht gedrängter

Terminkalender Druck macht, wissen sie nicht, wie man so viel auf einmal aufnimmt. Auch deshalb können sie manchmal auf der Strecke bleiben, wenn es ernst wird. Bei aller Talentiertheit kommt es eben auch sehr auf die Erziehung an. Maßhalten wird einem nicht in die Wiege gelegt. Die Gefahr, sich auf Dauer zu verzetteln, ist durchaus gegeben.

Es gibt Tage, da weiß niemand, warum sich alles spießt und hakt und nichts weitergeht (siehe Seite 294). Das hängt fast immer auch mit den Zahlen des aktuellen Datums zusammen. Viele Signaturen können sich darin üben, die Gunst des aktuellen Datums zu nützen oder mit seiner Ungunst weise umzugehen. Das gilt für diese Signatur nicht so ohne weiteres, weil sie oder er ja schon alles hat! So konnte beispielsweise eine Signatur ohne Süden (7/2) das Jahr 2007 gut für sich und ihr Fortkommen nützen, weil das ganze Jahr die ergänzenden Impulse gewährte. Signaturen mit Schwerpunkt beziehungsweise einem Übergewicht im Süden waren dagegen im Jahr 2007 vielleicht öfter krank als sonst.

Wer die Wahl hat, hat die Qual. Das trifft auf diese letzte Signatur in besonderem Maße zu. Wir freuen uns aber von Herzen für jeden, der mit solchen Zahlen geboren wird. Mögen Sie in Ihrem Leben keinem größeren Problem begegnen als in einer Vielfalt von Chancen und Möglichkeiten den Überblick und den richtigen Weg im Auge zu behalten!

Wenn Sie bis zu dieser Zeile schon alle vorherigen Seiten gelesen haben, wissen Sie, dass jede Signatur, jeder Mensch gute Chancen hat, aus seinem Leben das Beste zu machen, vorausgesetzt er packt seinen Schatz gänzlich aus und nützt ihn mithilfe der Liebe zu sich selbst und dem freien Willen, der uns allen geschenkt ist. So manches Geheimnis konnten wir hoffentlich lüften und dafür sorgen, dass es Ihnen nun leichter fällt und mehr Freude macht, die eigene Zukunft zu gestalten. Vertrauen Sie immer Ihrem persönlichen Gespür und Gefühl. Das Tiroler Zahlenrad kann dabei eine gute Stütze und Hilfe sein.

AUS DER PRAXIS DES ZAHLENRADS

Vom Umgang mit den Signaturen im Alltag

Im zweiten Kapitel des Buches haben wir versucht, die einzelnen Stationen des Zahlenrads lebendig werden zu lassen und Ihnen eine Vorstellung davon zu vermitteln, aus welchen Juwelen sich Ihr persönlicher Zahlenschatz zusammensetzt.

Mit der Beschreibung der Signaturen im vorigen Kapitel wollten wir ein Gefühl für das Zusammenspiel der Stationen im jeweiligen Einzelfall entstehen lassen. Sie haben dabei die Dynamik innerhalb Ihrer ganz persönlichen Signatur kennengelernt beziehungsweise diejenige innerhalb der Signatur eines anderen Menschen – vielleicht weil er oder sie zur Familie gehört, weil Sie ihn oder sie in besonderer Weise unterstützen wollen oder weil Sie nicht mit diesem Menschen zurechtkommen und alle Versuche eines Brückenbaus bis heute gescheitert sind.

Die Signaturen lebendig werden zu lassen war eine notwendige und lohnende Aufgabe für uns, aber in mancher Hinsicht vergleichbar dem Versuch, den Schatz am Ende des Regenbogens auszugraben. Der silbrig im Sommerlicht dahinplätschernde Gebirgsbach hat zwar eine beschreibbare Form, aber versuchen Sie mal, ihn festzuhalten. Im besten Fall verschwindet er, schlimmstenfalls verwandelt er sich in einen Sumpf! Dennoch, einerseits sollte mit den 31 Signaturen die Lebendigkeit und Dynamik des Zahlenrads vor Ihren Augen erstehen, andererseits die fest umrissene Aufgabe sichtbar werden, die sich in den Zahlen widerspiegelt. Das hatte manchmal etwas von dem Versuch, langsam dahinziehende Wolken mit bloßen Händen zu fangen. Wir denken aber, es hat sich gelohnt. Wie gut es gelungen ist, werden Sie entscheiden.

Beim langsamen Vertrautwerden mit einem Instrument, mit einem Werkzeug taucht natürlich je nach »Ausbildungsstufe« das eine oder andere Problem auf. Aber dafür gibt es ja Gebrauchsanweisungen, nicht wahr? Nach der Lektüre Ihrer ganz persönlichen Zahlenrad-Signatur könnten Sie beispielsweise das Gefühl gewonnen haben, durch diese Zahlen geprägt, gebunden, »erblich vorbelastet« zu sein. Die Wahrscheinlichkeit ist groß, in jeder Signatur einen bestimmten »Typ« zu erkennen, dem man im schlimmsten Fall unabänderliche, schicksalhafte Eigenschaften zuschreibt. Deshalb besteht die Gefahr, sich selbst und andere in Schablonen zu pressen oder sich und andere hinter den vorgegebenen Richtungen, hinter dem Wissen zu verstecken und damit die Entwicklung und Entfaltung von Selbstverantwortung und freiem Willen zu bremsen. Wir haben uns bemüht, dieser Gefahr zu begegnen, wollen aber hier noch einmal unser Bestes geben, sie so gering wie möglich zu halten.

Ihre Zahlenrad-Signatur liest sich für Sie hoffentlich ähnlich interessant wie eine ehrliche und wohlwollende Kurzgeschichte, die ein guter Freund über Sie schreiben könnte. Es gibt sicher viele Aha-Erlebnisse und so manches Gelächter und Schmunzeln bei der gemeinsamen Lektüre und beim Austausch über das Gelesene. So mancher Zeigefinger hebt sich wohl, verbunden mit dem Ausruf: »Ätsch, das habe ich Dir schon immer gesagt!« oder »Endlich hast Du es mal schwarz auf weiß!« oder gar »Na ja, bei den Zahlen ist das kein Wunder!«. Auch für diese fröhlichen Augenblicke des Wiedererkennens haben wir das Buch geschrieben.

Manche Leserin und manchen Leser wird dennoch in Zukunft das Gefühl beschleichen, dass sie ab jetzt fast etwas allzu Intimes preisgeben, wenn sie das eigene Geburtsdatum nennen. Das Gegenüber, die Personalchefin, der Beamte, der Lehrer – sie alle könnten ja ebenfalls das »Tiroler Zahlenrad« gelesen haben und sich jetzt ihren Teil denken über

Sie, über Bewerber, Schüler, Untergebene. So wird das Buch auch die Nebenwirkung zeitigen, dass das persönliche Geburtsdatum in Zukunft vielleicht noch häufiger nicht ganz ehrlich angegeben wird. Aber jetzt nicht mehr nur, um sich jünger zu machen, als man ist.

Werfen Sie jedoch jetzt noch einmal einen Blick auf den Buchumschlag und betrachten Sie den Ring um das Rad und die Strahlen aus der Mitte heraus. Sie sehen Bewegung und Entwicklung. Sie sehen eine dynamische Spirale. Sie sehen ein Kunstwerk in Bewegung, in Reifung und Entfaltung! Dieses Buch soll helfen, wenn jemand unglücklich ist und nicht den genauen Grund kennt. Es kann dann einen besonderen, bisher nur wenig bekannten Weg zeigen, zum verdienten Lebensglück vorzudringen. Denn der Adler gehört in die Bergesluft, nicht ins Büro. Der Zahlenfuchs fühlt sich vergraben in Buchhaltungsakten wohl und würde eher in der dünnen Luft der Berge ersticken. So viel Unglück in der Welt rührt nur daher, dass uns der Mut und der Tiefblick fehlen, jenen eigenen Weg zu gehen, den alle Engel uns vorgezeichnet haben. Apropos Engel: Ohne ein Minimum an echtem Glauben wird niemand einen echten Sinn und Weg im Leben finden. Wer Herz und Mitgefühl hat, verzweifelt schon bei der Lektüre der Morgenzeitung. Hier kann nur echter Glaube helfen, der erste Schritt auf der Reise zum Wissen.

Drei Fragen stellt Ihnen dieses Buch:
- Welche Zahlen habe ich?
- Welche Zahlen fehlen mir?
- Was kann ich jetzt tun?

Meditieren Sie in Frieden und so lange Sie wollen über die Antwort. Aber finden Sie eine Antwort.

Im Umgang mit diesem Wissen haben Sie ja mehrere Möglichkeiten, wie Sie sicher schon erkannt haben: Entweder leben Sie Ihre Zahlen bis zur Grenze, Sie loten alle Möglichkeiten Ihres Schatzes aus, oder Sie suchen (vielleicht schon sehr früh im Leben) Ausgleich zu den fehlenden Zahlen, zu den »weißen Flecken« Ihrer seelischen Landkarte, erweitern so Ihre Palette um die fehlenden Farben und gewinnen den Regenbogen, die Ganzheit des Geistes. Denn es gibt immer mehrere Möglichkeiten: Das eine fehlt mir zum Glück, weil ich eine Lücke im Zahlenrad habe, und das andere fehlt mir, weil ich zwar die Zahlen habe und leben sollte, aber es verlernt habe, ausgetrieben bekommen habe, mich davor fürchte. Die Palette der Möglichkeiten zur Öffnung, Reifung und Vervollständigung ist endlos vielfarbig – wie auch die Zahl der Wege, vor diesen Aufgaben und Abenteuern die Augen zu verschließen. Sie haben die Wahl! Viele Zahlen ohne Förderung sind manchmal schlechter als nur wenige Zahlen, die sich entfalten dürfen und können!

Damit haben wir angesprochen, wie sehr Ihr freier Wille zur dynamischen Bewegung im Zahlenrad beiträgt und Ihre persönliche Signatur in ein »Kunstwerk in Bewegung« verwandelt. Drei weitere wesentliche Faktoren möchten wir noch ansprechen, die zusätzliche Dynamik bringen und den Zahlen und ihrer Verteilung im Zahlenrad Schwung und Eigenart verleihen. Über den ersten Faktor haben wir schon gesprochen und ihn mehrfach bei der Schilderung der Signaturen erwähnt:

- Der erste dynamische Aspekt Ihres Zahlenrads: Wie viele »Einheiten« besetzen die einzelnen Stationen? Wo liegt ihr »Schwerpunkt«?

Sie wissen: Wenn Sie in einer Himmelsrichtung mehr als zehn »Einheiten« im Geburtsdatum aufweisen, dann kann es zu extremen Entwicklungen kommen – im Positiven wie im Negativen. Die Summe der Einheiten an einer Station ist einfach die Summe der dort vorhandenen Zahlwerte. Um noch einmal Beispiele anzuführen: Wenn Sie an

einem 9. Mai 1979 geboren worden sind, besetzt die Zahl ❾ den Westen zweimal. Das bedeutet 18 Einheiten der Kräfte, die im Westen des Zahlenrads herrschen. Einmal die ❾ im Zahlenrad zu haben bedeutet in den meisten Fällen, einen guten Geschäftssinn zu besitzen. Zweimal die ❾ kann manchmal ins Extrem umschlagen, in diesem Fall in Egoismus, Geiz und Mutwilligkeit. Die kluge Vorausschau in geschäftlichen Dingen verwandelt sich in krampfhaftes Festhalten, in Geiz.
Oder Sie sind am 3. Mai 1988 geboren. Dann beträgt die Summe der Einheiten 21 an dieser Station, also im Osten. Im Osten ist das tiefe Einfühlungsvermögen beheimatet. Mit 21 Einheiten dieser besonderen Kraft kann es sich so sehr verstärken, dass man allzu viel Rücksicht entwickelt und selbst nicht mehr zum Zuge kommt. Nach einiger Zeit kann das ins andere Extrem umschlagen: Man begegnet der (eigentlich selbst gewählten) Ausbeutung mit Zurückweisung bis hin zum Egoismus, oftmals sehr zur Überraschung aller Beteiligten. Das große Talent, der kostbare Schatz wird dann leicht verschwendet, die große Empfindungskraft zieht sich dann oft ins Schneckenhaus zurück und wirkt nach außen verschlossen und kühl. Das große Empfinden und Mitgefühl landen verborgen im Safe scheinbarer Hartherzigkeit. Bis es durch Einsicht und ein langsames Erlernen des Maßhaltens wieder belebt wird. »Liebe Deinen Nächsten wie Dich selbst!« – das ist eine Aufforderung zur weisen Balance zwischen Geben und Nehmen. Wer mit mehr als zehn Einheiten an einer Station geboren wird, zu dessen Lebensaufgaben zählt auch, mit der Gefahr der Maßlosigkeit umgehen zu lernen.

An diesen Zusammenhängen lässt sich übrigens auch erkennen, dass es nicht sinnvoll ist, sich für die Geburt eines Kindes per Kaiserschnitt eine »Schnapszahl« auszusuchen, wie es heute vielfach üblich zu sein scheint. Man gibt dem Kind zwar die doppelte und dreifache Kraft einer Himmelsrichtung im Zahlenrad mit auf den Weg, aber natürlich bürdet man ihr oder ihm gleichzeitig eine besondere Herausforderung und bestimmte Erwartungen auf, statt das Geschenk seiner ganz speziellen Zahlenkombination einfach anzunehmen.

- Der zweite dynamische Aspekt im Zahlenrad beruht auf dem feinen Wirkungsunterschied zwischen den beiden Zahlen innerhalb einer Himmelsrichtung.

Nehmen wir als Beispiel eine Reihe von Geburtsdaten und zeichnen sie jeweils in eine Zahlenrad-Skizze ein, am besten farbig.

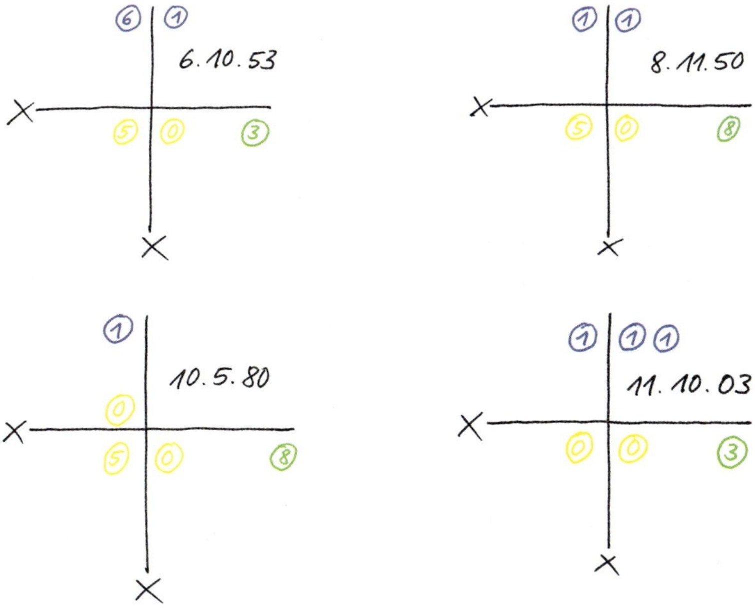

Sie erkennen an den Zeichnungen sofort, dass alle vier Geburtsdaten zur gleichen Signatur führen (Nord-Ost-Mitte, siehe auch Seite 202). Das »Gewicht« einer 0 ist jedoch ein anderes als das einer 5 im Geburtsdatum. Darüber konnten Sie in den bisherigen Kapiteln lesen. Dieses unterschiedliche Gewicht sollten Sie bei der Betrachtung eines Geburtsdatums, einer beliebigen Signatur nicht außer Acht lassen.

Die beiden Geburtsdaten 1. Mai 1966 und 10. Mai 1955 haben zwar die gleiche Signatur Nord-Mitte, dennoch wird sich daraus ein anderer Charakter herausbilden, ein anderes Schatzkästchen steht zur Verfügung. Die grobe Richtung ist jedoch vorgegeben. Diese Bildung unterschiedlicher Schwerpunkte innerhalb einer Signatur kommt natürlich stärker zum Tragen, wenn für die vier bis sechs möglichen Zahlen nur zwei oder drei Stationen zur Verfügung stehen. Die »Singles« (siehe ab Seite 126) sind ja eindeutig in ihrer Kraftverteilung, während die Vierer-Signaturen und die Fünfer-Signatur (siehe ab Seite 226 und 242) auch eine gleichmäßige Verteilung möglich machen. Bei der Betrachtung der Signaturen sollten Sie diese Unterschiede langsam in das Sammeln von Erfahrungen mit ihnen einfließen lassen.

- Der dritte Aspekt, der jeder Signatur zusätzliche Dynamik verleiht, besteht im unterschiedlichen »Gewicht« der Zahlenherkunft.

Wählen wir als Beispiel vier weitere Geburtsdaten aus, die sogar zur exakt gleichen Signatur führen:

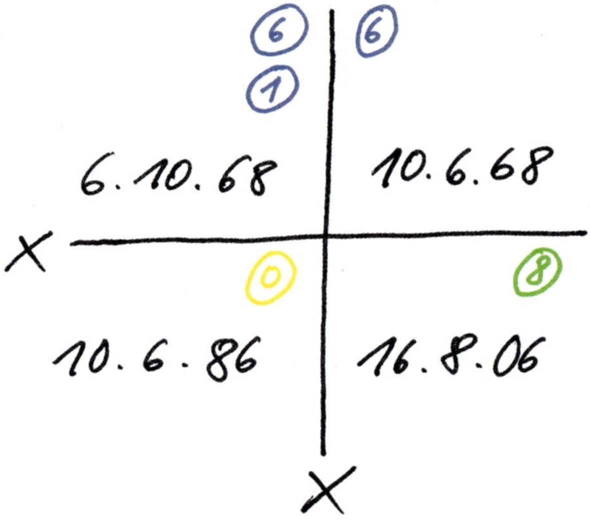

Die Zeichnung lässt erkennen, dass unterschiedliche Geburtsdaten nicht nur die gleiche Signatur besitzen können, sondern sogar genau die gleiche Zahlenverteilung (hier mit einem starken Übergewicht im Norden). Beim Geburtsdatum 10. Juni 1986 ist der Norden mit seiner Forscher-Energie tatsächlich sehr stark betont, wegen der ❻ aus der Jahreszahl! Beruht diese Signatur aber auf dem Geburtsdatum 10. Juni 2008, dann verändert sich das Kraftfeld. Die ❻ kommt hier vom Monat, nicht aus dem Jahr. Wegen der ❽ aus der Jahreszahl 2008 bewegt sich dieses Kind verstärkt auf der Gefühlsebene, mit allen Folgen, die das für seine Zukunft und seine Berufswahl hat (Musikalität, heilende Fähigkeiten). Sie erkennen also, dass sich die Überbetonung einer Station nicht unbedingt gleich als Überbelastung auswirkt. Zusätzlich könnten Sie jetzt noch berücksichtigen, dass beide Menschen im Tierkreiszeichen Zwillinge geboren sind, dessen spezielle Energien auch »mitspielen«.

Zusammengefasst sieht die Sache so aus: Eine ❻ am Tag des Geburtsdatums wirkt sich nicht so tiefgreifend aus wie eine ❻ als Geburtsjahr. Das Geburtsjahr bildet das größte Gewicht, seine Himmelsrichtung im Zahlenrad sollte wirklich entfaltet und gelebt werden. Geburtsjahrzehnt, Geburtsmonat und Geburtstags-Tag tragen demgegenüber insgesamt etwas weniger formende Energie und nutzbare Kräfte. Wer etwa seine forschende, weitsichtige ❻ aus einem 2❻. Januar 1978 nicht in seinen Lebensentwurf integriert, der ist insgesamt weniger »arm dran« als etwa ein Mensch, der am 24. März 197❻ geboren ist und auf die Kraft aus der ❻ verzichtet. Eine ❻ im Geburtstags-Tag, die sich aktiv entfaltet und gefördert wird, ist unter dem Strich jedoch wertvoller als eine ❻ im Geburtsjahr, die »ausgetrocknet« und blockiert wird. Sie sehen immer wieder, dass eine Signatur ein Kunstwerk in Bewegung ist, sie entzieht sich in gewissem Maß einer »harten« Festlegung. In dieser Schwerpunktbildung und der Gewichtung des Geburtsjahres liegt übrigens der Grund verborgen, warum »runde Geburtstage« – etwa die Fünfzig oder Siebzig oder Hundert – früher und heute ganz besonders gefeiert werden. Runde Geburtstage heben nämlich das ganz »eigene Jahr« des

Geburtstagskindes ins Bewusstsein, in Anerkennung der Bedeutung für das ganze Leben.
All diese Beispiele sollen Sie nicht verwirren (auch wenn das zu Beginn der Beschäftigung mit dem Zahlenrad vielleicht nicht ganz zu verhindern ist). Im Laufe der Zeit werden sie vielmehr zu Ihrer Fähigkeit beitragen, ein beliebiges Zahlenrad so »lesen« zu können, dass sich Ihr Verständnis für die jeweilige Person immer mehr vertieft und auch die Feinheiten und die Vielfalt der Aspekte erfasst. Probieren geht über Studieren: Im langsamen Vertrautwerden mit dem Zahlenrad werden Sie diese Facetten sicherlich bald erfassen.

Wie fördern Sie nun am besten, was das Zahlenrad an Lebenschancen für Sie bereithält? Selbst wenn Sie schon auf die 80, 90 oder 100 zugehen: Die Möglichkeit zu einem Neuanfang existiert immer und ausnahmslos und überall. Alles andere zu behaupten ist nur die allzu lange geübte Trägheit der Seele und die zerstörerische Gewohnheit der Rechtfertigung. Natürlich kann dieses Buch niemandem, der 40, 50 oder 60 Jahre lang wider sein ureigenes, tiefes Gefühl gelebt hat, über Nacht den Himmel auf Erden aufschließen. Aber die tägliche kurze Meditation über die Frage: »Was wäre eigentlich, wenn …« wird unfehlbar zu Ergebnissen führen. Sie werden zum echten Gefühl vordringen, Sie werden die Lichtschalter in den Räumen Ihrer Seele finden und mit dem großen Hausputz beginnen können. Dafür ist es nie zu spät!

Mit dem, was wir Ihnen hier nahe gebracht haben, ist es ähnlich wie mit einem Ernährungsratgeber. Angenommen, Sie sind schlank, gesund, fit und glücklich: Wozu in Gottes Namen brauchen Sie dann Ernährungsratschläge? Allenfalls um sich bewusst zu werden, was Sie alles richtig machen, und dies auch in Zukunft zu tun, vielleicht noch gezielter. Andererseits aber: Sie sind nicht glücklich, haben schon so viel versucht, nichts funktioniert, der Jo-Jo-Effekt treibt Sie zur Verzweiflung,

Sie tappen immer wieder in dieselben Fettnäpfchen, geben Heißhungeranfällen nach? Dann lassen Sie sich von dem Ratgeber vielleicht dabei helfen, einmal einen anderen Weg einzuschlagen. Einen Weg, den Sie selbst auch fühlen können, zu dem Ihr Herz und Ihr Verstand Ja sagen. Vielleicht kann ja die Beschäftigung mit Ihrem persönlichen Tiroler Zahlenrad den nächsten Schritt auf dieser langen Reise bedeuten. Sie werden möglicherweise von heute auf morgen einen besseren Draht zu Ihren Kindern entwickeln, weil Sie sie jetzt verstehen – und umgekehrt: Ihre Kinder werden Sie besser verstehen, weil sie nun einen besseren Kontakt zu Ihnen haben. Wir haben Ihnen gezeigt, welche Lücken es zu füllen gilt, wenn Ihnen Zahlen fehlen. Welche Räume es zu erobern gilt, als Ihr Geburtsrecht von Anfang an. Und wenn Sie selbst rundum zufrieden sind: Dann kann Ihnen das Buch jetzt helfen, Ihre Partner, Kinder und Mitmenschen besser zu verstehen. In der Betrachtung der Zahlen und ihrer Auswirkung verbirgt sich nämlich auch der Sinn der beiden Sprichworte: »Gleich und gleich gesellt sich gern« und »Gegensätze ziehen sich an«. Darin ist kein Widerspruch, selbst wenn es kaum gegensätzlicher zugehen könnte.

Gegensätzliche Signaturen können sich wunderbar zu aller Nutzen ergänzen. Beispielsweise ein nachsichtiger und »kundenfreundlicher« Ost-Mensch, der ein Geschäft eröffnet und als Partner einen West-Menschen hat, der dafür sorgt, dass man schwarze Zahlen schreibt. Wehe jedoch, wenn nach Jahren des harmonischen Miteinanders die eine Signatur beginnt, die andere »nach ihrem Bilde« zu formen! Wenn etwa in einer kleinen Firma die »Seele der Buchhaltung« mit ihrer ❾ und/oder ❹ in die Kundenbetreuung einsteigen möchte, ohne den dafür nötigen Osten oder eine ⓪ zu haben. Wir sagen nicht, dass das scheitern muss, aber es wird wohl die eine oder andere Turbulenz geben.

Gleichartige Signaturen können ebenfalls wunderbar harmonieren – mit allem Gleichklang im »Blick fürs Wesentliche«. Darin liegt aber auch schon die Gefahr, nämlich die einer gegenseitigen Bestärkung im Stillstehen. Man ergänzt sich in den Ängsten und hält den gemeinsamen Nenner aufrecht, statt sich gegenseitig Mut zur Erweiterung des Horizonts zu machen. Kein Problem, wenn beide den Stillstand lieben. Wehe aber, einer von beiden bricht nach Jahren des Stillstands aus. Dann wird es sehr schwer für die »zurückbleibende« Seite, der aufbrechenden Seite Verständnis entgegenzubringen.

Was ist, wenn Sie sich in Ihrer Signatur gar nicht erkennen? Lassen Sie sich nicht täuschen, wenn die Beschreibung auf den ersten Blick außerhalb Ihrer Selbstwahrnehmung liegt. Es gibt da viele Möglichkeiten, die Widersprüche mit Gewinn aufzulösen. Angenommen jemand hat ❽ und/oder ❸ im Geburtsdatum, dafür aber keine Zahlen im Westen und ist trotzdem zu einem Mathe-Genie geworden – ein wenig pedantisch und womöglich sogar erfolgreicher Gründer einer Firma. Oder jemand ist ein großer Musiker geworden, ohne ❽ und/oder ❸ in seinem Geburtsdatum. Ein anderer führt erfolgreich und mit Hingabe seinen Bio-Bauernhof, ohne ⓿ und/oder ❺ im Geburtsdatum. Für solche scheinbaren Widersprüche gäbe es natürlich noch viele weitere Beispiele. Oftmals handelt es sich um Menschen, die schon sehr früh Angst davor entwickelten, »nicht alles im Griff« zu haben. Sie machen dann die fehlenden Stationen zu ihrem Beruf, denn in den eigenen Himmelsrichtungen sind sie ja sowieso zu Hause und am Ruder. Extremsportler haben oftmals genau diesen Weg gewählt, um ihre tiefen Ängste nach außen sichtbar zu überwinden. Oder solche Menschen haben sehr früh im Leben begonnen, die Lücken im Zahlenrad zu füllen – wie es Kinder ja ohnehin instinktiv tun würden. Manchmal waren es schlicht auch die Umwelteinflüsse: Eltern, Medien, Zeitgeist, Lehrer, Gleichaltrige. Auch die ⓿ im Geburtsdatum ist ein starker Impuls, sich den fehlenden Zahlen erfolgreich zuzuwenden.

Genaue Beobachtung enthüllt auch oft, dass solche Menschen Hobbys aus den Zahlen gemacht haben, die sie zwar tragen, aber im Alltag nicht voll ausleben. Ein Firmenchef ohne ❾ und ❹, aber mit ❽ und/oder ❸ ist vielleicht ein besonders menschenfreundlicher Chef, der für seine Mitarbeiter zum Beispiel kostenlose Firmenkindergartenplätze anbietet, wobei er sich gleichzeitig die ❾ und ❹ durch besonders effiziente Mitarbeiter ersetzen lässt. Oder der knallharte Rechner im Berufsleben, der nicht vor zehn Uhr abends nach Hause kommt, ihm gelingt die Öffnung durch regelmäßige Spaziergänge im Wald, durch eine Pflanzenzucht auf dem Balkon, durch die Liebe zu speziellen Kräutern.

Die Signatur von Kindern

»Wie soll ich mit den unterschiedlichen Signaturen meiner Kinder umgehen?« – so oder so ähnlich lautet eine Frage, die uns immer wieder gestellt wird. Es sind nur wenige, aber sehr wichtige Empfehlungen, die wir Ihnen nahelegen möchten. Verschiedene Anlagen, unterschiedliche Interessen und Wege bei Kindern zu fördern sollte eine Selbstverständlichkeit sein. Im großen Konzert aller Seelen guten Willens auf diesem Planeten muss und darf jede Seele ihr eigenes Instrument erlernen, denn nur dann entsteht in den Ohren aller harmonische Musik. Wenn Geschwister sehr unterschiedliche Signaturen haben, ist es sehr wichtig, das jeweils Eigene zu fördern und niemals den Misserfolg des einen Kindes am Erfolg des anderen zu messen. Nie sollte man Kindern das Gefühl eines »Mangels« oder eines geringeren Werts vermitteln, auch und besonders bei unterschiedlichen Schulnoten! Die eine kann besser singen, der andere hat das bessere Taktgefühl. Der eine ist ein Frühstarter, die andere eben eine Spätzünderin. Die eine gewinnt den Preis, dem anderen ist der Preis nicht wichtig, weil er für Erfolg andere Maßstäbe hat.

Im Idealfall erlernen Eltern das Handwerk des weisen Dirigenten eines Ensembles, dem gar nichts Besseres passieren kann, als dass die Band-Mitglieder so unterschiedlich wie möglich sind! Würde ein Gitarrist zum Schlagzeuger sagen »Ich spiele besser Gitarre als Du Schlagzeug spielst«? Der eine kocht besser, der andere richtet schöner an, der eine lernt schnell, der andere kann sich's länger merken. Das Zahlenrad ist ein wunderbares Instrument in den Händen des Dirigenten. Es hilft, das Miteinander heranreifen zu lassen und die Verschiedenheit zu fördern. Zu den wichtigsten »Techniken« des Dirigenten gehört der richtige Zeitpunkt: Bei Kleinkindern zum Beispiel sollten die jeweiligen Signatur-Farben und die gesunde Ernährung im Vordergrund stehen. Bei größeren Kindern wird dann die kluge Wahl interessanter Lektüre wichtig. Wichtig ist auch, Gespräche mit den Kindern altersgerecht zu führen und immer wieder darauf hinzuweisen, welchen Sinn scheinbar »ungerechtes« Verhalten hat – wenn also Kinder nach Alter, Fähigkeit und Interesse behandelt werden. Bei großen Altersunterschieden fällt das nicht so ins Gewicht, aber bei nur einem oder zwei Jahren Differenz können sich durchaus Probleme ergeben. Ein Beispiel von vielen: Bei uns hat es geholfen, das jüngere Kind zu verpflichten, dieselben Schulaufgaben wie das Ältere zu machen, wenn es genauso lange aufbleiben möchte. So fühlen Kinder den Unterschied deutlicher und empfinden gerechter.

Bei der Förderung der Kinder sollten Sie natürlich nicht nur die vorhandenen Himmelsrichtungen im Auge behalten, sondern auch die fehlenden! Die Himmelsrichtungen einer Signatur zu entwickeln geschieht ja leichter, das Erobern der fehlenden Stationen zugunsten des Gesamtbildes kann jedoch nicht früh genug im Leben beginnen. Woran fehlt es? Am Temperament des Südens, an Gefühl und Anpassungsfähigkeit des Ostens, an der Ausgeglichenheit der Mitte, am gesunden Egoismus und der Willenskraft des Westens, am Ideenreichtum des Nordens?

Mit dem Wissen des Zahlenrads können Sie Ihren Kindern einen Erfolg versprechenden Start ins Leben ermöglichen!

Johanna erzählt:

Nach der Geburt meines ersten Sohnes habe ich die Zeit zu Hause genutzt und gab Kindern aus der Umgebung Nachhilfestunden. Meistens waren das Kinder mit großen Lernschwierigkeiten und ohne Deutschkenntnisse. Ich erinnere mich noch an einen achtjährigen Jungen, der bei einer der ersten Begegnungen wie ein kleiner Tiger vor dem Wohnzimmerfenster auf und ab lief und dabei ständig murmelte: »Wenn ich 18 bin, dann schieß ich alle tot.« Ich stand für Sekunden völlig hilflos daneben und dachte mir, dass da etwas geschehen musste, und zwar sofort! Der Vater war Akademiker in seiner Heimat und übte auf seinen (ältesten) Sohn starken Druck aus, erfolgreich zu sein – jedoch ohne Gespür für seine Anlagen, seine Signatur, seine seelische Verfassung. Der Kleine sprach kaum Deutsch, bekam in der Schule keinerlei Förderung, zu Hause stand er auf verlorenem Posten, er war kurz davor, die zweite Klasse Volksschule wiederholen zu müssen. Selbstverständlich hatten die Lehrer auf ihre Weise »Recht«, wenn sie ihn durchfallen ließen. Selbstverständlich hat der Vater »Recht« und der Sohn hat auch »Recht« in seinem Hass. Und was jetzt?

Normalerweise bevorzuge ich bei Kindern die Arbeit mit dem individuellen Biorhythmus. Das bringt schnelle Besserung, die Kinder sind ab sofort nie mehr überfordert und haben oft zum ersten Mal ein schulisches Erfolgserlebnis. Bei diesem Kind war das nicht möglich, denn niemand kannte sein genaues Geburtsdatum, sodass man weder Biorhythmus noch Zahlenrad voll nützen konnte. Das Geburtsjahr jedoch war bekannt – 19❼❹ – und das half mir sehr viel: Es handelte sich hier um ein Kind mit Temperament und Erfolgsdenken. Geduld war nicht seine Stärke, aber verschüttet unter all dem Hass war sehr viel Liebesfähigkeit. Auch bei diesem Kind konnte ich verhindern, dass es in Resignation und Wut abglitt.

Wir alle erlebten und erleben solche Aggressionen. Manche Kinder entwickeln Aggressionen gegen allzu besorgte Eltern, wenn sie die Freiheit mehr lieben als das Wohlbehütetsein; Schlüsselkinder sind nicht automatisch zu bedauern. Andererseits werden Kinder, die umsorgt werden wollen, Aggressionen gegen vernachlässigende Eltern hegen und sich irgendeiner Clique anschließen: politisch, sektiererisch – wer auch immer ein Miteinander verspricht. Zahllose ultralinke und ultrarechte Gruppen und religiöse Sekten existieren deshalb, weil sie eine der schönsten und menschlichsten Eigenschaften missbrauchen, die Sehnsucht der Menschen nach Miteinander und Aufgehobensein. Unterschiede zwischen solchen Verführern gibt es nur in den Köpfen von Menschen, die von solchen Unterscheidungen profitieren. Politische Aufkleber sollen die wahren Verhältnisse nur verschleiern.

Zu Tode beklagen, zu Tode schießen, zu Tode rechtfertigen ist also nicht die Lösung. Die Lösung ist immer die Zufriedenheit mit sich selbst. Lernen Sie, niemanden mehr verantwortlich für Ihre Situation zu machen, und nehmen Sie Ihr Schicksal selbst in die Hand. Ein Mensch als willenloses Werkzeug von Partei, Kirche, Sekte, Therapeut und anderen – das ist kein schöner Anblick in Gottes Augen, der uns für Freiheit und freien Willen geschaffen hat. Mit Hilfe des Zahlenrads können Sie sich tatsächlich aus einem solchen Sumpf ziehen.

Warum ist mir das so wichtig, diesen Zusammenhängen hier einige Zeilen zu widmen? Weil aller Terror und Krieg nichts anderes ist als ein Aufstehen gegen Ungerechtigkeit – im Kleinen wie im Großen, im Schicksal eines einzelnen Menschen wie im Schicksal eines Volkes. Schon kurze Zeit nach erlittenem Unrecht interessiert sich meist kaum noch jemand für die Gründe, warum sich ein Mensch oder eine Gruppe von Menschen aufbäumt. In ihrer blinden Fixierung auf Symptome zeigen die Medien nur noch die spektakulären Folgen des Aufstehens und des Terrors. Sie rücken dadurch (oftmals völlig unbewusst) eine Situation ins falsche Licht. Wird dann weiterhin nur über Folgen, Symptome und Ausschreitungen berichtet, wird es allmählich »selbstverständlich«, dass jedermann zum Kampf gegen den Terror aufruft. Dieser Kampf wird niemals zum

Erfolg führen, sondern nur noch mehr Leid und Elend auf Generationen hinaus erzeugen.
Gefährlich sind Politiker, die vorgeben, das »Böse bekämpfen« zu wollen. Statt sich ernsthaft mit Ursachen der Ungerechtigkeit im Alltag zu befassen, geht es nur um Wählerstimmen und Selbstbeweihräucherung. Sie ruinieren die Welt in weit höherem Maße als die angeprangerten Bösen. Große Gefahr droht, wenn wir Menschen bewusst dumm halten, nur damit sie die Lügen glauben und solche Politiker wählen. Haben wir nicht schon genug Schaumschläger in Amt und Würden gehievt? Ja, ich weiß, hinterher will sie ja niemand gewählt haben. Wenn wir nicht lernen, Zusammenhänge zu erkennen, wenn wir nicht erkennen, dass wir ernten, was wir gesät haben, werden wir immer anderen die Schuld geben und uns nie als freie Menschen fühlen. Freiheit und Würde haben etwas mit dem Herzen zu tun und nicht mit Staatsgrenzen oder materiellen Umständen. Das Tiroler Zahlenrad kann ein Schritt in die Freiheit sein, nämlich das Leben zu leben, wie es für Sie von Anfang an gedacht war.

Wir alle müssen unsere Denkweise ändern und ständiges Unrecht und Ausbeutung so zum Aufhören bringen. Beginnen Sie bei sich selbst und Sie werden sehen, es tut sich Gewaltiges. Die Zahlen im Tiroler Zahlenrad sagen Ihnen deutlich, wo Sie beginnen können und welche Freunde dabei helfen werden.

»Geld regiert die Welt« – es gibt kaum ein zutreffenderes, kaum ein traurigeres Sprichwort als dieses. Und trotzdem müssen wir nicht mitmachen. Das ist das Geheimnis, das Heilmittel, das wir alle einsetzen können, wenn wir nur wollen. Wir müssen nicht mitmachen! Leben wir wieder für das Gute in uns und die Welt wird sich auch zum Guten verändern. Es klingt vielleicht zu überheblich zu sagen »Wir wissen, dass es so ist«. Bleibt uns aber zu sagen »Wir sind gewiss, dass es so ist«! Teilen Sie unsere Gewissheit und handeln Sie mit!

Die Jahrhundert- und Jahrtausendzahlen

In unserer Gebrauchsanweisung für die Signatur spielt es zwar nur eine Nebenrolle, aber wir hatten es Ihnen ja versprochen, noch ein wenig auf die Bedeutung der Zahlen des Jahrtausends und des Jahrhunderts einzugehen, in dem wir leben. Nun, diese beiden Zahlen wirken ja auf die ganze Menschheit und sind deshalb für das persönliche Zahlenrad eines einzelnen Menschen nicht von solch großer Tragweite.

Einfach zum Nachdenken: Ist Ihnen schon aufgefallen, dass sowohl der Erste als auch der Zweite Weltkrieg in Jahren des kühlen Westens (191❹) und (193❾) begannen und in Zahlen der ausgleichenden Mitte und des mitfühlenden Ostens (191❽ und 194❺) endeten? Die gebündelte Kraft der Jahrhundertzahlen ❶ und ❾ in der jeweils negativen Ausprägung hat sicherlich dazu beigetragen, dass das 20. Jahrhundert dieses kriegerische Antlitz bekommen hat. Durchsetzungsvermögen und Durchsetzungswunsch bis zum Starrsinn, geballte Willenskraft, Vergiftung von Umwelt und Geist, Egoismus, seelische Abhängigkeit und körperliche Sucht – all das ist durch die »dunklen Seiten« der ❶ und der ❾ gefördert worden. Ricarda Winterswyl schreibt in der Münchner Süddeutschen Zeitung am 20. April ❶❾❾❶:

» *Der Bürger wird zunehmend abhängiger von Dienstleistungen, die er nicht beeinflussen kann, und von Experten, die ihm raten und vorschreiben, wie er zu leben hat. Unter dem Wust von Vorschriften und Ratschlägen ersticken die normalen, angeborenen Fähigkeiten, der Mensch bleibt unselbständig und abhängig wie ein Kind, er darf und soll es bleiben. Er vertraut nicht auf sich selbst, nicht auf die Zukunft und nicht auf die Selbstregulierungskraft des Lebens.* «

Aber was bringt uns das 21. Jahrhundert? In erster Linie Hoffnung! Die ❷ und die ⓿ – das bedeutet warmherzigen Ausgleich und Harmonie. Es bedeutet Erneuerung und Neubeginn, es bedeutet den Schritt zurück zur Mitte. Etwa ab dem Jahr 2030 werden die 2000er Kinder reparieren, was wir ihnen zerstört haben (wenn noch etwas davon da ist). Die schleichende Kraft der ❶ und der ❾ des selbstzentrierten Zwanzigsten Jahrhunderts werden abgelöst durch die bewegende und zusammenführende Kraft der ❷ und der ⓿. Diese beiden Zahlen sorgen dafür, dass die jetzt geborenen Kinder beginnen werden, die Fehler ihrer Väter und Großväter auszubügeln. Langsam werden die Bequemlichkeit und der körperliche und geistige Stillstand der heutigen Konsumgesellschaft abgelöst. »Globalisierung« wird sich dann wandeln vom Symbol für Ausbeutung und Kälte zu einem Ausdruck der Freude am Miteinander und an der Vielfarbigkeit der Weltkulturen.

Ein Jahrtausend wirkt langsam, aber stetig auf uns und prägt die gesamte Menschheit. Es dauert zwar noch, bis die ❷ und die ⓿ zu wirken beginnen, aber Anfänge sind schon gesetzt und mehr Vernunft wird einkehren. Politische Fallstricke und leere Versprechungen werden leichter durchschaut und Eigenverantwortung ist wieder mehr wert. Der künstliche Konsumrausch wird der Vergangenheit angehören, man achtet wieder mehr auf echte Werte und Qualität. Wie gesagt, es dauert noch, aber wir Grenzgänger zwischen den Jahrtausenden können heute damit anfangen und unser Bestes geben. Kehren Sie einfach kommentarlos und ohne Bedauern allen Menschen den Rücken, die sich beklagen, dass man »als Einzelner sowieso nichts ausrichten und ändern kann«. Nur jeder Einzelne kann etwas ändern! Es gibt so viele Beweise für die ungeheure Kraft des Einzelnen, der einen guten Weg geht, und das nicht erst seit Gandhi. Ein beeindruckendes Beispiel: Forschen Sie einmal zum Stichwort »McLibel« in der Bibliothek, auf DVD und im Internet. Es lohnt sich. Vielleicht sind wir bald viele Einzelne!

Zahlenrad und Geografie

Ergänzend zu unserer kleinen Gebrauchsanweisung für die Signaturen noch ein vielleicht etwas exotisch klingendes Thema: Die geografische Signatur. Der Anschluss Südtirols an Italien oder die deutsche Wiedervereinigung, jede künstliche Aufteilung oder Verbindung von Staatsgebilden hat nicht nur politische und menschliche Erdbeben zur Folge, sondern bringt auch tiefgreifende Veränderungen im lebendigen Organismus Staat. Eine Gemeinde, eine Stadt, ein Land und seine Bewohner bilden jeweils in viel höherem Maße selbstständig fühlende und denkende Organismen, als uns das meist bewusst ist. Sie entwickeln eigenständige Charaktere – ein Umstand, den jeder Reisende schon vielfach erlebt hat, jedoch ohne diesen besonderen Hintergrund zu kennen.
Hier verbirgt sich ein Hauptgrund, warum Menschen, die aus ihrer Kultur in eine andere überwechseln (aus welchem Grund auch immer), sich sehr schnell wohl und »zu Hause« fühlen, wenn sie sich bald integrieren und Sitten, Gebräuche, Ernährungsweise und anderes von der neuen Heimat annehmen. Heimatlos und entwurzelt fühlt sich dagegen oft, wer hartnäckig an den Gebräuchen seiner ehemaligen Heimat festhält.
Die ehemals östliche Region Westdeutschlands vor dem Fall der Mauer muss sich heute mit der Tatsache vertraut machen, dass sie jetzt in der geografischen Mitte liegt – zugeordnet also den Zahlen ⓪ und ❺ und der Farbe Gelb. Statt im Süden des Landes Österreich liegt Südtirol mit einem Federstrich nach dem Ersten Weltkrieg plötzlich im Norden Italiens und muss damit die »Aufgaben« der Zahlen ❻ und ❶ übernehmen. Manche Südtiroler fühlen sich bis heute nicht als Italiener, und zwar nicht deshalb, weil sie »unverbesserlich« sind. Was genau solche Zusammenhänge und Informationen für Sie persönlich bedeuten, auch das gehört zu den Abenteuern, zu denen dieses Buch Sie inspirieren will. Es ist eine lohnende Beschäftigung, die feinen Verästelungen solcher dynamischer Bewegungen zu beobachten.
Nehmen wir einige weitere Beispiele, die Ihnen helfen werden, aus eigener Kraft in dieses Thema einzusteigen.

Stellen Sie sich einmal die Familie Nichtswieweg vor, die von einem Land in ein anderes auswandert, sagen wir einmal von Hamburg nach Miami, vom Norden eines Landes in den Südosten eines anderen Landes. Ob und wie sich die Familie und ihre einzelnen Mitglieder dort einleben, das hängt von sehr vielen Faktoren ab, aber nicht zuletzt von Aspekten des Zahlenrads und der vorhandenen Himmelsrichtungen. Sehr viele Menschen unterschätzen, wie sich ein Zugehörigkeitsgefühl entwickelt, welche Faktoren es bestimmen und warum seine positive Entwicklung manchmal so lange dauert oder sogar niemals eintritt.

Nach dem Fall der Mauer zwischen Ost- und Westdeutschland sind viele Ostdeutsche in den Westen umgezogen und empfinden heute noch nach vielen Jahren ihren neuen Wohnort nicht als Heimat. Einer der Gründe liegt in der individuellen Position ihrer neuen Wohnung. Es ist tatsächlich manchmal problematischer, vom Norden in den Süden einer Stadt umzuziehen als vom Norden eines Kontinents (beispielsweise Schweden) in den Norden eines anderen Kontinents (etwa Kanada). Das Gefühl, das Familie Nichtswieweg in die USA trieb, oder den Münchner nach Hamburg, den Hamburger nach München, den Pensionär nach Malta, kann seine Wurzeln in genau solchen Energie-Verhältnissen haben. Es kann ein glücklicher und erfolgreicher Schritt für die Familie und für jeden Beteiligten sein. Aber manchmal kommt man auch vom Regen in die Traufe: wenn man beispielsweise unbewusst der Nord-Energie nach Süden entkommen wollte, dann aber derselben Energie in den nördlichen Vierteln einer Stadt des Südens begegnet. Wer von Hamburg in den Norden Münchens zieht, mag nach Monaten und Jahren feststellen, dass sich das Fernweh dennoch wieder einstellt. Das lebensnotwendige Gefühl der Zugehörigkeit für die Familie Nichtswieweg wird sich in Miami sicher einstellen, wenn die Kräfte der geografischen Signatur berücksichtigt werden.

Die Verästelungen dieser Energien im Alltag des Einzelnen verfeinern sich zudem mit jeder geografischen Dimension – vom Kontinent zum

Staat zur Region zur Stadt zum Dorf zur einzelnen Wohnung. Beispiel: Es kann sein, dass Sie sich im Osten einer Stadt sehr wohl fühlen, aber wenn in Ihrer Wohnung das Schlafzimmer oder das ganztags bewohnte Arbeitszimmer im Westen liegt, kann es geschehen, dass Sie zwar »Ihre« Stadt lieben, sich zu Hause aber nicht wohl fühlen. Beispiel: Haben Sie viel Osten im Geburtsdatum (beispielsweise ❸ und ❽), dann tut es Ihnen unter Umständen nicht gut, lange Zeit im Osten einer Stadt zu wohnen. Auch der Osten eines Landes kann Ihnen langfristig »auf den Geist gehen«. Lässt sich der Wohnort nicht ändern, dann sollte zumindest ein Schlaf- und Arbeitsplatz gewählt werden, der nicht im Osten liegt. Dasselbe Prinzip lässt sich auf alle anderen Zahlen im Geburtsdatum übertragen. Beispiel: Es geht noch feiner, noch tiefer in den Mikrokosmos hinab. Selbst wenn ein Raum lagerichtig gewählt ist, hat es einen Einfluss, welche Himmelsrichtung man innerhalb des Raums einnimmt. Bei einer extremen Schwerpunkt-Bildung im Norden des eigenen Geburtsdatums beispielsweise kann es geschehen, dass man im Norden des Schlafzimmers unruhig schläft. Lassen Sie uns nach alledem einen Extremfall zeichnen, der dennoch viel Wahrheit enthält: Manchmal genügt es, in eine Wohnung auf der anderen Straßenseite umzuziehen, um ein lebenslanges Fernweh zu stillen!
Es ist also möglich, dass unsere Familie Nichtswieweg ihr großes Lebensglück im Land der unbegrenzten Möglichkeiten finden wird. Wir wünschen es ihr und jedem, der einen solchen Schritt wagt. Und nicht vergessen: Manchmal genügt es, ein Bett umzustellen, um dieses Glück zu finden und zu bewahren!

Wir gaben Ihnen mit Freuden die Signaturen-Bilder aus dem dritten Teil in die Hand und die vielen Farbtöpfe aus dem zweiten Teil. Selbst mitbringen müssen Sie den feinen Pinsel zur Ausarbeitung der Bilder in ihrer Dynamik, ihrer Farbenfreude und ihrem Detailreichtum. Dabei wünschen wir Ihnen alles Gute!

Gesund bleiben und gesund werden mit dem Zahlenrad

Menschen zu heilen und gesund zu halten – zu allen Zeiten gehörte dies zu den vornehmsten Künsten, und die Heiler, Schamanen und Medizinmänner unserer Vorfahren genossen höchstes Ansehen. Wer mit offenen Augen durchs Leben geht, wird natürlich erkannt haben, dass diese »Verehrung« heute noch immer lebendig ist, meist durchaus zu Recht. Unter weiß gestärkten Oberflächen hat sich jedoch gleichzeitig mit dem explosionsartigen Aufkommen einer bestimmten Form des Wissenserwerbs ein gravierender Wandel vollzogen: Die Werkzeuge des Heilens werden seit einigen Jahrzehnten höher bewertet als der dauerhafte Erfolg ihrer Anwendung. Die Pharmaindustrie und ihre Hilfskräfte gebärden sich als die Einzigen, die Gesundheit etwas angeht. Genau wie früher die Kirche möchte heute die »Religion Wissenschaft« das Monopol des Heilens für sich beanspruchen, um Macht auszuüben und Menschen in Abhängigkeit zu führen. Mit der Folge, dass echtes Heilen – die Hilfe zur Bewusstwerdung und Beseitigung von Krankheits- und Problemursachen – einen Schritt in den Hintergrund beziehungsweise Untergrund getan hat. Und zwar zugunsten einer symptomorientierten Medizin, die sich schon zufriedengibt, wenn der Kopfschmerz vergeht, wenn die Mandeln draußen sind. Hauptsache, Medikamente, Maschinen, Röntgenfilme, Nadeln, Impfungen kamen zum Einsatz.

Glücklicherweise kann es nicht mehr lange so weitergehen, und die Rückzugsgefechte dieser Werkzeugindustrie – beispielsweise das Erfinden neuer »Krankheiten«, das willkürliche Herabsetzen der Schwellenwerte von Blutfetten, der gigantische Werbeaufwand – werden nicht mehr so viele Opfer fordern. (Die pharmazeutische Industrie rechtfertigt ihre hohen Preise mit dem Forschungsaufwand für neue Medikamente. Wussten Sie, dass 10 Prozent des Umsatzes in die Forschung gehen, aber 40 Prozent in die Werbung?)

Allmählich wächst eine neue Generation von echten Heilern und Freunden der Menschheit nach, auch dank der ❷ und der ⓪ des neuen Jahrtausends. Der Weg zu deren Gedeihen und Erfolg führt nicht zuletzt über Sie, liebe Leserin und lieber Leser! Auch wenn Sie nicht mit den Erfahrungen und Informationen aus diesem Buch aufgewachsen sind, sollen Sie doch das Recht und die Chance erhalten, davon zu profitieren. Wir möchten nicht den Eindruck erwecken, dass sich das Tiroler Zahlenrad als Allheilmittel eignet, aber vermeintliche Kleinigkeiten können zum Zünglein an der Waage werden, wenn sich der Körper entscheidet, ob er gesund werden möchte – oder ob er in eine Abwärtsspirale einschwenkt, weil er kein Vertrauen mehr zu seinem »Kapitän« hat, nämlich Ihrem Geist. Viele der kraftvollen Kleinigkeiten, die im Alltag mit dem Tiroler Zahlenrad immer wieder zum Einsatz kamen, haben wir Ihnen schon nahegebracht. Über alle Zusammenhänge und Eventualitäten zu sprechen würde ein weiteres Buch füllen, deshalb belassen wir es hier gegen Schluss des Buches bei zusätzlichen Anregungen und unserer Ansicht nach hilfreichen Informationen. Wirksam und völlig nebenwirkungsfrei, das können wir Ihnen garantieren!

Johanna erzählt:

Mit 15 Jahren hatte ich mich entschlossen, das Leben auf unserem Bauernhof hinter mir zu lassen und nach München zu gehen. Ich wollte unbedingt lernen, lernen, lernen, was auch immer die große Welt zu bieten hatte.

Nachdem es in unserem Dorf nicht üblich war, einen solchen Schritt zu wagen, hatte ich mit besonderen Schwierigkeiten zu kämpfen – erstens mit dem Frauenbild der damaligen Zeit. Ein Mädchen muss nichts lernen, weil es ja ohnehin fürs Dienen gedacht ist, wem oder was auch immer. Zweitens hatten mir meine Eltern klar zu verstehen gegeben, dass ich nicht einfach so wieder nach Hause zu kommen brauche, wenn ich scheiterte. Das hat meine Entscheidung natürlich nicht leichter gemacht.

Mit einem der größten Probleme jedoch hatte ich nicht gerechnet. Mit 15 war ich stark wie ein Pferd und wusste, was zu tun ist, um gesund zu blei-

ben. Mit 18, nach den ersten drei Jahren in der Stadt, hatte ich chronische Gastritis und sah nichts mehr scharf, ich brauchte eine Brille und musste zum ersten Mal in meinem Leben zum Arzt. Mein Entsetzen war groß, wie wenig ein Stadtarzt von den wirklichen Zusammenhängen weiß.
Ich war in eine Sackgasse geraten, weil ich keine gesunde, biologische Ernährung mehr hatte und nicht mehr auf die Mondzyklen achtete. Mein Körper wurde schwach und auch mein Geist. Um jeden Preis wollte ich »dazugehören« und da schickte sich nichts »Altmodisches«.
Noch Jahre sollte es dauern, bis ich wieder nach den Naturrhythmen lebte, zuerst nur heimlich. Erst sehr viel Leid hat mich wieder auf den rechten Weg zurückgeführt. Dann begann natürlich der Spott von der anderen Seite. Weil ich aber noch nie ausgetretene Pfade gegangen bin, machte mir das nicht viel aus. Auch heute noch und in alle Zukunft gehe ich die Wege, die ich verantworten kann – und das sind eben nicht die vorfabrizierten »Autobahnen«.
So mancher, der seinen Weg bis heute nicht fand, kann ihn durch das Zahlenrad leichter entdecken, und vor allem die Kraft gewinnen ihn nicht mehr zu verlassen.

Jeder Mensch hat seine ureigene und individuelle Methode der Regeneration. Der eine kommt in den Bergen wieder zu Kräften und gewinnt seine Lebensfreude zurück, der andere würde dort in der Höhe beinahe zugrunde gehen. Der eine braucht unbedingt Wasser, Seen und Meer, aber nicht die Hitze, während ein anderer beim bloßen Gedanken an kühlere Fluten schon einen Schnupfen bekommt, sich aber an einem warmen Meeresstrand mit lauem Wasser vollständig erholen kann. Manche Menschen brauchen trockene Hitze, um sich so richtig zu regenerieren und zum optimistischen Lebensgefühl zurückzukehren. Auch gar nicht so selten ist, dass jemand als Lebenselixier den Trubel einer Großstadt benötigt, um sich wieder ganz und lebendig zu fühlen. Nicht ohne Grund ist das Wohnen in Städten so teuer: Die Stadt gibt vielen Bewohnern die Gewissheit, dass die Welt noch in Ordnung ist.

Die Menschen gehen zur Arbeit, sie fahren U-Bahn, die Taxis hupen, die Geschäfte sind geöffnet. Die Stadt schläft nie und Stadtmenschen fühlen sich deshalb in der Stadt lebendig. Und werden oder bleiben gesund. Auf diese Weise lebt jeder seine Zahlen, seine Signatur, sein einzigartiges Leben. Und damit kommen wir zum Tiroler Zahlenrad – auch heute noch eines der segensreichsten Instrumente für das Gesundbleiben und Gesundwerden. Es ist traurig, aber der größte Trugschluss der heutigen Wissenschaft und Medizin ist, dass etwas nur dann gut und richtig ist, wenn eine Methode alle und zu jeder Zeit heilt. Leider kann man auf diese Art lediglich Symptome beseitigen, wenn überhaupt. Das Denken in Schablonen und Statistiken zerstört mehr, als es aufzubauen hilft. Wer ein erfülltes Leben führen möchte, muss ab sofort aufhören, in festgelegten Bahnen zu denken. Auch im Interesse seiner Gesundheit und seines Immunsystems.

Entscheidend für ein kraftvolles Immunsystem sind die Phasen der Regeneration beziehungsweise dass eine Regeneration auch tatsächlich stattfindet. Die Voraussetzungen sind von Mensch zu Mensch verschieden. Der eine gewinnt seine Kräfte zurück, wenn er sich zurückzieht und ganz für sich ist, der andere, wenn seine Familie stets in der Nähe ist, wieder andere durch Arbeit, durch Fußball oder Motocross-Rennen, durch Schachspielen. Ihr Geburtsdatum, Ihre Signatur verraten Ihnen, auf welchem Weg Sie am erfolgreichsten auf der Höhe bleiben: Menschen mit viel Norden (❻/❶) im Geburtsdatum lieben zwar meist das Wasser, zum Regenerieren und Stärken des Immunsystems müssen sie aber nicht unbedingt ans Meer. Auch ein Bergbach oder ein See hilft meist schon ihre Batterien aufzuladen. Dieser Ausgleich im Urlaub ist wichtig, um sich Kraft fürs ganze Jahr zu holen. Menschen mit Schwerpunkt im Süden des Geburtsdatums (❼/❷) bevorzugen oft kühlere Regionen. Nicht selten gehen temperamentvolle Süd-Menschen unter die begeisterten Bergsteiger. Sie sehen: Wer das Meer liebt, muss nicht zwangsläufig die Hitze lieben. Vielleicht verstehen Sie jetzt besser, warum manche Menschen lieber an eine kühlere Meeresküste fahren, während andere wiederum heiße Winde an südlichen Gewässern lieben oder gleich ganz woanders hinfahren, wo ein wilder Gebirgsbach rauscht. Familien führen oft heiße Diskussionen um die »richtigen« Ziele. Gerecht wäre es, von Jahr zu Jahr abzuwechseln und verschiedene Klimaregionen zu besuchen.

Ständig in Ländern zu urlauben, die für die jeweilige Person nicht geeignet sind, birgt generell die Gefahr einer Schwächung der Abwehrkräfte, besonders wenn man einer Reise nur dem Partner zuliebe zustimmt. Urlaub in heißeren Regionen sollte dann nicht gerade im Juli stattfinden, denn die ❼ heizt zusätzlich ein. 30 Grad Celsius im Monat August (❽) haben eine andere Wirkung als im Juli. Auf solche »Kleinigkeiten« zu achten erspart unnötige Probleme.

Im Reich des Zahlenrades gibt es nichts, was nur gut oder nur schlecht wäre. Wichtig zu wissen ist auch: Zwar vermittelt eine gemeinsame Zahl im Geburtsdatum zweier Menschen eine gewisse Übereinstimmung, aber der gemeinsame Süden (❼/❷) im Geburtsdatum bedeutet nicht automatisch, dass beide in den Norden in Urlaub fahren sollten. Vielleicht genügt es, einmal im Jahr ans Meer zu fahren, dann ist das Gleichgewicht hergestellt. Oder auch das ganze Wochenende im Garten? Für die Signatur mit der Mitte (⓿/❺) ist das oftmals völlig ausreichend, um alle Batterien aufzuladen. Ziehen Sie aus diesen Hinweisen Ihre eigenen Schlüsse! Sie sind leicht auf alle Signaturen übertragbar.

Das Beste für unser Immunsystem ist es, stets das Gefühl zu haben, dass man etwas Sinnvolles tut. Kraftvoll und gesund bleibt, wer sich auf etwas freut, auf etwas spart, auf etwas fiebert. Und wer in einer Umgebung lebt, wo man verstanden wird! Unverstanden zu sein ist das größte Gift. Manche werden nur deshalb fröhlich hundert Jahre alt, weil sie von Vorfreude zu Vorfreude klettern. Von Tagesziel zu Tagesziel, von Wochenziel zu Wochenziel, von Jahresziel zu Jahresziel, von Lebensziel zu Lebensziel. Große Heiler berichten, dass sie immer wieder erlebt haben, wie sich das Leben von todgeweihten Patienten verbessern und verlängern ließ, wenn man ihnen immer wieder neue Ziele zu geben vermochte – vom nachgeholten Schulabschluss bis zum einmaligen Konzert der Lieblingsgruppe, vom selbst geschriebenen Krimi bis zum Preis für die schönsten Rosen im Viertel.

Das Immunsystem, diese leuchtende Kugel aus Licht und Farben um uns herum, schwäche ich, wenn ich meine Zahlen nicht lebe und meine Signatur nicht mit Leben erfülle. Wenn ich sie lebe, dann läuft's zweifellos hin und wieder auch nicht so rund im Leben, aber ich bin weit erfüllter und gesünder, als wenn ich nur andressierten Gewohnheiten nachgehe. Welch ein Fortschritt wäre das: Ich kränkele so dahin, bin depressiv, lebe lauwarm und halbherzig ... Dann erfahre ich von meiner Signatur – und stelle fest, dass ich meinen Zahlenschatz gar nicht lebe. Das hilft schon viel! Es ist als ob jeder von uns ein Lottogewinner ist – nur abholen müssen wir den Gewinn auf eigenen Füßen!

Elemente der Heilarbeit mit den Signaturen

Die folgenden Beispiele sind für diejenigen Leser gedacht, die selbst auf Entdeckungsreise gehen und sich davon überzeugen wollen, wie weitläufig das Spektrum der Anwendungsmöglichkeiten des Zahlenrads ist. Besonders die Heiler oder am Heilen Interessierten unter Ihnen werden gern die eine oder andere Information aufnehmen und vor allem Erklärungen finden für viele seltsame Geschehnisse in ihrem Alltag.

Nehmen wir jetzt an, Sie haben es persönlich mit einer Krankheit zu tun bekommen, ob bei sich selbst oder einem Menschen in Ihrem Umfeld. Betrachten Sie im ersten Schritt in Ruhe Ihre persönliche Signatur beziehungsweise die der Person, um die es geht. Welchen Schwerpunkt haben wir vor uns? Wo liegt das Hauptgewicht der Zahlen?

Heilen im Süden: Nehmen wir an, die Person, um die es geht, hat das Geburtsdatum 25. Mai 1972. Sie sehen hier sofort: Das Element Feuer mit ❼ und zweimal ❷ im Süden besitzt ein starkes Gewicht. Die Wahrscheinlichkeit ist nun sehr groß, dass der Haupt-Abwehrmechanismus dieser Person die Entwicklung von Fieber ist. Das Fieber dient ja dazu, Krankheitserreger in die Schranken zu weisen und innerlich abzutöten. Hier wäre es ratsam, das Fieber eher auszuhalten und nicht schon bei 38,5 °C fiebersenkende Medikamente einzunehmen. Das ist eben die besondere Art der Menschen des Südens, auf Krankheit zu reagieren – sie entwickeln rasch Fieber. Und würden positiv darauf ansprechen, wenn man mit kühlem Wasser heilt, Umschläge macht und andere kühlende Maßnahmen anwendet. Natürlich darf dabei nicht übersehen werden, dass kühle Wickel nicht immer angezeigt sind und dass andere medizinische Maßnahmen manchmal eher zum Ziel führen.

Zu den Besonderheiten der Süd-Menschen zählt, dass sie nur selten krank werden, wenn sie sich viel bewegen. Andererseits aber brauchen sie im Krankheitsfall unbedingt echte Ruhe, um schnell zu genesen. Sich selbst nur äußerlich ruhig zu stellen und etwa durch Fernsehen oder Lesen abzulenken, das ist für Süd-Menschen schädlich und verlängert den Heilungsprozess. Es bedeutet für sie Stillstand ohne Ruhe, und damit können und wollen Süd-Menschen generell nichts zu tun haben, auch im Alltag und im Urlaub nicht.

Machen wir noch kurz einen weiteren Schritt und verbinden diese Wege zur Heilung mit dem aktuellen Datum, das zum Zeitpunkt einer Krankheit herrscht. Es hat eine nicht zu unterschätzende Aussagekraft und Bedeutung. Nehmen wir zum Beispiel an, ein südlastiger Patient (mit viel ❼ und/oder ❷) habe oft Fieber, womöglich jeweils ohne erkennbare Ursachen. Ein Hinweis nun, zur Schulung Ihrer Wahrnehmung: An beliebigen Tagen mit viel ❼ und/oder ❷ im Datum neigt diese Person eher zu Fieber als an anderen Tagen. Das sind seltsame Zusammenhänge, nicht wahr?

Wenn Sie beispielsweise ein Kind haben mit viel Süden, dann war wohl das Jahr 2007 insgesamt nicht gerade einfach – ebenso auch für Menschen, die zu Fieberschüben neigen als Ausdruck ihrer mitgebrachten Abwehrmechanismen. Hat sich eine solche Neigung bei einem Kind stabilisiert, weil man darauf Rücksicht nimmt, dann macht es allmählich nichts mehr aus, welcher Tag gerade herrscht. Es wird an Tagen mit viel ❼ und/oder ❷ generell mehr zu Fieber neigen als an anderen.

Heilen im Norden: In einem anderen Fall ist der Norden, die Mitte und der Süden besetzt, aber nur eine ❷ ist vorhanden, dafür aber viele Einheiten im Norden (beispielsweise 2-mal ❻). Dann würde sich wahrscheinlich ein Fieber als Mittel der Abwehr erst viel später einstellen. Ein solcher Nord-Mensch fühlt sich bei Einsetzen von Fieber hundeelend, und man sollte mit fiebersenkenden Maßnahmen wie Wadenwickeln nicht allzu lange warten.

Was die Bettruhe betrifft: Die Nord-Menschen können Stillstand jeder Art nur schwer ertragen, im wahrsten Sinne des Wortes ist »Stillstehen auf zwei Beinen« für sie ein schädigender Einfluss. Also nicht stehen, sondern entweder liegen oder sich maßvoll bewegen – das wäre hier notwendiger Bestandteil der Therapie.

Der Körper einer nord-betonten Signatur fühlt sich am wohlsten, wenn er als begleitende Maßnahme viel Flüssigkeit bekommt – ganz in Harmonie mit dem Element Wasser, das dem Norden entspricht. Nord-Menschen sollten mit Wasser geheilt werden und bei einem Zuviel an Nord-Energie den gegenüberliegenden Süden zu Hilfe rufen. Sie brauchen viel Wärme (in Bett, Sauna und so weiter). Grundsätzlich ist viel Tee das Mittel der Wahl, Auch Kneipp-Bäder würden gute Dienste leisten, aber das muss alles im Einzelfall entschieden werden.

Bei manchen Menschen wird es notwendig, Wasseransammlungen im Körper mit anderen Mitteln zu begegnen. Dafür suchen Sie sich einen Tag mit möglichst viel Süd-Energie im Datum (also mit ❼ und/oder ❷) und trinken beziehungsweise verabreichen an diesem Tag nur entwässernde Tees. Wenn Sie dies dagegen an einem Tag mit viel Norden (❻ und/oder ❶) tun, wird der Erfolg sehr viel geringer sein oder gar ganz ausbleiben.

Wie so oft können Sie erkennen, dass Erfolg immer auch davon abhängt, was genau Sie vorhaben. Entgiften und Entwässern hilft natürlich noch viel mehr, wenn zusätzlich noch abnehmender Mond herrscht (siehe unser Buch »Vom richtigen Zeitpunkt«, Seite 304). Die Einflüsse klug zu kombinieren macht eine schnelle Heilung möglich. Viel Fingerspitzengefühl ist hier verlangt und wir hoffen, dass Sie aus dem Gesagten die richtigen Schlüsse ziehen.

Wie überall im Leben geht es auch hier um das rechte Maß. Wie zuvor gesagt, es ist wichtig zu wissen, dass ein südlastiger Mensch gut mit Fieber umgehen kann und dieses sogar zur Heilung braucht. Nimmt man ihm das Fieber zu schnell, kann es geschehen, dass er oft mit Fieber reagieren muss. Mit anderen Worten: Er muss das Fieber wirklich für sich nützen und »auskosten«, um sich zu heilen. Andersherum der ausgesprochene Nord-Mensch: Er ist empfänglicher für Tees und Heilen mit Wasser – nicht für jeden und in jeder Lage ist aber ständiges Teetrinken angebracht. Ein heißes Bad und heißer Tee mit anschließender Bettwärme können Wunder wirken, aber ein hitziger Nord-Mensch muss auch gekühlt werden, um eine Heilung herbeizuführen. Natürlich sollen Sie ihn nicht bei offenem Fenster liegen lassen, gemeint ist hier das Kühlen mit kalten (niemals eiskalten!) Umschlägen, das oftmalige Waschen des Gesichts, eventuell Wadenwickel und so weiter. Maß und Ziel sind gefragt. Kneippbäder können hier wahre Wunder wirken.

Heilen im Osten: Früher war es selbstverständlich, bei jedem Menschen mit individuell angepassten Heilmethoden zu arbeiten. Ebenso selbstverständlich wurden die Zutaten und das Zubehör für die entsprechenden Methoden bereitgehalten. Das Fermentieren von Kräutern war ebenso üblich wie das Ansetzen der Heilpflanzen in Alkohol oder das Zubereiten von Salben mit Schweineschmalz und Kräutern.

Bei Menschen mit Schwerpunkt Osten (❽/❸) in der Signatur helfen am besten fermentierte Kräuter. (Bei der Fermentation werden die Inhaltsstoffe durch Enzyme oder Bakterien chemisch umgewandelt.) Als Vorbeugung und zur Behandlung von Husten beispielsweise vergrub man Spitzwegerich, in einem Glas mit Zucker eingelegt, in der Erde, bis der Fermentierungsvorgang abgeschlossen war. Dieser Vorrat reichte dann über den ganzen Winter. Wenn Sie das Rezept ausprobieren wollen: Den entstehenden Dicksaft verwenden Sie ähnlich wie Honig. Entweder pur einen Teelöffel einnehmen oder in Tee oder anderen Getränken auflösen. Der Geschmack ist nicht jedermanns Sache und Kinder müssen schon manchmal mit viel Lob und Anerkennung für ihre Tapferkeit »zu ihrem Glück gezwungen werden«. Aber es lohnt sich, denn diese Medizin ist den meisten Produkten der chemischen Pharmazie weit überlegen. Kinder mit mehr Mitte in der Signatur (⓿/❺) bekamen dagegen beim gleichen Beschwerdebild eine Salbe auf die Brust. Wenn das aktuelle Datum viel Ost-Energie aufwies, verwendete man eine andere Methode als an West- oder Süd-Tagen.

Zum Thema Bettruhe: Kinder und Erwachsene mit Schwerpunkt im Osten brauchen Ruhe und Frieden, um wieder auf die Beine zu kommen. Gleichzeitig ist aber viel frische Luft wichtig, denn die Lunge und die Atmungsorgane können bei Ost-Menschen eine Schwachstelle sein. Die Krankheiten der Ost-Menschen werden ihnen oftmals durch den Wind zugetragen.

Heilen im Westen: Ein Gläschen Wein ist im Westen bei der ❾ und/oder ❹ meist gute Medizin. Auch in Alkohol angesetzte Kräuter vollbringen manchmal bei Menschen mit Schwerpunkt Westen wahre Wunder. Wie stets ist dies natürlich nicht für jeden und in jedem Fall geeignet. Menschen mit viel Nord-Energie im Geburtsdatum (❻/❶) vertragen das Heilen mit alkoholischen Zubereitungen selten. In vereinzelten Fällen kann man sich sogar einen Alkoholiker »heranzüchten«. Besonders bei Kindern ist größte Vorsicht angebracht! In manchen Fällen führt die Abwesenheit von Nord-Energie zum gleichen negativen Ergebnis. »Nach der Sauna ist ein Schnapserl reine Medizin« – dergleichen haben Sie sicher schon gehört. Nun wissen Sie, warum das für den einen stimmt, für den anderen gar nicht. Und wer alle Tage schwitzt und einen Schnaps trinkt, hat mit dieser Heilungsmethode zweifelsfrei die gute Absicht verfehlt.

Ein weiteres Geheimnis im Westen: Viele Menschen schwören auf viel Bewegung, um gesund zu bleiben. Im Westen trifft das den Nagel auf den Kopf. Zu viel Liegen wäre hier nicht die optimale Methode, um wieder fit zu werden. Ausnahmen müssen natürlich sein, aber auf Dauer wird der West-Mensch durch viel Liegen geschädigt. Magen, Darm und Muskeln brauchen »Auslauf«. Hier liegt bei West-Menschen nicht selten die Schwachstelle: Die Meridiane (Energieleitbahnen) eines Menschen vereinen und harmonisieren sich durch Bewegung. Bei Menschen des Westens ist das in noch höherem Maße der Fall. Wenn sie immer in Bewegung bleiben, werden sie sehr selten krank. Wenn überhaupt, dann sind es nicht selten Unfälle, die sie in ins Krankenbett zwingen. Lang werden sie jedoch nicht in der Horizontale bleiben, denn durch zu langes Liegen drohen ihnen Schwächung, Lungenentzündung und Thrombosen. Die West-Menschen sind die »Stehaufmännchen« der Welt, sie sind nach Operationen meist schnell wieder auf den Beinen. Zwar sollten Sie es mit dieser besonderen Qualität nicht übertreiben, aber wenn Ihr Gespür Sie zum Aufstehen bringt, dann folgen Sie ihm mit Vorsicht.

Heilen in der Mitte: Bei den Zahlen und Methoden der Mitte (0/5) möchten wir ein wenig länger verweilen, auch deshalb, weil diese Zahlen in engster Verbindung zur Körpermitte stehen und damit zu all jenen Organen, die bei 80 Prozent aller Krankheiten in Mitleidenschaft gezogen werden. Alle entgiftenden Organe, alle Drüsen, das Herz und die Lungen müssen funktionieren, damit der Körper gesund bleibt. Maßnahmen zur Stärkung dieser Organe sollte man deshalb an Tagen mit 0 und/oder 5 im Datum nicht versäumen, zumindest zusätzliche Belastungen sind an diesen Tagen zu meiden.
Die Menschen der Mitte tun gut daran, allzeit auf gesunde Ernährung zu achten und ihre inneren Organe zu »verwöhnen«. So viele Wehwehchen und Krankheiten könnte sich der Mitte-Mensch ersparen, wüsste er früh genug um diese Zusammenhänge. Kaum ein Körper erholt sich so schnell wie seiner, wenn er sich auf biologische Lebensmittel ohne tierisches Eiweiß konzentriert. Unser Buch »Alles erlaubt!« (siehe Buchtipps Seite 304) beschreibt die Zusammenhänge ausführlich. Fastfood wirkt auf jeden Menschen belastend, aber auf die Mitte-Menschen (0/5) noch stärker. In gesundes Bio-Öl eingelegte Gemüse und Früchte sind für sie meistens nicht nur Hochgenuss, sondern sie helfen auch bei der Genesung. Leider werden die meisten im Supermarkt zu kaufenden Pflanzenöle durch chemische Prozesse so sehr in schädliche Produkte verwandelt, dass Fett nach vielen Jahrzehnten der Chemisierung inzwischen einen schlechten Ruf hat. Verwenden Sie daher immer nur kaltgepresste Bio-Pflanzenöle, dann werden Sie feststellen, dass Fett auch Medizin sein kann. Wer unser Buch »Alles erlaubt!« zum Thema Ernährung kennt, weiß heute sicher die Information zu schätzen, dass sogar Butter eine heilende Wirkung haben kann.

Beim Heilen und bei der Genesung von Menschen der Mitte ist die langsame, gemütliche Ruhe von Bedeutung, ganz im Gegensatz beispielsweise zu Menschen des Westens. Wer als Mensch der Mitte ein voll entwickeltes Gespür gegenüber sich selbst und seinem Körper hat, der gibt für die Hektiker und feurigen Charaktere unter uns manchmal einen unverständlichen Anblick ab: Die Mitte heilt und regeneriert sich, wenn sie sich langsam und friedlich, gleichsam im Schildkrötentempo vor sich hin bewegt. Diese Leute »haben die Ruhe weg«, möchte man meinen. Vielleicht dachten unsere Vorfahren an diese sanftmütigen Menschen, als sie deren meist große Lebensleistung mit dem Sprichwort ehrten: »Das weiße Pferd der Araber ist schnell wie der Wind, aber das treue Kamel stampft durch die Wüste Tag und Nacht.«

Zu wenig Schlaf greift Leber und Galle an, denn diese beiden Organe regenerieren sich zwischen 1 Uhr und 3 Uhr früh. Vielleicht liegt hier die Ursache Ihrer Leberprobleme? Haben Sie zu wenig Schlaf, etwa weil ein kleines Kind Ihre Nachtruhe unterbricht? Gibt es einen Pflegefall in der Familie? Lassen zu viele Sorgen Sie nicht schlafen? Zwischen 1 Uhr und 3 Uhr schlaflos zu sein, das schadet Leber und Galle am meisten. Und zuletzt ist Meditation ein wichtiges Element bei der Heilung der Mitte-Menschen, denn zu viel Grübeln macht sie krank. Ein Datum mit viel Mitte-Kraft (0 und/oder 5) sollte deshalb auch zum Meditieren oder Beten genutzt werden. Jeder hat seinen eigenen Zugang zu einer höheren Kraft. Nur durchgehen durch das Tor – das müssen Sie selbst.

Versuchen Sie es ruhig einmal mit der einen oder anderen Information aus diesem Kapitel, besonders, wenn Sie in einem Heilberuf tätig sind. Sie werden sich wundern, wie zeitlos gültig manches »Geheimnis« geblieben ist. Alles, was die Natur zu bieten hatte, wurde früher dankbar genützt. Heute beutet man die Natur aus und stützt sich auf der anderen Seite auf Chemie. Die Pharmaindustrie sollte schnell einen Weg zu menschengerechten Heilmitteln finden, die auch im Einklang mit der Natur erzeugt werden.

So war es früher: Wundversorgung und Wundheilung nach dem Zahlenrad

Die Informationen, die wir Ihnen jetzt näherbringen wollen, finden zwar heute kaum noch Anwendung, aber sie haben unserer Erfahrung nach nichts von ihrem Wert verloren. In der Beschreibung der Methodik verbirgt sich zudem ein Grundprinzip des Gesundbleibens und Heilens, das für so manche Leserin und manchen Leser von Interesse sein wird. Es geht um den speziellen Umgang mit schlecht heilenden Wunden, für die früher ausgeklügelte Prozeduren vorgesehen waren.

Schlecht heilende Wunden, besonders »offene Beine« oder ähnliche Probleme, sind fast immer Zeichen einer Vergiftung des Blutes. Die übliche Methode in solchen Fällen waren spezielle Verbände, dem Datum angepasst und meist mit aufgelegten Kräutern, die man oft gewechselt hat. Dabei beachtete man im Wesentlichen die folgenden Aspekte:

- Die Mondphase: Bei fast allen Behandlungen achtete man darauf, dass gleichzeitig abnehmender Mond herrschte, sonst erreichte man auf Dauer wenig. Der abnehmende Mond sorgt dafür, dass der Körper schneller entgiftet, die Wundheilung schreitet besser voran. Der zunehmende Mond verzögert nicht nur den Heilungsprozess, es kommt auch leichter zu Infektionen. Man ging in dieser Zeit einfach noch sorgfältiger vor und es wurde auf peinlichste Sauberkeit geachtet.

- Der Mond im Tierkreis: Das jeweilige Tierkreiszeichen im Mondkalender verstärkt oder bremst die Wirkung der Therapie. Jedes Tierkreiszeichen »regiert« eine bestimmte Körperzone. Von Widder bis Fische – von Kopf bis Fuß. Die Regel lautet hier, dass man dem jeweiligen Tierkreiszeichen der Region, die gerade behandelt wird, aus dem

Weg gehen muss! Also beispielsweise keine Behandlung eines »offenen Beins« am Unterschenkel, wenn der Mond im Wassermann steht. Die genauen Zusammenhänge zwischen Vorbeugen und Heilen in Harmonie mit Mond- und Naturrhythmen haben wir in unserem Buch »Aus eigener Kraft« (siehe Buchtipps Seite 304) zusammengefasst.

- Die Wahl der Heilkräuter: Die Art des Heilkrauts, die Menge und der Zeitpunkt der Anwendung – diese Aspekte müssen ins Gleichgewicht gesetzt werden. Ob die Pflanze entgiftend, zusammenziehend, entzündungshemmend, entkrampfend ... wirken soll, diese Fragen müssen geklärt werden. Spitzwegerich beispielsweise wirkt nicht nur entzündungshemmend, man legte ihn auch gegen Blutvergiftung auf die offene Wunde. Bei abnehmendem Mond wurde der Verband zweimal, bei zunehmendem Mond nur einmal gewechselt. Der abnehmende Mond wirkt entgiftend, während bei zunehmendem Mond die Wunde eher in Ruhe gelassen werden soll.

- Die Umstellung der Ernährungsgewohnheiten. Ohne Umstellung der Ernährung ist die Behandlung schwer heilender Wunden meist zum Scheitern verurteilt, weil diese ja nur Symptom einer Vergiftung des Blutes sind. Heute wie zu fast allen Zeiten liegt die Ursache dieser Vergiftung meist in der Ernährungsweise. So achtete man strengstens darauf, längere Zeit auf alle Milchprodukte zu verzichten, wie auch auf tierisches Eiweiß in jeder anderen Form. Selbstverständlich auch darauf, welchem Ernährungstyp der Patient angehört (siehe unser Buch »Alles erlaubt!«, Seite 304). Mineralien- und Vitaminmangel durch diese Stoffe in Reinform auszugleichen ist beinahe sinnlos, sonst würden wir alle nach dem Schlucken von Vitamin C nicht mehr krank werden. Der Körper kann Nahrungsergänzungsmittel, Vitamin- und Mineraliengaben nur sehr unzureichend aufnehmen. Wir müssen wieder lernen, den Bedarf an lebenswichtigen Vitalstoffen durch biologisch angebaute Gemüse und Früchte in ihrer Ganzheit zu decken. Dabei können Schüßler-Salze sehr gute Dienste leisten.

- **Die Entsorgung des verbrauchten Verbandmaterials in Harmonie mit dem jeweiligen Datum.** Hier beginnt es knifflig zu werden. Der Heilungserfolg steht und fällt nämlich nicht zuletzt mit der präzisen Methode der Entsorgung der Verbände. Man stimmte das Vorgehen peinlich genau mit der persönlichen Signatur des Patienten und dem jeweiligen Tagesdatum der Behandlung ab. Und das sah so aus:

Behandlungstage mit ❻ und/oder ❶ im Datum: Die Tage des Nordens eignen sich generell gut für alle Wasserbehandlungen. Handelte es sich um die Folgen einer Brandverletzung, dann gehörten alte Verbände stets im Freien ins wässrige Milieu entsorgt. Früher vergrub man sie unter der Regentraufe, es genügte aber, sie an beliebiger Stelle in Erde zu vergraben und die Stelle durch Gießen feucht zu halten. Entscheidend war, dass das Verbandmaterial in feuchter Umgebung verfault.

Behandlungstage mit ❽ und/oder ❸ im Datum: Bei faulendem Wundbrand und an Behandlungstagen des Ostens, also an Tagen mit ❽ und/oder ❸ im Datum entsorgte man die Verbände im sauren Milieu, um damit auch die Krankheit zu entsorgen. Die Form der Verätzung ist dabei gleichgültig (Kinder dürfen keinen Zugang zu dieser Arbeit haben, um sich nicht zu verletzen!). Man überschüttete die Verbände beispielsweise mit Essig, und entsorgte sie weit weg. Auch legte man die Verbände auf Ameisenhaufen. Heute würde ich solche Praktiken mit den kleinen, wertvollen Tieren aber nicht mehr anwenden, weil ich das Gefühl von Tierquälerei hätte.

Behandlungstage mit ❼ und/oder ❷ im Datum: Bei eitrigen Wunden und an Tagen mit ❼ und/oder ❷ im Datum wurde verbrauchtes Verbandmaterial im Idealfall verbrannt. Ebenso gute Ergebnisse erzielte man auch durch extreme Sonnenbestrahlung, wenn die Sonne gerade genügend intensiv schien. Unter allen Umständen jedoch musste der Verband austrocknen und durfte nicht mit Wasser in Berührung kommen.

Behandlungstage mit ❾ und/oder ❹ im Datum: An Tagen mit ❾ und/oder ❹ im Datum verjagte man die Krankheit mit Räuchern. Der Rauch hilft, die Bakterien zu vertreiben, und eine Heilung setzte meist schnell ein. Dabei musste streng darauf geachtet werden, dass jeder Raum eine Öffnung nach außen bekam. Eine leicht geöffnete Tür, ein gekipptes Fenster oder Ähnliches taten meistens diesen Dienst. War ein Räuchern nicht möglich, dann gehörten die Verbände auf den Misthaufen, um ein ähnlich gutes Ergebnis zu erzielen.

Behandlungstage mit ⓿ und/oder ❺ im Datum: Bei den Zahlen und Methoden der Mitte wurde grundsätzlich alles vergraben – in Entsprechung zur »erdigen« Energie der Mitte des Zahlenrads.

Wenn diese fünf Regeln beachtet wurden, war ein echter Heilerfolg eher die Regel als die Ausnahme, auch bei hartnäckigen, chronischen Zuständen und bei alten Menschen.

Sie fragen sich nun vielleicht, warum die seltsamen Methoden der Verbandentsorgung überhaupt Sinn hatten beziehungsweise warum sie auch heute noch funktionieren und Heilungsphasen verkürzen würden. Welcher »Mechanismus« verbirgt sich hier?
Lassen Sie uns einen Erklärungsversuch wagen. Schaden kann's nicht und wenn er gelingt, ist viel gewonnen. Denn der Erfolg des Heilens einer Verletzung ist von Kräften und Elementen abhängig, die sich zu einem guten Teil dem streng wissenschaftlich geschulten Auge entziehen. Ihre Kenntnis aber würde Ihren persönlichen Werkzeugkasten im Umgang mit den Herausforderungen des Lebens um wichtige Bestandteile erweitern, nicht nur, wenn es um das Heilen von Wunden geht. Heilung ist eben nicht nur ein chemisch-physikalischer Vorgang, sondern auch Herz und Geist geben hier den Ton an.
Gesundheit ist nicht nur einfach die Abwesenheit von Krankheit, was übrigens auch höchst offiziell von der Weltgesundheitsorganisation

bestätigt wird. Gesundheit bedeutet erstens die Kraft und die Fähigkeit des einzelnen Menschen, zu werden, wofür sie oder ihn eine höhere Macht gedacht hat. Gesundheit bedeutet zweitens die Fähigkeit, abzuwehren und zu überwinden, was uns daran hindert. Und sie bezeichnet drittens den lebendigen Zustand, der sich daraus ergibt: ein harmonisches und dynamisches Auf und Ab im Miteinander von Körper, Geist, Seele und Welt. Unsere Vorfahren wussten um die Zusammenhänge und die Notwendigkeiten, die sich daraus ergaben. Heiler, Schamanen und Medizinmänner handelten nach der Erkenntnis, dass wir Menschen keine Maschinen sind. Sie wussten, dass Körper, Geist und Seele ein Ganzes bilden und in untrennbarer Verbindung mit allem stehen, was uns umgibt – mit anderen Menschen, der Natur und sogar den Sternen. Sie wussten, dass Krankheit entsteht, wenn der Mensch das dynamische Gleichgewicht zwischen den vielen Elementen des Lebens nicht mehr aufrechterhalten kann – zwischen Spannung und Entspannung, zwischen gesundem Egoismus und Hingabe, zwischen dem Auf und Ab des Schicksals. Und sie wussten, wie man das Gleichgewicht wiederherstellt, wenn es verloren gegangen ist. Und welch große Rolle dabei spielt, dass der Mensch ein Energie-Wesen ist.

Nicht erst seit Albert Einstein wissen wir, dass alles in der Natur Energie ist, dass alles Klang, Schwingung und Rhythmus ist. Unser Körper besteht aus Farben und Licht, das scheinbar »Feste« ist nur eine Form besonders intensiver Einbildung, einem Wachtraum gleich. Physiker haben kürzlich sogar herausgefunden, dass jede einzelne Körperzelle Licht abstrahlt, das sichtbar gemacht werden kann und das sich mit dem jeweiligen Zustand der Zelle ändert. Das über weite Strecken traurig sinnleere naturwissenschaftliche Weltbild, von dem der Zeitgeist heute regiert wird, hat die Erkenntnisse Einsteins bisher noch kaum in die Ausbildung der Schulmediziner einfließen lassen. Dass im »Fahrzeug Körper« Gefühle, Gedanken, Instinkte eine große Rolle als Krankheitsfaktoren spielen, wird nur sehr zögernd akzeptiert. Und noch

seltener hört man, dass umgekehrt Gedanken und Gefühle auch gesund machen können, geschweige denn, dass entsprechende Methoden entwickelt werden. Dabei wissen wir es doch alle aus erster Hand. Wie fühlen wir uns, wenn wir verliebt sind? Bäume ausreißen ist dann noch das Mindeste, wozu wir fähig wären! Und kennen Sie jemanden, der mitten im Verliebtsein krank wurde? Wie fühlen wir uns dagegen, wenn wir deprimiert sind, unter Stress leiden, wenn wir verzweifelt sind? Was ist in unserer Seele »kalt« geworden, wenn wir uns erkälten? Alle diese Zusammenhänge kennen wir, dazu brauchen wir keine Lehrbücher. Sie teilen uns eines mit: Gesundheit ist eine Frage ganz unterschiedlicher Energien und Zusammenhänge.
Seltsame Dinge geschehen in der Natur, zwar allesamt schon wissenschaftlich bewiesen und mühelos wiederholbar, aber auch mit modernen Methoden nicht zu begründen.

- Wenn Schädlinge einen Waldrand befallen, reagieren die befallenen Bäume mit Abwehrstoffen. Jedoch nicht nur sie: Genau gleichzeitig reagieren auch die Bäume am anderen Ende des Waldes, wo die Schädlinge erst in einigen Wochen eintreffen.

- Nimmt man junge Kätzchen ihren Müttern weg, lernen sie das Mäusefangen nur sehr notdürftig, wenn überhaupt. Sie bleiben lange Zeit »Amateure« als Jäger und Jägerinnen. Bringt man diese jungen, »unfähigen« Katzen in Käfige eingesperrt zum Schlafen nachts in einen Raum mit erfahrenen Mäusejägerinnen, die ebenfalls in Käfigen übernachten (also ohne dass diese erfahren Katzen ihre Jagdkünste demonstrieren können!) – dann lernen die jungen Katzen innerhalb von wenigen Tagen das Mäusefangen. Ohne es je erlebt zu haben!

- Ein amerikanischer Pflanzenexperte ging auf eine Europa-Reise und verkabelte vorher die großen Blätter seiner häuslichen Lieblingspflanze (eine Monstera) mit zahlreichen Geräten, die alle möglichen elektrischen Vorgänge in Pflanzen messen konnten. In Europa führte er genau Buch darüber, in welchen Augenblicken er unter großem Stress gestanden hatte – im Straßenverkehr, kurz vor einem Vortrag, in Schrecksekunden ... Als er nach sechs Wochen zurückkehrte, zeigten die Messgeräte an der Monstera immer in derselben Minute starke Ausschläge, in welcher er in Europa großen Druck auszustehen hatte.

- Alle stillenden Mütter kennen das Phänomen: Sie sind gerade auf Besuch beim Nachbarn, das Baby schläft friedlich zu Hause. Und plötzlich, mitten im Plaudern schießt die Milch ein. Genau gleichzeitig, vielleicht sogar kilometerweit entfernt, ist das Baby in dieser Minute hungrig aufgewacht. Wacht das Kind aus anderen Gründen auf, fühlt es sich für die Mutter anders an.

Denken Sie ein wenig über diese Beispiele nach. Und fragen Sie sich in jedem dieser Fälle, auf welchem Weg wohl die Information übertragen worden ist? Wir Menschen sind Lichtwesen und elektrische Vorgänge im Körper bestimmen in höchstem Maße, wer wir sind, wie der Körper arbeitet, wie er in Kontakt tritt mit seiner Umgebung, mit der Welt, mit dem Universum. Vielleicht haben Sie jetzt ein deutlicheres Gefühl für den Sinn dieser exotischen Methoden, und vor allem dafür, dass sie auch heute noch durchaus wertvoll wären. Vielleicht wird auch klarer, warum manchmal ein gewünschter Erfolg ausbleibt.
Unser derzeitiger Weg, Wissenschaft und Medizin zu betreiben, ist in mancher Hinsicht eine Sackgasse. Dass etwas nur dann wahr und wissenschaftlich beweisbar sein soll, wenn es wiederholbar ist, nimmt der Heilkunst eine der wesentlichen Säulen, auf die sie sich stützen könnte – nämlich die Anpassung an den Einzelfall, an den einzelnen Menschen. Für die »korrekte« Behandlung einer Krankheit einen Kriterienkatalog aufzustellen ist nur dann möglich, wenn Sie den Menschen als Maschine betrachten. Das ist, als sei im Jahr 1910 festgelegt worden, wie man auf alle Zeiten ein Auto zu reparieren hat. Wir alle sind ausnahmslos Einzelfälle. Welch ein Segen für eine Gemeinschaft, wenn sie Heilkundige beherbergt, die um dieses Geheimnis wissen.

Manchmal begegnen wir Menschen, die damit argumentieren, dass im heutigen Medizinbetrieb für die Methoden unserer Vorfahren kein Platz mehr sei. »Wo kämen wir denn da hin?« – auch das hören wir ab und zu. Nun, wir wissen, wo wir hinkämen: zu einer menschenfreundlichen und an Ursachen orientierten Heilkunde. Sicherlich brächte es anfänglich das eine oder andere Problem, diese Künste und vor allem auch die Kunst der Wahl des richtigen Zeitpunkts zu integrieren. Aber das ist nicht wichtig. Wichtig ist, dass diese Methoden sämtlich gültig und erfolgreich sind. In jedem Behandlungsweg, bei jedem Heilungsprozess gibt es ideale Zeitpunkte und andererseits Tage, an denen sich nichts ausrichten lässt. Daran ändern beispielsweise Probleme bei der Terminvergabe in einem Krankenhaus nichts. Wichtig ist vor allem, dass wir in einem freien Land leben und die Möglichkeit haben, uns frei zu entscheiden, für oder gegen einen Termin, für oder gegen einen Partner auf Seiten der Ärzte.
Vielleicht konnten wir Sie dazu anregen, einige dieser seltsamen Überbleibsel aus vergangenen Tagen in unsere moderne Zeit hinüberzuretten – damit wir eine gute Zukunft für uns alle bauen können.

Schon mit sechs Jahren war ich davon besessen, die Form der Dinge zu skizzieren. Nach meinem 50. Lebensjahr machte ich eine Reihe von Grafiken, aber alles, was ich vor meinem 70. produziert habe, ist der Rede nicht wert. Im Alter von 73 lernte ich schließlich etwas über die wahre Natur von Tieren, Insekten, Fischen und über das Wesen der Pflanzen und Bäume. Deshalb werde ich im Alter von 86 wohl mehr und mehr Fortschritte erzielt haben, mit 90 werde ich dann noch tiefer in die Bedeutung der Kunst eingestiegen sein. Im Alter von 100 werde ich einen exzellenten Rang erreicht haben, und mit 110 werden jeder Punkt, jede Linie ein eigenes Leben haben. Ich hoffe nur, dass einige Menschen so alt werden, um den Wahrheitsgehalt meiner Worte zu erkennen.

Hokusai

»Was erwartet uns heute?« – Die Kraft im aktuellen Datum

Früher hat man in vielen Lebensbereichen mit dem aktuellen Datum und seiner Zahlenenergie gearbeitet. Wir möchten Ihnen einige Aspekte nahebringen, um Sie anzuregen, damit Erfahrungen zu sammeln. Die Empfehlungen haben teilweise ein wenig von ihrer Aktualität verloren, sollten aber dennoch interessant sein, um auf das größere Bild und die Verhaltensregeln im Einzelfall schließen zu können.
Sie haben den Osten (❽/❸) in Ihrer Signatur stark besetzt? Wichtig wäre es, an Tagen mit einer ❽ oder ❸ im Datum mit Holz vorsichtiger umzugehen. Wenn beispielsweise ein Landwirt trotzdem im Holz arbeitet, sollte er unbedingt darauf achten, sich von Mitarbeitern mit ❾ und/oder ❹ begleiten zu lassen. Er sollte gleichzeitig äußerst umsichtig vorgehen und alle Schutzmaßnahmen wie Helm, Sicherheitsschuhe, Handschuhe und so weiter einhalten. Die Verletzungsgefahr ist an solchen Tagen größer. (Übrigens kann Lärchenholz, das mit offenen Verletzungen in Kontakt kommt, lebensgefährliche Blutvergiftungen auslösen.) Stürme können außerdem an Tagen mit ❽ und/oder ❸ im Datum mehr Schaden anrichten.

Das Tagesdatum weist eine ❼ und/oder ❷ auf? Menschen mit einem Süd-Schwerpunkt in der Signatur sollten sich jetzt nicht überanstrengen. Beispielsweise sollten sie keine Liefertermine, die lange Autofahrten nötig machen, auf diese Tage legen. Auch gefährliche Bergfahrten und Ähnliches sind zu vermeiden. Langes Arbeiten in der Sonne ist heute ebenfalls gefährlicher als sonst. Menschen mit viel Süden in der Signatur schickte man früher in den Schatten, um einem Hitzschlag oder Fieber vorzubeugen, Kinder schützte man noch sorgfältiger vor der Sonne. Steht der Mond gerade im Tierkreiszeichen Löwe, verstärkt sich die Wirkung nochmals. Feuerwehrleute tun gut daran, an solchen Tagen ganz besonders vorsichtig zu sein. Unfälle mit Feuer sind jetzt verheerender und meistens wütet ein Feuer stärker und verbreitet sich schneller. Auch Lagerfeuer sollten besonders gut bewacht werden. Die meisten Waldbrände kommen nicht im August, sondern im Juli (❼) vor, der angerichtete Schaden ist größer.

An Tagen mit ❾ und/oder ❹ sollte man als Mensch mit viel Westen in der Signatur keine gefährlichen Reparaturen an Maschinen vornehmen und das lieber jemandem mit einer ❻ und/oder ❶ im Geburtsdatum überlassen. Schwere Betriebsunfälle konnte man früher durch dieses Wissen besser vermeiden helfen. Neue Maschinen beispielsweise nahm man immer erst dann zum ersten Mal in Betrieb, wenn das Datum weder eine ❾ noch eine ❹ aufwies. An allen anderen Tagen sind die West-Signaturen in der Regel sehr willkommen, auch bei manuellen Arbeiten und Reparaturen.

An den »Tagen des Nordens«, die ❻ und/oder ❶ im Datum haben, sollte man als Nord-Mensch (der ebenfalls ❻ und/oder ❶ im Geburtsdatum aufweist) das Steuer bei großen Seefahrten möglichst anderen überlassen. An solchen Tagen sollte man kein Segelboot führen und keine gefährlichen Tauchgänge unternehmen. Höhlenforscher sollten sehr umsichtig vorgehen und jedes Risiko meiden. Die ❻ und die ❶ repräsentieren im Weltklima die Aspekte »kalt« und »feucht«. Ein Grund dafür, warum es im Juni und im Januar an bestimmten Tagen eher zu Überschwemmungen kommt.

Enthält das aktuelle Datum überwiegend Zahlen der Mitte (⓿ und ❺)? Dann sollten Sie Ihr eigenes oder fremdes Geld eher nur verwalten, statt es zu vermehren versuchen, wenn auch Sie selbst ⓿ und/oder ❺ im Geburtsdatum besitzen. Jedes Zuviel dieses Einflusses der Mitte macht an solchen Tagen viel stärker als sonst überheblich und geizig. Im Extremfall kann es auch krank machen.

Das Elixier des Zahlenrads: Die Farben-Kraftsuppe

Zum Schluss des Buches möchten wir Ihnen eine ganz besondere, praktische und dabei einfache Anwendung des Tiroler Zahlenrads in die Hand geben. Vorbeugen und heilen – wir kennen kaum eine Medizin, die das gleichermaßen oder besser könnte als die Farben-Kraftsuppe (von unseren Kindern auch »Regenbogensuppe« genannt). Selbst wenn Sie aus diesem ganzen Buch nur diese eine Empfehlung annehmen, nämlich sich und Ihrer Familie hin und wieder den kulinarisch-medizinischen Segen dieses uralten Rezeptes zu gönnen, haben Sie sich selbst so viel Gutes getan, dass es mit Gold nicht aufzuwiegen ist. Diese geheime Arznei gehört nicht nur zu den wirksamsten, sondern auch zu den wohlschmeckendsten! Das Rezept wirkt nur auf den ersten Blick etwas kompliziert, aber es ist wirklich einfach und geht nach einiger Zeit in Fleisch und Blut über.

Die Zutaten:

- Ein großer Kochtopf mit gut schließendem Deckel.
- Ein Holzlöffel zum Umrühren. Kein Metall, kein Kunststoff!
- Gemüse, Kräuter und Gewürze in fünf Farben: Schwarz/Blau, Grün, Rot, Gelb und Weiß. Die Auswahl ist Ihrer Fantasie und Ihren Vorlieben überlassen. Knollensellerie, Salz (Weiß) und Liebstöckel (Grün) werden aber wahrscheinlich nur selten fehlen.

Und so geht's:

- Zuerst bilden Sie aus den verschiedenen Gemüsesorten, den Kräutern und Gewürzen fünf Häufchen – getrennt nach den Farben.

- Putzen Sie nun das Gemüse, aber bitte immer die Schale dran lassen (besonders bei den Zwiebeln!). Als Nächstes schneiden Sie die einzelnen Farb-Häufchen so zurecht, dass Sie pro Farbe immer ein paar

Stücke bekommen. Nur aus diesem Grund brauchen Sie das Gemüse klein zu schneiden.

- Füllen Sie den Topf zu etwa zwei Dritteln mit kaltem Wasser und stellen Sie die Herdplatte etwa auf die Drittelstufe. Rühren Sie nun das Wasser mit dem Holzlöffel siebenmal im Uhrzeigersinn um, etwa 28 Sekunden lang, aber mindestens siebenmal.

Johanna erzählt:

Ich weiß noch, dass es immer mindestens siebenmal sein musste, wenn man den Kochlöffel im Uhrzeigersinn rührte. Niemand hatte gesagt, es müssten 28 Sekunden sein. Wir beteten in Gedanken immer ein Vaterunser beim Rühren. Und das dauert einfach immer 28 bis 30 Sekunden. Sie müssen das selbstverständlich nicht so machen, es wird auch so eine heilkräftige Suppe daraus. Ich persönlich mache es aber auch heute noch so.

- Füllen Sie nun den Topf mit Gemüse, Kräutern und Gewürzen und halten Sie dabei die Reihenfolge der Farben ein. Die Reihenfolge lautet:
  Blau/Schwarz – Grün – Rot – Gelb – Weiß und wieder
  Blau/Schwarz – Grün – Rot – Gelb – Weiß und so weiter.

Die Farbe Gelb können Sie überall in der Farbreihenfolge einbauen, aber aus Erfahrung ist es ideal nach Rot.

Geben Sie zuerst nur ein wenig vom ersten Farbhäufchen Ihrer Wahl in den Topf – von der Farbe, die Sie nach Gefühl am Notwendigsten brauchen. Mit welcher Farbe Sie beginnen, ist jedes Mal Ihnen überlassen, aber die Reihenfolge der Farben muss immer gleich bleiben. Wenn Sie also beispielsweise mit Weiß beginnen, dann geht es immer mit Schwarz/Blau weiter.

- Rühren Sie nach der ersten Farbe wieder mit dem Holzlöffel um, mindestens siebenmal im Uhrzeigersinn, etwa 28 Sekunden lang. Fügen Sie nun einen Teil der nächsten Farbe hinzu und rühren Sie wieder siebenmal um – jeweils etwa 28 Sekunden lang. Die nächste Farbe – wieder umrühren. Und so fort.

- Fahren Sie so fort, in aller Ruhe, bis Sie einige Male den Farbenkreis durchlaufen haben und nichts mehr vom Gemüse da ist. Je öfter Sie den Kreis durchgehen, desto heilkräftiger wird die Suppe. Es wäre eine gute Idee, auch mit jener Farbe abzuschließen, die Sie oder ein Patient gerade brauchen. Meist köchelt die Suppe schon, wenn man bei der letzten Farbe angelangt ist und alle Gemüse, Kräuter und Gewürze im Topf sind.

- Lassen Sie die Suppe völlig zugedeckt mindestens drei Stunden lang vor sich hin köcheln. Es geht auch mal kürzer, aber sie wird mit jeder Stunde, die vergeht, heilkräftiger. Bei schweren Krankheiten lassen Sie die Suppe sieben Stunden lang auf dem Herd köcheln.

- Danach durch ein Sieb gießen und kalt stellen für die nächsten Tage – oder gleich einen Teil davon trinken. Über das abgeseihte Gemüse freut sich der Kompost.

Zusätzliche Tipps zur Farben-Kraftsuppe

- Zur Vorbereitung:

Gemüse, Kräuter und Gewürzhäufchen eventuell auf Schüsselchen verteilen und gleich in der richtigen Farbenreihenfolge aufstellen.

- Welche Zutaten bevorzugen wir?

Das schwarze Häufchen fällt bei uns immer am kleinsten aus, weil wir meistens nur schwarze Pfefferkörner verwenden. Das weiße und das grüne Häufchen sind meist am größten, diese Unterschiede sind aber nicht wichtig.

Bei **Schwarz/Blau** zum Beispiel schwarze Pfefferkörner.

Grün: Liebstöckel (auch »Maggikraut« genannt, ist für den Geschmack sehr wichtig. Einfach immer ein wenig vom Bund abzupfen oder von getrockneten Kräutern jedes Mal eine Messerspitze), Petersilie.

Rot: meist rote chinesische Datteln vom Asia-Laden. Auch rote Pfefferkörner, dann wird die Suppe ein bisschen schärfer. Rote Zwiebeln.

Weiß: Knollensellerie, Zwiebeln, auch Lauch, was immer Sie gerade zu Hause haben und was Ihnen schmeckt. Wenn Weiß an der Reihe ist, ist auch das Salz dran, auch wenn Sie das leicht rötliche Kristallsalz oder Himalaja-Salz verwenden.

Gelb: Karotten und gelbe Rüben. Gelbe Bio-Paprika.

Das sind nur einige Beispiele. Ihrer Fantasie sind keine Grenzen gesetzt. Zusätzliche Gewürze brauchen Sie eigentlich nicht, aber die Suppe soll Ihnen schmecken. Lassen Sie Ihren Geschmackssinn entscheiden. Und selbstverständlich kommen bei uns nur Bio-Zutaten in die Suppe.

• Warum im Uhrzeigersinn rühren?

Weil Sie ja durch das Rühren Energie geben wollen. Gegen den Uhrzeigersinn rührend ziehen Sie die Energie aus allem heraus (das tut manchmal richtig weh, wenn man im Fernsehen bei einer Kochsendung zuschaut!).

• Wie oft von der Suppe essen?

Nehmen Sie jeden Tag von der Suppe. Erwärmen oder erhitzen Sie nur so viel, wie Sie gerade brauchen. Mit dieser Suppe brauchen Sie nie wieder mit Brühwürfeln zu kochen. Sie ist der ideale Fond für alle möglichen feinen Gerichte. Wohl bekomm's! Und nicht vergessen: Geben Sie das Rezept weiter, wenn es Ihnen gut getan hat.

Liebe Leserin, lieber Leser, zum Schluss möchten wir Sie noch einmal daran erinnern: Nirgends im Tiroler Zahlenrad ist Stillstand – es sei denn, Sie wünschen es. Nirgendwo im Tiroler Zahlenrad ist Blockade und Stagnation – es sei denn, Sie entscheiden sich dafür, aus Angst, aus welchen Gründen auch immer. Nirgendwo im Tiroler Zahlenrad ist Verurteilung, Urteil, Vorurteil – es sei denn, Sie fällen dieses Urteil, Sie pflegen dieses Vorurteil, welche Ängste oder Überlegungen auch immer Sie dazu anstiften.

Das Tiroler Zahlenrad ist ein Werkzeug, um zu helfen und zu heilen, nicht um zu bremsen und den Geist schlafen zu legen. Nehmen Sie es als Geschenk an, das Ihnen hilft, heil und ganz zu werden und heil und ganz zu bleiben. Aus Liebe zu sich selbst und aus Liebe zum Leben.

Wir brauchen nicht so fortleben,
wie wir gestern gelebt haben.
Macht Euch von dieser Anschauung los,
und tausend Möglichkeiten laden uns zu neuem Leben ein.

Christian Morgenstern

Liebe Leserinnen, liebe Leser,

Wenn Sie uns schreiben wollen, Fragen und Anregungen haben oder mehr über unsere Bücher und unsere Arbeit erfahren möchten, dann schreiben oder mailen Sie uns an folgende Adresse:

Mondversand
Hauptstr. 34
D – 83730 Fischbachau
Telefon: (0049)08028/904635
mondversand@t-online.de

Wir haben unsere Zelte inzwischen auch im Internet aufgeschlagen:
www.paungger-poppe.com
lautet die Adresse. Hier finden Sie Infos zu allen möglichen Dingen sowie Leseproben. Sie können auch unsere Bücher, Kalender und Produkte direkt bestellen und Alpha/Omega-Fragebögen herunterladen. Die Homepage ist auch komplett in Englisch online!

Register

Die Autoren

Johanna Paungger-Poppe wuchs in einer Großfamilie auf einem Bauernhof in Walchsee in Tirol auf. Ihr Großvater wurde als Heilkundiger von vielen in der Umgegend wohnenden Menschen besucht. Das Tiroler Zahlenrad war dort ebenso Teil des Alltagslebens wie das Wissen um den Einfluss des Mondes auf unser Leben.

Ihren Mann, den Autor und Übersetzer Thomas Poppe, lernte Johanna Paungger in der Zusammenarbeit an ihrem ersten Buch, »Vom richtigen Zeitpunkt«, kennen. Seit fast drei Jahrzehnten setzen sich die beiden unermüdlich für die Verbreitung ihres Mondwissens ein und sind damit einem Millionenpublikum bekannt.

Weitere Bücher der Autoren

> Vom richtigen Zeitpunkt.
Die Anwendung des Mondkalenders im täglichen Leben
Hugendubel/Irisiana, München

> Aus eigener Kraft.
Gesund bleiben und gesund werden in Harmonie mit den Mondrhythmen
Goldmann, München

> Alles erlaubt!
Ernährung und Körperpflege in Harmonie mit Mond- und Naturrhythmen
Goldmann, München

> Das Mondlexikon vom richtigen Zeitpunkt
Hugendubel/Irisiana, München

> Die Mondgymnastik
Goldmann, München

> Der Mond im Haus
Goldmann, München

> Der lebendige Garten.
Gärtnern zum richtigen Zeitpunkt
Goldmann, München

> Das Mondjahr.
Der farbige Taschenkalender
Goldmann, München

> Das Mondjahr.
Familienkalender
Goldmann, München

> Das Mond-Jahrbuch
Goldmann, München

> Lunar Phases (Doppel-CD)
Phoenix Music Group, Dortmund

Die Zahlen im Geburtsdatum	6 und 1	8 und 3
Himmelsrichtung	Norden	Osten
Farbe	Blau, Schwarz	Grün
Positive Aspekte	aufnahmefähig sensibel intuitiv begabt tiefgründig bedächtig sanftmütig visionär entschlossen wissensdurstig spirituell mutig weise furchtlos willensstark	naturverbunden einfach genügsam (bei wenigen Einheiten) harmoniebedürftig voller Hoffnung mit langem Atem musikalisch sehr mitfühlend geduldig tolerant kreativ großzügig selbstlos
Negative Aspekte	fanatisch nervig schikanierend belastend leicht zu beleidigen schnell gelangweilt schnell gereizt gleichgültig lustlos allzu ruhebedürftig depressiv ängstlich machtgierig	manipulierend haarspalterisch zerstörerisch einmischend neugierig überfahrend naiv leichtgläubig eigensinnig bis starrsinnig verschwenderisch in wechselnden Bereichen reizbar leicht frustriert
Berufe und Arbeitsfelder	Erneuerer, Pionier Anwalt Denker, Schriftsteller Diplomat Lehrer Politiker Richter Forscher Öffentlichkeitsarbeit Medien Geisteswissenschaften	Heiler Arzt Pfleger Psychologe Prediger Sänger Musiker Diplomat Landwirt Kindergärtnerin
Qualität	Inspiration, Wille, Tiefe, Wasser, Kommunikation (wissend)	Höhe, Neuanfang, Licht
Weibliche/ männliche Energie	weiblich ❻ männlich ❶	weiblich ❽ männlich ❸

7 und 2	9 und 4	0 und 5
Süden	Westen	Mitte
Rot	Weiß	Gelb
begeisterungsfähig temperamentvoll energisch unabhängig sparsam charismatisch findet Gehör aktiv Veränderung liebend leidenschaftlich freudig neugierig	handwerklich begabt gläubig kreativ tüchtig geschäftstüchtig erfolgsorientiert erfolgreich kritikfähig scharfsinnig durchsetzungsstark ehrgeizig pflegt gute Beziehungen	schöpferisch opferbereit großzügig geduldig naturverbunden ausgeglichen zentriert beharrlich spirituell sympathisch fürsorglich vernünftig hilfsbereit
hochmütig herrschsüchtig rachsüchtig geizig schnell gelangweilt sprunghaft, unstetig zu Extremen neigend zu Verausgabung neigend zu Übertreibung neigend begierig theatralisch trauernd zu Hysterie neigend	widersprüchlich überpedantisch notfalls betrügerisch zerstörerisch materialistisch ehrgeizig widersprüchlich heuchlerisch bestechlich wirklichkeitsverdrehend nach Macht strebend berechnend egoistisch	verschwenderisch geistesabwesend träumerisch zerstreut allzu großzügig lässt zu viel durchgehen zu Grübelei neigend zu Fanatismus neigend
Mönch Revolutionär Pfarrer (Prediger) Forscher Architekt Philosoph Maler	Erfinder Handwerker Techniker rechnender Kaufmann Mechaniker Pilot Rennfahrer Sportler (aus Ehrgeiz) Anwalt	Landwirt Förster Gärtner Politiker ehrlicher Kaufmann Geologe Mäzen Inbegriff der Mutter Beschützer
Temperament, Verbreitung, Feuer, Lauffeuer, auch Kommunikation (begeisternd)	Materie, Metall, Werkzeug, Geschäftssinn, Erfindung, Handwerk	Zentrum, Erdung, Ausgleich für alle Extreme
weiblich ❼ männlich ❷	weiblich ❾ männlich ❹	weiblich ⓿ männlich ❺